# 银发摆渡人

陈辉 著

中国人民大学出版社
·北京·

本研究得到国家社科基金资助
“老漂族”现象的家庭社会学研究（20BSH036）

如何做父母，老漂们就是榜样。

如何做儿女，中年人还要学习。

如何做自己，每代人都要沉思。

# 序　言

吕德文　武汉大学社会学院教授

高速变迁的时代，每天都在创造新的社会现象。很多社会现象，我们日常可见，却又熟视无睹。这种忽视，很大程度上是源自日常的惯习。当一个现象重复发生时，我们往往习以为常，懒得去追究其理由，也很难将其作为一个学术命题。老漂族就是这样一种社会现象。最近二十年来，随着越来越多的青年在城市生儿育女，因子女家庭再生产需要而随迁的老人，已然是一个庞大的群体。这一群体，肉眼可见，我们自己的父母可能就在其中，但严肃对待这一群体的研究，却极为少见。他们被淹没在城市化的洪流里，销声匿迹。

然而，社会学的使命之一就是发现匿名者。《银发摆渡人》的可贵之处在于，它让老漂族进入学术视野，并获取了“银发摆渡人”这一学术性身份。银发摆渡人的学术性身份意味着：老漂族并不是城市化的苦情者，他们其实是社会过程的历史见证者、助推者和中流砥柱。他们不仅依靠自己的努力让子女接受教育、在城市安居乐业，还在子女扎根城市的过程中，帮助（外）孙辈健康成长。他们以一代人的努力，让两代人在城市扎根，这是何等的气魄！

相比于来自城市的老漂族，农村老漂族要面临更多的适应成本。农村老漂族虽习惯于乡土生活，却成为子代和孙代城市生活的摆渡人，其中艰辛可想而知。他们得适应城市生活方式，城市中看似日常的语言、习惯、出行、购物、看护、清洁、烹饪、社交等，对他们而言都是一套全新的知识，他们得学习。从某种意义上说，他们虽然是在摆渡他人，却得先摆渡自己。对于大多数农村老漂族而言，让他们放弃习以为常的乡土生活，进入子女的生活空间，在城市里落脚，并不是一件容易的事。他们在老年阶段，进行了再社会化。在社会学命题中，这无异于一种反传统的行为。在乡土社会中，老年人往往掌握社会知识，具有教化权力。然而，在城市生活中，他们却得接受子代甚至孙代的文化反哺，继续接受再教育。社会地位的转换如此之彻底，他们受到的文化震荡，足够惊心动魄。

在这个意义上，老漂族在城市家庭中，并非凭借其生活智慧获得存在感，而多是作为高质量的劳动力存在。正如《银发摆渡人》所揭示的那样，现如今的城市化家庭中，老漂族无疑是替代了高价却未必可靠的保姆。需要注意的是，在家庭再生产的功能上，他们是以家务劳动者的形象出现的。尽管他们的服务对象是自己的子女，理论上他们也有家庭权力，但事实上，绝大多数老漂族，并不能当家做主。

在一个现代家庭中，“学会做老人”比“学会做子女”更具有挑战性。传统上，婆媳矛盾是家庭政治的主轴，它代表着父代和子代之间家庭权力的斗争。尽管“媳妇熬成婆”无一例外是最终的结局，但“熬”的过程却不容易。如今的银发摆渡人，尽管在年龄上已经“熬”

成了婆婆，但在家庭角色中，却并未掌权，反而还要继续处于被支配的处境。因此，老漂族是家庭政治转型的中介。从那时起，老年人不再拥有当家权，他们要么留在家乡成为空巢老人，自己对自己负责；要么就成为随迁老人，受子女的支配。

在这个意义上，中国家庭的现代转型，在老漂族身上体现得最明显。他们还有强烈的家本位观念，把子女成家立业视作自己的人生任务。为此，他们以近乎奋不顾身的姿态，投入了子代家庭的发展过程中。中国家庭在城市化进程中形成了特殊的“代际合力”机制，老年人不仅掏空自己的积蓄支持子女在城市安家，更是把自己残留的劳动力价值贡献给了孙代成长。让人感叹的是，老年人“恩往下流”的后果是，子代可能已经放弃了代际反哺。可预见的结果是，当孙代已经不再需要银发摆渡人时，许多老漂族的归宿是返回家乡自养。客观上，年轻人事业独立、生活自由等都市化生活方式的形成，是建立在传统家庭“抚养—赡养”代际反馈模式的断裂基础之上的。

中国城市化的经验世所罕见，规模庞大、速度极快，却还保持了社会稳定。如果要发现中国城市化的奥秘，老漂族或许是一个观察窗口。中国的城市化是由千千万万个家庭的城市化组成的，家庭韧性是城市化又快又稳的微观机制。老漂族积极乐观而又勇于变革的精神，是城市化的动力机制；他们任劳任怨、自我牺牲的品质，是城市化的稳定机制。在这个意义上，老漂族不仅是他们自己人生的摆渡人，也是他们子女的摆渡人，更是中国城市化事业的摆渡人。

再过一些年，中国的高速城市化进程将要结束；在更长的一段时间以后，老漂族将退出历史舞台。我想，为他们立传，是一项学术使命。非常庆幸,《银发摆渡人》成功地完成了这一使命。透过这本书,我们可以了解老漂族的群像,理解他们的日常生活和心态,也有助于理解中国城市化的隐蔽机制。

最后,让我们向我们的父辈和千千万万个银发摆渡人致以崇高的敬意。

# 目 录

# 引言

## 我的妈妈是老漂[a]

### 一

在当代中国，不仅有漂在北上广等大城市追逐梦想的年轻人，还有漂泊异乡帮子女带孩子的老年人，他们被称为“老漂”或“老漂族”。本书将老漂比喻为“银发摆渡人”，就是为了强调老漂对于现代家庭生活的特殊意义。人生如河，家庭是船。城市青年家庭面临育儿难题，特别需要老漂父母撑船摆渡。银发摆渡人这一形象，充分展现了老龄社会的另一重价值图景，那就是银发群体在许多领域还发挥着不可或缺的作用，扮演着至关重要的角色。正如老漂群体为我们所展现的。

我妈妈就是一位老漂，我女儿出生后，她就不定期、长时段地过来照顾我们的生活。我和妻子每天忙于工作，孩子也不轻松，在家、学校和各种培训班之间游移。在这辆高速运转的家庭列车上，妈妈也十分忙碌。她的身体并不好，高血压、冠心病，还有腰椎间盘突出。妈妈拖着衰老患病的身体，每天为我们操劳，任劳任怨，从来不说苦累。

---

a　本节部分内容发表于《澎湃新闻·思想市场》2017 年 9 月 18 日。

买菜做饭、晾衣浇花、取寄快递、缝缝补补，无微不至。妈妈的生活，繁忙而有序。

妈妈有时说，她很享受和我们“在一起”的生活状态。每天忙忙碌碌，看着我们匆忙上班，计算时间等我们下班，卡着时间点做饭，最好是让我们进门就吃上刚出锅的饭菜。我女儿上学后，她的空余时间多起来，就经常看烹饪视频，菜谱抄了几个本子。虽然很难做出视频节目中的效果，但她还是乐此不疲地学习和尝试，看着我们吃第一口菜时的表情，等着好评。我们称赞几句，她就七分得意、三分谦虚地说：“继续努力！”

看着妈妈辛苦忙碌，我时常感叹：自己都四十多岁了，怎么还不能独立，还如此依赖母亲的照料。其实身边的年轻人，他们大多跟我一样忙碌，大部分也需要父母的帮助。

小区里有许多老漂，他们来自五湖四海，口音不同，每天辛劳，都为了一个共同目标，那就是让儿女生活得轻松一点，不要因为工作忙碌而苦了孩子，不要因为照料孩子而耽误了工作。

放眼全国，许多城市的青年家庭都离不开老漂的支持。老漂群体的存在及其价值，从一个侧面展现着中国城市化进程中的老年流动与代际支持，也展示着中国传统家庭模式的韧性与活力。

## 二

这不只是一个拼爹的时代，还是一个拼妈的时代。这里的拼妈是指能够获得老人提供的家务支持。老人买菜、做饭、看娃，虽然只是家务劳动，但对家庭发展极为重要。

老漂群体对城市青年家庭的重要性，源于城市职业社会中工作与家庭的矛盾。双职工家庭的优势是可以获得双份收入，确保家庭收入最大化。双职工家庭的劣势是家务难以兼顾，孩子没人照顾。妈妈产假结束之后一直到孩子上幼儿园甚至小学毕业，这段时间如何照料孩子，是许多城市年轻父母的难题，其中，年轻妈妈承受的压力最大。

年轻妈妈既想让孩子得到悉心照料，又想继续保持自己的职业身份进而维护自己的经济独立性。解决这个困境，主要有两个方案，一个是请保姆，另一个是靠父母。请保姆是基于市场逻辑，这看起来简单直接，但现实中找到称心如意的保姆并不容易。双方生活习惯的磨合需要耗费一定的时间成本和心理成本。最关键的不是饭菜是否美味，而是责任心强不强。家务具有较强的私密性，相当于把家交给保姆看管，这必须基于信任。如果看护小孩，就需要建立更强的信任关系。中国内地城市因为有来自农村的中年女性进城当保姆，所以不像香港那样需要几十万菲律宾、印尼女佣来补充保姆市场。从总需求角度来看，内地城市中的保姆仍然供不应求。

相比于请保姆，让自己的父母来提供家务支持是更好的方案：既放心可靠，又能省下一笔开支。对于大部分城市青年家庭，特别是刚从农村进入城市的青年一代来说，小两口的工资不仅要付房贷，还要养孩子，经济上绝不宽裕，难以支付保姆费。

依靠老漂父母的支持，中国城市的许多青年家庭，用一种温情脉脉的方式，低成本地解决了家务劳动和幼儿看护问题。这让城市家庭中的年轻媳妇轻松了许多，不用再为做家务、带孩子而操心费力，自己可以轻装上阵，有更充沛的精力在职场打拼，保持自己的独立性。

工业社会为女性走出家庭、获得独立的职业角色创造了条件，但是并没有真正带来女性的解放，因为她们在获得经济独立的同时，还面临家务劳动和职业劳动之间的矛盾。大部分职业女性还被期待扮演贤妻良母的角色，家务劳动和子女抚育活动一定程度上限制着女性的职业发展。女性越想追求职业发展，这种角色之间的张力就越大。

在当代中国，多数城市的职业女性有很大的空间来解决职业角色和家庭角色之间的张力问题，并不是通过所谓的性别话语或女权主义，而是通过代际支持来实现的。女性以一种最传统的方式，实现了最为现代的价值追求。在这个过程中，老年父母扮演了关键角色。

老有所为，发挥余热。老漂在辛劳付出的同时，也不同程度收获了亲情。老漂对于子代家庭的价值和意义，年轻女性很有发言权。大家知道没有老人支持的苦，更懂得有老人相助的恩。这种恩，既是传统中国代际伦理的延续，又被城市化赋予了新内容。

## 三

老漂群体，以一种特别的方式展现了中国的社会流动与代际关系图景。城市化给家庭带来的各种压力，通过代际支持来缓解和消化，这正是中国传统代际伦理的现代价值。也正是从这个意义上讲，老漂是现代家庭生活的摆渡人，他们帮子女渡过育儿生活这个难关。老漂要成为摆渡人，首先要离开家乡，漂泊到一个陌生的生活渡口。这也意味着老漂面临着更多艰辛。

漂泊与摆渡是老漂在异乡生活的双重特征。一方面，老漂是老年漂泊者，远离家乡，要适应新的生活环境，具体包括语言、气候和社会关系等。这些适应，很多情况下并不是指向长远生活，而是为了完成阶段性育儿任务。完成任务后，大多数老漂就会回到老家。所以说，老漂的漂泊，并不是漫无目的的随波逐流，而是具有一种确定性，是一个从熟悉到陌生、再从陌生返回熟悉的过程。这种流动预期，会影响老漂对陌生环境的适应能力，老漂往往只能处于一种浅层次的适应状态。

另一方面，老漂是老年摆渡者。老漂用自己的辛勤劳动，帮子女渡过一条艰难的生活河流。这条河流，象征着现代社会家庭生活系统的一个巨大困境——一个大多数年轻夫妻很难通过个人努力就能跨过的难关。老漂撑着船，努力将子女们送到对岸。船上载着的，既有中国人生儿育女的理想人生目标，也有城市年轻人对于美好生活的朴素需要，即孩子有人带、下班回家有饭吃。这些具有超越性和世俗性的需要，都可以通过老漂这个摆渡者来实现。所以说，老漂是现代家庭生活的银发摆渡人。

# 四

我们强调老漂对于城市青年家庭的支持作用，但也不能把老漂生活过度浪漫化。有意义的日子未必是舒心的日子。许多老漂都说自己在子女家“过得并不轻松”，甚至很委屈。

作息习惯、消费观念、育儿方式等方面的代际差异，在狭小的家庭空间中相遇、碰撞甚至冲突。特别是当这些差异牵扯到孩子的时候，两代人就会变得更加敏感。一方是信奉老办法、土办法，秉持传统经验的老漂；另一方是信奉现代教育学、营养卫生学、心理学的新生代父母。婴儿身体不舒服，到底是按照老人的土办法应对，还是赶快去医院看医生？当孩子不听话、犯了错的时候，家长到底是应该严厉管教、立下规矩，还是弱化批评，和善而坚定地“正面管教”？我们到底是让子女成为众人眼中“懂事的孩子”，还是让子女不在乎他人评价、努力做自己？

传统方法与现代方法、经验主义与科学主义的争论和较量，在婴幼儿家庭教育领域普遍发生着。经过多轮博弈，老漂们往往败下阵来。一些老漂会选择妥协，按子女的方法来，但也许是口服心不服。相比较而言，子女工作特别忙碌的家庭，老漂的生活自主性和独立性会强一些。眼不见心不烦，子女忙得没时间挑剔，老漂带娃时就可以自作主张，心里舒坦多了。

有的老漂抱怨儿女太爱买东西，花钱大手大脚，甚至半新的衣服、鞋子就扔了。有的老漂感叹儿女洗衣服太勤，刚穿一次的衣服就扔进洗衣机，担心许多衣服没穿坏却被洗坏了。洗衣机虽然是全自动的，但是晾衣服却成了老人的负担。有的老漂苦恼于子女的作息时间——晚上不睡、早上不起，早餐做好了却又不敢叫醒，只能在卧室门口和厨房门口来回走，欲敲又止，等着怕凉，左右为难。

老漂家庭中，难相处的不只是婆媳关系，亲子关系也可能紧张。有的老漂和儿媳妇闹别扭、生闷气，结果把气撒在儿子身上。有的老漂对儿女唠叨太多，触发了子女的中年叛逆期，即人到中年后对父母掌控自己家庭生活的一种叛逆感。

面对和子女的矛盾和分歧，一些老漂会调适心态，告诉自己“多做事、少管事”，甚至劝自己当哑巴。这其实很难。一个人看得见、听得见，有气却憋着不说话，就极为难受，甚至憋出病来。一些老漂会选择斗争，维护长辈权威，争夺话语权。斗争意识强的老漂，在子女家往往待不长，感觉自己受了委屈，就可能嚷嚷着要走。这并不是说老漂真的想撂挑子，而是没有别的办法。甚至有的老漂气不过，让子女马上给自己买票回家，一刻都不想留。有的老漂赌气回家，回家后又开始后悔甚至内疚，知道子女离不开自己，关键是惦记孙辈。子女在电话里说几句软话，老漂的气就消了大半，然后返回继续带孩子。

委曲求全是大多数老漂的心理状态。即便感觉自己受了委屈，也忍气吞声，维护家庭团结。发展是最大的家庭政治，老漂们最讲政治、顾全大局。有的老漂还要出钱贴补子女家庭生活。一些城市老漂用退休金支持子女，感叹自己是带薪保姆。一些农村老漂也会把务工或务农收入补贴给在城子女，这是另一种意义上的乡村支持城市。

有的老漂感叹自己虽然一心一意对子女，但是却得不到子女的关心和尊重。有的子女工作太忙，没时间和老漂交流；有的子女下班后打游戏、刷手机，忽视老漂的情感需要。一些老漂甚至质疑自己到底是父母还是保姆。

个别老漂面临长期的家庭关系紧张、心理失衡和精神压力，患上了抑郁症。他们的子女，往往不知缘由，只是感觉父母记性越来越差、脾气越来越大。心理压抑或失衡，会进一步加速人的衰老，这点很容易被老漂的子女忽视。

城市青年经营的是一种以孩子为中心的家庭生活。在忙碌、内卷的抚育生活中，老漂虽然发挥着不可替代的作用，但在家庭地位上往往比较边缘。作用与地位的反差，表现出代际关系的不平衡，且很容易转化为心理不平衡。

每一代的心思，都主要集中在孩子身上。这是中国式家庭的注意力分配逻辑。我们都是这种家庭伦理的受益者和推动者。为人子女的时候，我们更多的是索取。为人父母的时候，我们更多的是付出。在索取与付出之间，如何保持心理和道德层面的平衡？

中年人上有老、下有小，但是更多精力在孩子身上，所以对自己父母的需要就会有所忽视。一些老漂其实也是上有老、下有小，为了照顾孙辈，顾不上八九十岁的高龄老人。这让许多老漂夫妻内心纠结，有的只能天各一方，妻子进城带娃，丈夫留在老家照顾高龄父母，这又产生了老年夫妻的分居问题。有的老漂子女多，每个子女都需要父母帮忙，就很为难，总想一碗水端平，害怕厚此薄彼，只能考虑子女需求的轻重缓急，尽可能平衡，连续不断地给每个孩子帮忙，甚至在多个城市之间流动。

老人难做，老漂难当。

## 五

近年来，媒体有许多关于老漂的报道，学界对于老漂的研究也在增多。老漂在异乡的孤独感、看病难、养老难等问题获得广泛关注。相比较而言，本书的研究焦点更多在老漂家庭本身。

老漂家庭是一种新型家庭。一方面，老漂家庭很现代。精细的抚育方式、高标准的教育期待、日益重要的社会竞争力，这些都对家庭功能提出了更高要求。另一方面，老漂家庭又很传统，家庭伦理和代际支持是其底层架构。

老漂族现象是家庭社会学研究的富矿，有利于我们透视转型期城市青年家庭的功能、结构与伦理，激发我们对于中国家庭转型的社会学想象力。

老漂族现象是我们理解当代中国家庭转型的一个窗口。透过老漂族现象，我们领略了城市青年家庭的生活方式和代际关系，看到了家庭责任、矛盾、纠结和关系的调适。阅读老漂，其实就是在理解和思考我们时代的家庭生活。

本书调查研究老漂族现象的核心目标，就是想为人们理解当下的家庭生活提供一个场景，让读者有机会对我们置身事内的琐碎生活有所觉察和反思。

家庭生活的意义，只有在我们积极投入、努力经营的时候才能充分呈现。上有老、下有小的中年人，更需要增强家庭生活的经营意识。我们都面临着一个基本任务，那就是如何更好地扮演家庭角色和处理家庭关系。下班后，当我们身心疲惫地回到家中，该如何扮演好父亲、母亲、丈夫、妻子、儿子、儿媳妇、女儿、女婿的角色？我们能否关照到老漂父母的心理状态和情感需要？更为重要的是，我们如何感知和理解老漂父母的衰老？

这两年，我明显感觉妈妈在衰老。她的记性变得更差，有时找不到家门钥匙，后来发现插在门上。有时从厨房里出来和我们聊几句，过一会儿我们就闻到焦煳味，冲到厨房去关火。前几年她说做一桌子菜很轻松，现在却害怕费神，更不愿意学习短视频变花样了。家里的碗盘，有时也洗不干净。我知道，不是妈妈粗心，而是她眼睛越来越花，看不见碗盘上的小污渍。

妈妈的衰老，伴随着我女儿的成长。每个老漂家庭，都演绎着成长与衰老的家庭脉动。

我有时想，多年以后，当我为了女儿也不得不成为老漂的时候，能否像妈妈做得一样好。也许，那个时候正是妈妈需要我贴身照顾的时候，我又该如何协调取舍呢？也许，我会带着老漂妈妈继续漂吧，开始我的漂泊与摆渡生活。

# 一

# 老漂时代的来临

每个时代，处于相同生活情境的人都会有类似的命运。有老漂说，给子女带孩子，是他们每个人都要走的长征路。在人口流动的大背景下，青年异地就业、异地安家成为常态。父母成为老漂是大概率事件。老漂群体的社会流动，已经成为一种时代现象，表现出中国家庭的现代性。透过老漂族现象，我们将看到城市青年家庭的生活缩影。在时代变迁的洪流中，每个人的家庭生活都是时代的脚注。

## 老漂称呼的由来

本书所说的“老漂族”（下文有时简称“老漂”），指从外地来到子女所在城市，帮子女看孩子、做家务的老人。[1] 老漂中的“老”，其判断标准并不完全是年龄，而是子代实际的婚姻生育情况。50 多岁的女性，如果儿女在外地结婚生子，她从老家赶过去帮忙带孩子，也算老漂。学界诸多针对老漂族的调研，普遍将 50 岁以上照顾孙辈的流动人口归类为老漂族。

老漂族是一个比较通俗、形象的表述，社会学、人口学中有两个相近概念，分别是流动老人和随迁老人。[2] 还有一个与老漂相关的概念，那就是两栖老人。[3][4] 子女在县城买房或租房，老人周内在县城照顾孙辈，周末回村休息，形成城乡两栖的生活模式。两栖老人可以顾两头，不仅可以照顾在县城生活的子代，还可以耕种村里的土地、照顾村中的高龄父母，同时经营村庄生活。有的家庭，只是婆婆一个人往返县城和村落之间，和公公就像周末夫妻。[5][6] 一些大城市的郊区，也存在类似现象。

与两栖老人相比，老漂族的流动距离往往更远，多为跨市、跨省流动。两栖老人因为流动距离近，可以往返城乡之间，保持原有的生活方式和社会关系，没有异地漂泊之感。老漂族却不一样，因为流动距离远，和原有生活发生阶段性隔离，在新环境中存在诸多不适，所以才会有漂泊感。

用“老漂”指代老年漂泊者，这仿照了北漂的语义。20 世纪 90 年代末就有了“北漂”的说法，即在北京漂着的人。从身份上讲，北漂没有取得北京户口，依然是外地人，无法享受与户口相关联的一系列政策福利；从心理上讲，北漂也没有融入北京，认为自己是外来者。漂是一种特殊的社会心理状态，人与所处的社会环境存在隔阂，或漂浮在表面，没有扎根感。将在外地照顾孙辈的老人称为“老漂”，同样是为了强调该群体在异乡的低度心理融入和认同，以及由此产生诸多不适感。

需要说明的是，“老漂族”这个词，并不是学界创造，而是首先在媒体传播。目前互联网上能查到的“老漂”提法，最早出现在2004年2月央视国际的一个访谈节目。演员彭玉介绍自己拍摄电视剧经历时说，女儿建议她离开老家，到北京拍电视剧，“这样我才出来，到了北京，我自己给自己起名叫‘老漂’”[7]。她语境中的“老漂”，还是“老年北漂”的简称。

2011年1月4日，陕西《阳光报》发表一篇文章，让访谈对象总结2010年的遗憾、讲出2011年的梦想。其中，记者采访了在西安漂了10年的席女士。

> “我都应该算得上是‘老漂’了。”席女士笑着说。说这句话的时候，席女士难掩脸上掠过的一丝心酸。席女士说她2001年来到西安，成为西漂一族，没想到这一漂竟然就漂了10年。而更让席女士难过的是到目前为止，她仍然还在漂泊。[8]

席女士所说的老漂，更贴近当前人们所说的“漂老族”[9]——在外地漂泊过程中逐渐变老。2011年5月19日，《广州日报》发表文章《走进“老漂族”：为了儿女漂在城市值不值？》。

> N年前，“北漂”一族作为一种特殊的社会现象曾引起很多人的关注，在人们印象里，“漂”一族都是年轻者，为了事业，不得不远离家乡在外拼搏，忍受孤独和寂寞。可是，时至今日，因为社会发展的需求，城市中也出现了很多“老漂族”。他们多是来自农村的老人，也有的来自其他城市。他们远离故乡，来到陌生的城市，很多是帮子女照顾小

孩，也有的是沾子女的光，来城市享享清福。

该报道非常明确地界定了“老漂族”——有的是从外地来到子女所在城市帮子女看孩子、做家务，有的是随子女养老。2011 年 9 月，上海统计局在报告《上海人口发展特征及趋势》中提到了“老漂族”，强调老年流动人口已经成为上海社会治理不容忽视的课题。[10]

2011 年 10 月 8 日，央视财经频道《对手》栏目播出《老漂一族，幸福在哪里？》。节目邀请媒体评论员、大学教师等分别组成红方阵营和蓝方阵营，围绕老漂话题展开辩论，例如：“老漂是被逼的吗？”“为了孩子当老漂值不值？”“为了自己，老漂一族能不能说不？”

央视媒体对“老漂族”的关注，引发更多媒体跟进老漂族话题。此后，国家级媒体和山东、海南、上海、湖南、湖北、甘肃等地方媒体增加了对老漂族话题的讨论。老漂族日益成为一个公共话题。相关文章标题，展现出当时媒体针对老漂族现象的议题设置和关注焦点。

（1）探访青岛“老漂族” 帮看孩子不敢和儿媳闹矛盾（《城市信报》2011-12-02）

（2）上海：城市迈向老龄社会 政协委员呼吁关爱“老漂一族”（新华网 2012-01-10）

（3）异地“老年漂”如何融入都市生活（《老人报》2012-04-12）

（4）上海现“老漂”一族愁苦多 两地奔波照顾第三代（东方网 2012-05-08）

（5）“老漂”婆婆生活现状：**孙子在哪家在哪**（《今日女报》2012-06-21）

（6）媒体称中国大城市“老漂族”**群体规模不断扩大**（新华网 2012-10-23）

（7）南京“老漂族”**蜗居儿女家** 幸福滋味复杂又无奈（《扬子晚报》2012-10-23）

（8）重阳节走进城市“老漂族” **一切为了儿女的幸福**（北方网 2012-10-23）

（9）大城市“老漂族”**离儿女很近 离幸福有点远**（北方网 2012-10-24）

（10）大城市“老漂族”：**扩大的孤独**（新华网 2012-10-25）

（11）“老漂族”成为**精神疾患高发人群** 子女应多关心（复禾健康网 2012-10-30）

（12）**结了婚却过着单身生活** “另类光棍”现象引关注（新华网 2012-11-10）

（13）城市“老漂族”**易生消极情绪** 渴望子女精神赡养（复禾健康网 2012-12-05）

（14）老漂族为照看孙子辈来青 **医保难办**生活苦闷（《青岛日报》2012-12-26）

报纸和网站关于老漂族的报道有以下几个特征：其一，话题和立意相对集中，主要关注老漂族在陌生城市的生存状态或生活困境，如孤独、辛苦、融入困难、夫妻分居、心理疾病等问题。学者陈友华认为，大多数媒体针对老漂族的报道都偏负面，老漂族被描述成漂泊、孤独、想回老家等形象。[11] 其二，在相关节日（如重阳节），老漂族话题热度升高。媒体策划相关文章，吸引公众关注老漂群体。其三，记者们采访了诸多老漂，展现了许多非常鲜活的老漂故事和老漂形象，推动了大众对老漂群体的认知和理解。

近十年来，传统媒体依然保持着对老漂话题的关注，描写和归纳老漂生存状态特征，关于老漂群体就医、养老认证等养老保障话题逐渐增多。随着自媒体的兴起和发展，一些视频号、公众号也开始拍摄发布与老漂有关的视频，撰写老漂族文章，更加生动鲜活地呈现老漂族的生存状态。一些老漂拍短视频展现自己的带娃生活，一些老漂在微博、公众号上写文章、写诗歌。老漂们通过多种形式表达自我，展现着多媒体时代的老漂形象。

老漂族之忧[12]

文 / 云祥

村翁城里把孙看，送学含饴绕膝欢。

耄耋高堂乡里守，如何能使此心安。

这首“打油诗”很生动地呈现了老漂族的内心矛盾和纠结。作为父母，帮儿女看孩子是责任。作为子女，照顾父母也是自己的义务。许多老漂的苦恼在于，尽责与尽孝不能两全。

## 老漂现象与家庭转型

无论是老漂族自己在网络上分享生活体会，还是媒体关于老漂族的报道，都反映了“老漂”这个词语的流行性。作为一类特殊的流动人口，老漂被媒体标签化的同时，也在自我标签化。之所以老漂族是当代中国社会的一个现象级群体，是因为老漂群体深深嵌入中国家庭转型中，老漂已经成为人们生活中的一种日常。

早在 2011 年，《中国青年报》就做过一个调查：在 3 161 个调查对象中，98% 的人表示身边存在“老漂族”。仿照学者项飚的话来说：老漂族现象，就是我们生活中的一种“附近”。附近，是我们了解现实生活的一个直接场景。老漂族就在每个人的“附近”。他们在客厅哄孩子，在厨房里做家乡菜，在小区里遛娃，带着孩子和其他老漂聚在一起，晒着冬日暖阳。他们在菜市场里，用不标准的普通话跟小贩砍价。他们也可能在取快递的路上；取完快递送回家，然后去学校接孩子；等孩子放学的时候，在校门口和其他认识的老漂聊几句。他们也可能在火车上，大包小包，里面塞满了家乡物产。我认识的辽宁大连老漂夫妇，每次来西安带孩子，都开启极限运输模式，鱼虾装满了行李箱。

老漂们就在我们附近的生活场景中。老漂和这些场景，构成了我们认识和思考当代城市家庭生活的一个标本。

关于我国目前老漂族的数量，最权威的数据来自国家卫计委 2015 年的专项调查。报告显示：在 2.47 亿流动人口中，老年人口占比 7.2%，近 1 800 万；其中照顾晚辈生活的老漂族比例高达 43%。近十年来，并未有全国范围内的老漂族数据发布。但可以肯定的是，照顾孙辈的老漂族数量正持续增加，并保持在高位水平。

老年流动人口数据的变动，从侧面展现了老漂族的快速增长态势。2018 年城市统计年鉴数据显示，北京、上海、广州、深圳、武汉、西安 6 个城市的老年流动人口占总流动人口的 12.8%，[13] 远高于 2015 年的全国数据（7.2%），表明老漂族更大比例集聚在核心城市。广州老龄工作委员会和广州统计局发布的数据显示，2022 年广州 60 岁以上老年流动人口 39.2 万，比 2014 年增加 26.2 万人。2018 年，《中国青年报》社会调查中心对 18 ～ 35 岁的青年开展调查，在 2 003 份问卷中，52.2% 的青年说自己的父母是老漂族。[14]

老漂族是青年异地就业安家的衍生现象。在青年劳动力全国范围内大流动的背景下，青年异地就业安家成为常态。异地就业安家，主要涉及以下几种情况：其一，大学生毕业后，较大概率会选择大学所在城市或经济更发达地区就业，一些大学生虽然回到本省但也倾向于在省会或地级市寻找就业机会。这些异地就业的大学生，大比例会选择异地安家。其二，一些青年虽然未上大学，但是通过务工、经商等方式，也在远离家乡的地方立业成家。当这两类异地就业安家群体进入生育抚育的家庭发展阶段时，普遍需要老人从老家赶来提供抚育支持。也就是说，只要存在规模性异地就业安家的青年人口，就必然形成规模性的老年流动人口。老漂族的流动方向与青年劳动力的流动方向基本一致。

一些青年夫妻虽然没有异地安家，但是共同到一个城市就业（如农民工群体），在当地生育的比例也在快速提高。《中国流动人口发展报告 2016》显示，与 2010 年相比，2014 年流动人口在流入地生育的比例上升 29.1%，达到 56.6%。在居住地生育子女的流动人口中，会有一定比例选择留在当地抚育子女，这也会同步增加老漂群体的数量。

老漂族现象是中国人口流动过程中，从开枝散叶到重新聚合的表现。[15] 所谓开枝散叶，就是青年离开父母家庭，到外地立业成家。所谓重新聚合，就是老人到子女所在城市和子女团聚。开枝散叶，首先需要青年群体到外地城市获得稳定的就业，并扎根当地生活。重新聚合，表现着父辈对子代的支持，完成抚育孩子的阶段性任务。异地就业安家的青年人口，是推动中国城市化不可或缺的力量。也正是从这个层面讲，理解老漂族现象有利于我们更好地把握中国人口的流动逻辑。

老漂家庭是我们透视中国家庭现代化的窗口。何谓现代家庭，这是困扰许多中国家庭研究者的基本问题。很长一段时间里，我们都是借用西方家庭现代化理论来审视中国家庭转型，将家庭小型化、成员个体化作为家庭现代化的突出表现。家庭核心化因此成为一个重要的研究议题，许多研究试图通过家庭核心化趋势来回应西方家庭现代化理论的相关论断，亦有研究提出中国家庭存在逆核心化趋势。

也许并不存在一种固定、明确、标准的现代家庭形态。现代家庭是人们应对现代生活过程中形成的家庭形态。现代家庭是现代生活的产物。也正是从这个意义上讲，老漂家庭为我们提供了一个研究中国现代家庭发展的切口，有利于我们考察城市青年家庭的运行逻辑，深刻把握城市家庭生活内部的矛盾和张力，以及家庭成员的应对策略。

## 走近老漂与走进老漂家庭

老漂族研究中，涉及“走近老漂”和“走进老漂家庭”的区别。“走近老漂”的目标是拉近距离，让老漂群体被看见、被关注。“走进老漂家庭”的目标是进入老漂的生活逻辑，不仅要看见，还要理解。当然，不能把二者截然分开，“走近”是“走进”的前提，“走进”是“走近”的拓展。老漂研究需要经历从“走近”到“走进”的转变。只有走进老漂家庭，我们才能看到更丰富细致的家庭生活图景，从而触碰到当代中国家庭转型的脉搏，才能发现老漂现象的复杂性，才可能打破我们对于老漂群体的刻板印象。例如，当我们仅仅走近老漂的时候，很容易发现他们在异乡的孤独寂寞，但我们走进老漂家庭时才会发现，比孤独寂寞更突出的问题是心里委屈。相比于孤独寂寞，委屈所带来的心理和精神损害更为严重，一些老漂因此而抑郁。这种抑郁情绪，根源于老漂家庭中的新型代际关系模式。

为了更好地走近老漂、走进老漂家庭，进而理解老漂族现象的丰富性和复杂性，课题组广泛收集案例资料。

课题组于 2023 年 8 月 7 日在微博平台搜索获得诸多老漂话题相关微博文本内容。课题组以“帮儿女”“帮子女”“帮儿子”“帮女儿”“带孩子”“看孩子”“带娃”“看娃”“看孙子”“看孙女”“哄孩子”等关键词进行多关键词复合搜索，共获得相关微博内容 2 575 条，经过逐条阅读分析，筛选出符合课题研究需要的微博内容 764 条。

筛选出的 764 条微博内容可以粗略归纳为以下几类：第一类，老漂本人发布，介绍或感叹老漂生活。第二类，年轻人（主要是女儿或儿媳妇）发表的针对自家老漂的一些感慨，包括感恩父母或吐槽父母。第三类，年轻人（主要是女性）发表的跟育儿有关的事件或心情记录。第四类，一些媒体发表的“老年人该不该给子女带孩子”“老人该不该帮儿女无偿带娃”等老漂族议题及相关评论讨论。

与访谈类资料相比，微博资料有不可替代的优势。访谈对象接受访谈时，针对家庭矛盾和内心感受的话题，往往有所保留或刻意回避。相比较而言，许多人在发微博时，往往会直抒胸臆，感慨生活事件或直接吐槽家人。这些直抒胸臆，在访谈过程中并不容易获得。这些信息同样能反映博主的心理特征和价值观念，增加我们理解老漂族现象的深度。此外，一些微博上的老漂话题讨论也可以形成交锋效应，在观点辩论中表现出多元观念，启发我们从更多视角思考老漂族现象。

课题组利用百度、搜狗等搜索引擎搜索了老漂族相关日记，其中比较典型的是杭州的一位老漂在自己的公众号（公众号名为“一轮红日刘姥姥”）发表的老漂日记。课题组整理出 65 篇老漂日记，包含两类内容：一类是作者对自己老漂生活的记录，另一类是作者记录的身边老漂的故事及自己的感触和思考。这两类内容都有助于我们从老漂族的视角看待老漂生活中的人和事。

学术期刊发表的老漂族相关论文中，有许多老漂族的案例，这些案例同样具有重要的研究价值，丰富了研究资料。[16]

更为重要的案例来自课题组开展的实地调研。课题组在西安、成都、咸阳、北京、佛山、武汉等地开展专题访谈。基于131人访谈所形成的案例资料，构成了本课题研究最主要的经验基础，服务于研究者经验质感的形成。课题组访谈老漂群体时，主要关注老漂的经历、在城市生活的家庭关系状况、社会交往和未来养老预期。课题组访谈青年群体时，主要关注青年的育儿观念和实践，并从子女视角来审视老漂家庭生活的特征，特别是家庭关系中的矛盾及其应对。

之所以要选择在多个城市开展调研，是因为笔者有一个疑问：全国不同城市的老漂现象，是否存在区域差异，是否有不同的特点？多地调研发现，不同地区的老漂家庭有着不同的生活气象。

在西安调研，笔者能感受到关中农村老漂的那种勤劳，感受到农村老漂那种刻在骨子里的、对农业劳动的热爱与执着。一位70多岁的农村老太太，老伴已经去世多年，这几年一直在西安带孙子，到了季节，还要跟儿子、儿媳妇请假，回老家种麦子、收麦子。说到这里，有些人可能发问：70多岁的老太太还种地？其实，现在农业机械化水平很高，70多岁的老人种地并不困难。这位老太太把麦子收好了、磨好了，拿到城里给儿女吃，还要给亲家送一些，这是她亲手种的礼物。老太太也会卖掉一些麦子，赚些零花钱。老家的红白喜事赶人情，她很积极，请假回去住几天，仿佛就是度假，等回来的时候，再用小拉车带回一小袋刚磨好的面粉。我们可以想象这个画面，在画面里感受一下农村老漂的精气神——那种和乡土割舍不断的情感。这是中国农民的一种独特气质。

在北京调研时，笔者感受到那种强烈的家庭发展压力。北京的老漂家庭更内卷，漂的感觉更强。北京家庭的居住空间相对拥挤，交通也比较拥挤，拥挤会影响关系和心态。当然，更拥挤的，是教育这条赛道，你和年轻人聊老漂，聊着聊着他就扯到孩子教育。当年轻父母们内卷孩子教育的时候，其实老漂也都在被教育带着走。教育内卷塑造了内卷的家庭生活，老漂们无法置身事外。也许，从一些年轻人的角度看，不会辅导作业的老漂不是好老漂。北京老漂的另一个特点是“漂”的感觉更强，因为扎根太难。笔者和一个年轻人聊，问他父母在北京待了好几年，是否有扎根的感觉。他的回答让笔者意外。他说：“我都没扎根，父母怎么可能扎根。”这句话，很好地概括了北漂青年和他们老漂父母的生活心态。有时候，漂，不是原因，而是过程，更是一种对结果的不确定感。

再来说说广东佛山的调研。佛山老漂的特点是漂感没有那么强，他们有着更强的奋斗感和使命感。佛山流动人口体量大、比例高，所以老漂没有那么强的外地人感觉。佛山调研中，笔者能感觉到年轻人那种拼劲，不像北京的一些年轻人：工作十来年，可能还感觉漂着，感觉还没有扎根。珠三角的高学历外来人口，生活确定感会相对强一些，认为只要努力，就能扎根。一个乡镇，几十万外来人口，那种老漂家庭的生活面貌是非常积极的，甚至十分昂扬。老漂的使命，就是好好帮子女带孩子，省吃俭用，把家庭生活安排好。这里的老漂，更有一种奋斗者的精神气象。这种奋斗者的精神气象，并不是佛山地区的老漂所独有的。它应该是我们中国父母身上所具有的一种气象。

以上所讲的不同地区的调研观感，本质上也不是专属于某个地区。它只是通过某个地区的案例表现出来，其底层逻辑是中国城市化进程中的家庭发展和家庭转型。也正是从这个角度看，老漂族是中国城市化进程中，青年人口流动所伴生的老年人口流动现象。老漂族现象，体现着中国家庭的时代性。老漂时代是社会经济快速发展的时代，是快速城市化的时代，也是家庭负重发展的时代，是父母承担更多成本支持子女和孙辈的时代。

# 二

# 城市青年的育儿生活

理解老漂族现象，首先要考察城市青年家庭的育儿新趋势及其内在矛盾。老漂族在子女家的生活，主要是一种以孩子为中心的育儿生活。老漂族的核心任务，就是帮助子女家庭应对育儿困境。一方面，城市青年日益重视育儿质量，倡导精细育儿理念。另一方面，城市青年家庭（尤其是双薪家庭）普遍没有足够的时间和精力带孩子。面对育儿理念和现实的矛盾，更多城市青年夫妻向父母求助，让他们从老家赶来，救自己于水火之中。正是从这个角度说，城市青年家庭的育儿生活状况，是我们考察老漂族现象的逻辑起点。

## 以孩子为中心的生活方式

表面上看，老漂族现象主要发生在家庭领域，但任何家庭变革都有着深刻的历史社会原因。老漂族现象的出现，与城市家庭育儿功能不断强化有关，集中表现为以孩子为中心的家庭生活方式的形成。

在漫长的人类家庭发展史中，孩子养育活动并未像今天这样花费如此多的时间和精力。[1]农业社会中，儿童抚育更符合自然生长逻辑，费孝通将其描述为生理性抚育与社会性抚育的结合。其中，生理性抚育侧重于身体生长发育，社会性抚育侧重于规则、技能、道德知识的学习。生理性抚育和社会性抚育这两个概念，对工业社会家庭的儿童抚育现象同样有解释力，只是其具体目标、标准和内容发生了变化。[2]

传统中国家庭的文化逻辑，一直强调孩子的重要性。人们常说，“过日子就是过孩子”。这个表述展现着孩子养育在中国人家庭生活中的重要意义。只有生养孩子，才能传宗接代，获得超越性意义。以孩子为中心的家庭伦理，强调代际责任，重视孩子在生活目标设置和人生责任方面的重要性。[3]

以孩子为中心的家庭生活方式——我强调这个表述，主要是为了呈现抚育功能在城市青年家庭中的关键作用和影响。与之前中国家庭生活伦理对生育子代（主要是男孩偏好）、传宗接代的高度重视不一样，当前城市家庭投入更多精力养育子女。性别偏好大大弱化了，无论是男孩还是女孩，父母都细致抚育照料。这种抚育活动，深刻影响着城市青年家庭的生活方式。以孩子为中心的家庭生活方式，表现在目标设置、资源配置和日常生活组织安排三个方面。

第一，在家庭发展目标设置方面，孩子议题的主导性日益增强。家庭的发展目标不像企业或政府组织那样明确和正式。家庭发展目标往往是隐性的，通过家庭成员的注意力表现出来。家庭发展目标也具有阶段性，围绕家庭发展中的阶段性主题展开。访谈处于育儿阶段的青年，他们在论及家庭发展目标时，普遍围绕孩子的话题展开。

董女士：按我的理解，我们家最主要的生活目标就是和睦。只有和睦，孩子才能更好地成长。家庭和睦了，大人才能为孩子赚钱，老人才能高高兴兴带孩子。（访谈案例编号C007）

姜先生：我的家庭生活目标，就是老人身体健康、孩子健康成长。我虽然是上班族，但是以家庭为重，就希望每天到家后，和老人、孩子一起聊天，周末做一桌子菜和家人分享，带老人、孩子到山里散心。（访谈案例编号 C010）

关先生：我的目标，就是在这个城市有一套属于自己的三室房子，让老人安心，能解决孩子上学的问题。（访谈案例编号 C011）

秦先生：我其实没啥具体目标，就是把孩子养大，陪着孩子一起成长。过两年孩子上幼儿园，要方便接送，再后面小学择校，就得考虑学区房了。（访谈案例编号 C014）

以上几位年轻人介绍自己家庭发展目标时各有特点。其中，董女士有些务虚，从“和睦”角度来定位家庭发展。姜先生则比较生活化，使用有家庭生活画面感的语言来描述其理想生活图景，如“一起聊天”“一桌子菜”“到山里散心”，这些语言从侧面反映了他对于舒适、放松家庭生活状态的喜爱。关先生近几年的家庭发展目标比较具体，就是买一套可以供父母、自己和妻子、孩子三代人共同居住的三室住房，同时解决孩子的学区问题。在事业单位工作的秦先生过着低压力的按部就班的生活，他对于家庭发展的理解同样具有按部就班的特征，即

"陪着孩子一起成长"，上幼儿园、小学择校等任务，一件件去完成。

四位访谈对象从抽象和具体两个层面表达了自己对家庭发展目标的理解，尽管表述不同，但共同点是都涉及孩子，家庭发展注意力集中于孩子。表面上看，处于婴幼儿抚育阶段的家庭，对于孩子的注意力偏多，这符合家庭生命周期的阶段性特征，但必须正视的是，当前孩子在家庭生活中的影响力远超几十年前。"80后""90后"小时候，在同样处于抚育期的家庭生活逻辑中，孩子对家长注意力的吸纳能力不如今天这样强大。当前城市青年家庭对子女成长的关注度普遍提升，孩子在家庭生活议题设置中的影响力亦在增大，家庭生活的目标设置更多与孩子关联在一起，影响着家庭发展中的资源配置。

第二，在家庭发展资源配置方面，金钱、时间、注意力、人力都向孩子倾斜。首先，孩子消费在家庭日常消费中的比重上升。在所有家庭成员消费活动中，孩子的消费具有更多的优先性。孩子在未产生明确的消费主体意识的时候，就已经成为主要消费主体。城市中等收入家庭中，孩子消费品的平均品质，往往超过家庭消费品的平均品质。有些经济条件一般的家庭，夫妻在自身消费方面爱买便宜货，但是在给孩子买东西时，却很舍得花钱，尽可能提高1～2个档次。其次，在家庭时间资源分配中，孩子同样具有优先性，越来越多的父母花时间专门陪伴孩子。再次，孩子成为家庭生活注意力的焦点，大人们关注着孩子的成长过程。父母们乐于在朋友圈、公众号、视频号、小红书等各种平台记录孩子的成长事件，这甚至成为一些细心父母的日常任务。最后，抚育孩子耗费着家庭的人力资源。抚育孩子需要专人负责，日益成为一项全职性工作。

第三，在家庭日常生活组织安排方面，孩子成为主轴。一方面，多数家庭在安排生活时，更多考虑孩子的生活节奏。对于孩子有很多兴趣班、课程辅导班的家庭来说，时间的节奏感更强。另一方面，一些家长独立的社交生活在减少，更多倾向于联络组织与孩子年龄相近的家庭一起聚会或郊游，为孩子们创造一个社交空间。在成都调研时，一位妈妈感叹：

> 自己小时候，父母都有自己的生活，孩子融入家庭生活中，观察和学习父母的语言和行为，于是家长有了言传身教的空间，（孩子）受到家庭生活潜移默化的影响。现在不同，家庭生活重心发生了转移，许多家长自己的生活大大减少，更多注意力（放）在孩子身上，生活都以孩子的需要展开，不再是孩子参与父母的生活，而是父母参与孩子的生活。（访谈案例编号 C025）

综合来看，以孩子为中心的家庭生活方式，正在塑造着城市青年家庭的生活面貌。越来越多的家长感觉自己的家庭生活是围着孩子转，抚育成为家庭生活的最核心功能。新生代父母抚育观念的变化，对家庭生活产生了方方面面的影响。

## 从带孩子到育儿

《2015 年家庭发展报告》指出：在全国 0 ～ 2 岁儿童中，主要由祖辈照顾的比例高达60%～70%，即使3岁以后孩子上幼儿园，由祖辈直接抚养的比例也约为40%。孩子抚育过程中，祖辈和父辈往往有着不同的侧重点。有研究认为：中国城市家庭的主流育儿方式是3岁前主要由祖辈看管，关注健康饮食，6岁上学时回归父母身边，开始注重知识和技能的培养。[4]

关于孩子抚育，年轻人和老年人有着不同的话语表述。老年人经常把抚育孩子这件事表述为“带孩子（娃）”“哄孩子（娃）”“看孩子（娃）”“引孩子（娃）”。以上词汇虽然年轻人也使用，但是年轻人更愿意用“育儿”这个词来表达自己的抚育理念。比较这些词汇，有利于我们分析年轻人与老年人的抚育理念分歧。这些分歧影响着老漂家庭中的代际关系，许多婆媳矛盾都与抚育理念差异有关。

**老年人的抚育话语：带孩子**

老年人关于幼儿抚育的口语表述，很大程度上反映了传统式婴幼儿抚育的功能定位。

第一，带孩子。有的老人说：“我从老家来，就是为了给儿子带孩子。”还有的说：“女儿的孩子没人带，我只能从老家过来给她带（孩子）。”基于北京大学语料库的查询和分析，带孩子这个词通常在两种语境中使用。举例说明：“我带孩子去赶集”，此处的“带”，为携带之意；“他媳妇在家主要负责照顾公婆、喂猪喂鸡和带孩子”，此处的“带”，就有照料之意。问题在于，为什么带孩子的“带”可以引申为照料的意思？“带”有佩带、携带之意，“带孩子”本义就是把孩子带在身边。有些地区，人们会用布带把孩子绑在身上。对此，可以结合传统抚育方式来理解。传统式的孩子抚育，很多时候不是一种专门性的照料和陪伴，绝大多数就是将孩子带在身边，甚至有时候带着孩子参加劳动。抚育者在做其他事情的时候，顺便把孩子照料好。

第二，哄孩子。一些老人频繁使用“哄孩子”这个词。“哄”的本义是“逗引，使高兴”，哄孩子就是通过逗的方式来让孩子高兴。有时老人会说，这个孩子爱哭，很难哄。哄孩子的技巧，就是让孩子开心、不哭闹，比如给孩子唱歌、念童谣或给吃的、给玩具，让孩子安静下来。如果孩子能自己独立玩耍，老人们就说这孩子很好哄，很省心，不耽误自己干活。所以说，哄孩子的基本目标，就是让孩子不哭不闹，只要不哭不闹，就达到基本要求，就不用过度干预，让孩子处于一个自然状态。

第三，看孩子。看孩子也是比较通俗、容易理解的表述。看，即看管、照看。看孩子时要保持孩子（尤其是幼儿）在视野内，特别考验抚育者的注意力和责任心，毕竟身体安全保障是婴幼儿抚育的最基本要求。有的年轻人埋怨老人注意力不够：“连孩子都看不住。”

第四，引孩子。在一些地区也有“引孩子”的表述。如，“最近儿媳妇忙，我就从老家过来引孩子”，此处的“引孩子”，即带孩子的意思。为什么引孩子具有抚育的意思？可能有两种解释。第一种解释，“引”有逗引和吸引之意，如此，引和哄意思相近，引孩子与哄孩子意思相近。第二种解释，“引”是会意字，表示拉的意思，亦有牵引的意思。针对刚刚会走的孩子，抚育者为了防止其摔倒，就需要用手拉着（也许抚育者同时还在劳动），这很符合引的语义。老人拉着蹒跚学步的孩子，这是对婴幼儿照料比较形象的理解。有些地方也有“把孩子拉扯大”的表述。[5]

以上关于“带孩子”“哄孩子”“看孩子”“引孩子”的语义分析，主要是结合人们日常语言表达。[6] 有些字的分析，未做专门的语言学考证，亦可能存在牵强附会的地方。但毫无疑问的是，这些关于孩子抚育的表述方式，集中反映了中国传统孩子抚育的两个基本特征。其一，婴幼儿照料的功能定位相对简单，主要是保障安全、防止哭闹。在这种相对简约粗放的功能定位中，抚育工作量小。其二，许多情况下，婴幼儿抚育并未成为某个家庭成员全职、专门性的工作，照料孩子的人往往还要做家务、赡养老人、参加生产劳动。综合两点来看，传统简约抚育模式的工作量，比当前城市青年家庭的工作量要小得多。

**年轻人的抚育话语：育儿**

年轻人更喜欢用“育儿”这个词将自己和老年人的抚育活动区别开来。在成都的周女士看来，带孩子只是抚育中最基本的要求，只是管吃管穿，但是育儿则不同。育儿时，父母必须有研究精神，要随着孩子的成长而不停地学习。（访谈案例编号 C029）周女士将育儿过程理解为“摸着石头过河”，她老公吴先生进一步解释说：

> 大部分老人带孩子时，可能只是关注吃饱穿暖、别磕着碰着；少部分老人有一点教育理念，注重孩子的行为习惯培养，但是其目标往往也是培养一个让别人喜欢的人。育儿则不同，育儿不是让孩子讨别人喜欢。父母首先要考虑的是，

希望娃娃成为一个什么样的人。孩子有自己的使命，不是变成下一个你，所以必须培养孩子的心智、三观和行为习惯，让他有完整健全的人格。（访谈案例编号 C030）

从周女士及其老公的表述来看，带孩子和育儿的功能定位存在明显差异。借用费孝通在《生育制度》中对生理性抚育和社会性抚育的表述，我们可以进一步比较带孩子与育儿的区别（见表 2–1）。

**表 2–1　代际育儿观念比较**

| | 生理性抚育（目标内容） | 社会性抚育（目标内容） |
|---|---|---|
| （老年人）带孩子 | 吃饱，穿暖，身体安全，自然生长 | 习惯养成、为人处世 |
| （年轻人）育儿 | 注重食物营养安全、衣物品质美观度，契合儿童生长规律 | 更加注重培养健全人格，情绪稳定，人生理想目标设定 |

在生理性抚育方面：老年人更加重视孩子基本吃穿需要的满足和身体安全的保障，让孩子吃饱穿暖后自然生长，"不知不觉就长大了"。年轻人不再满足于吃饱穿暖这种最基本层次的需要，更加讲究食物营养和食品安全，衣服不只是保暖，还应该追求舒适，特别是美观、有个性；年轻人更加注重孩子生长发育的规律，不同年龄段孩子的身体状态和营养需求有差异，所以要因时制宜，调整优化生理性抚育方式。

在社会性抚育方面：老年人往往注重最基本的行为习惯培养，主要侧重于基本的道德教育，按传统伦理中的好人标准来教育孩子。年轻人除了关注习惯养成和做人引导外，更加注重孩子"自我意识"的培养，希望孩子人格健全、情绪稳定，有远大的人生理想。美国心理学家马斯洛认为人的需求分为五个层次，分别为生理、安全、社交、尊重和自我实现。持有现代育儿理念的父母，在抚育孩子过程中特别注重对孩子多层次需求的回应和满足。一方面，如前所述，年轻人对于生理、安全需求的理解比老年人要丰富得多，要求也更高。另一方面，越来越多的父母重视孩子“尊重和自我实现”需求的满足。

新生代父母秉持的育儿理念，和其父辈的抚育理念形成了鲜明对比。综合来看，新生代父母的育儿理念，有以下几个特征：

第一，尊重孩子成长中的自我意识。在传统抚育模式中，孩子是一个被抚育的对象，绝大多数情况下是被动的客体。在一些老人看来，孩子还小——特别是在婴幼儿阶段，孩子的自我意识还很模糊，所以只要吃饱穿暖、不哭不闹就可以。在一些新生代父母看来，虽然孩子年龄小，但是自我意识一直处在萌发状态。即便是婴儿，也具有自我意识，只是不会表达。所以，新生代父母认为，在抚育孩子的过程中，必须尊重孩子的主体性，关注其需要、情绪和感受。

第二，注重科学知识在抚育孩子过程中的应用。新生代父母在聊育儿时，言语中经常蹦出营养学、心理学、教育学的知识。在新生代父母看来，育儿变成了一门科学，应该尊重孩子成长发育中的生理、心理特征和规律。孩子应该何时断奶、什么时候加辅食、不同年龄段的睡眠需要等等，这些问题涉及诸多复杂的知识，通常能在书籍中、网络上或日常交流中获得，现学现用。在这些育儿知识中，隐藏着传统经验育儿与现代科学育儿、中国育儿与西方育儿在具体理念和方法方面的差异。借助自媒体，现代心理学、营养学、教育学知识在育儿领域得以快速推广和传播。

第三，抚育期延长，教育期提前。一方面，当前新生代父母所理解的孩子抚育期被大大延长了。在一些老人看来，孩子抚育期有两个关键转折点，一个是断奶，另一个是会走路。断奶意味着孩子逐渐可以和成人一样进食，不用再专门烹饪食物。会走路意味着孩子独立活动能力增强。新生代父母很少在孩子断奶和会走路后就减少抚育工作量的投入。断奶后很长时间内的食物，还需要依据孩子的营养需要和口味偏好专门烹饪。孩子会走路后，看护要求反而进一步增多，其身体发育情况依然为新生代父母所关注。新生代父母普遍需要延长抚育期来促进孩子健康发育。另一方面，当前新生代父母普遍将孩子学习知识的时间节点提前。越来越多的父母开始重视胎教，重视启蒙教育，关注孩子的语言能力培养、艺术熏陶和体育训练。

新的育儿理念的兴起及实践，是中国家庭发展史中的一个大事件。这种育儿理念的更替速度之快超乎想象。两代人育儿理念的差异，并不能简单解释为代沟，因为它远远超出了代沟的范畴。以育儿为核心的抚育理念渗透到家庭生活的方方面面，推动抚育方式精细化。

## 育儿呈精细化趋势

讨论抚育精细化，绝不意味着现在所有城市家庭都已经实现了精细育儿，而是关注一种趋势，即越来越多的城市家庭不同程度地提高了孩子抚育的精细程度。相比于简单甚至有些粗糙的传统抚育模式，城市新生代父母为了提高抚育质量，普遍增加了对孩子抚育过程中的经济、时间和精力投入，更加关注抚育细节，注重育儿知识的学习和应用。在城市高收入、中等收入家庭中，抚育精细化趋势最显著，表现为转型期新生代父母的理想抚育模式。精细抚育理念通过大众传媒向更多普通家庭渗透。[7]

精细育儿是精细思维在孩子抚育中的运用。具体来看，精细育儿中的精细思维主要表现为规划思维和科学思维。

一方面，精细育儿强调规划思维。在新生代父母看来，理想的育儿实践应该有规划，即根据孩子的成长规律设置抚育目标和抚育任务，从而避免抚育过程中的盲目性。西安的董女士有两个孩子，女儿上小学三年级，儿子上幼儿园小班。这位妈妈说："为了让孩子在幼儿园、小学、初中阶段更优秀，父母应该尽早规划，确立孩子不同阶段的发展目标。"为此，她专门在抖音上报了孩子教育规划课程，听课后感慨颇多，为自己前期规划不足而自责，并要求老公也多听课，加强学习。（访谈案例编号 C007）

另一方面，精细育儿强调科学思维。目前，越来越多的家长关注科学知识在抚育过程中的运用。新生代父母从网络、书籍、圈子等渠道获取由营养学、心理学、医学、教育学等学科知识复合而成的科学育儿知识，用这些知识解释孩子成长中的一些问题，也乐于用这些知识指导和调适自己的育儿方法。例如，一些新生代父母尤其是母亲注重对孩子安全感的培养，用安全感这个概念去解释孩子的情绪问题，认为缺少父母陪伴的孩子普遍缺乏安全感，所以父母要努力增加陪伴孩子的时间。有的父母为了更系统地学习科学育儿知识，花钱报名学习网络课程。例如，西安的阮女士是一位全职妈妈，孩子上小学三年级，阮女士非常重视育儿方法的学习，曾花费 3 万元购买一年的育儿课程，同时享受平台终生咨询服务。（访谈案例编号 C015）

精细育儿目标比传统抚育目标更加具体明确。传统抚育同样定位于培养优秀的孩子，但这个相对模糊的目标显然不契合精细育儿的需要。精细育儿理念下，培养优秀孩子的目标包括身体健康、心理健康、高智商、多才多艺、学业先发优势五个要点。[8] 这些要点共同指向孩子抚育过程中的身心健康和综合发展能力，影响着新生代父母的育儿实践，推动着育儿精细化进程。结合调研资料，新生代父母的精细抚育主要表现在以下几个方面。

**第一，注重婴幼儿精细喂养。**

健康养育的核心目标是提升生理性抚育质量。新时期生理性抚育更加注重营养、卫生和安全，强调尊重孩子的生理发育规律。

我们孩子喝奶喝到两岁，两岁以后喝的是营养奶粉，着重给孩子补充各类营养。另外，孩子小时候的辅食和现在的饮食我们也都很注意，就想着能好则好，也很注意给孩子每日补充坚果和水果，尽量让孩子健康成长。平时也会带着孩子进行运动，多晒太阳长得高。（访谈案例编号 Z006）

我们给她（孩子）专门准备了一套餐具和厨具。小孩子的肠胃和免疫力不好，大人的菜板有时候沾染了生肉的细菌，再用来切给宝宝准备的煮熟后的肉类，就有感染的风险，所以也给孩子专门备了一套消毒杀菌的设备，用来对她马上要用的厨具和餐具进行消毒杀菌，包括小菜板、小碗、勺子等。另外，她喝水的杯子也是专门买的几百块的防爆玻璃的、符合健康标准的，因为塑料的、胶的不健康，普通玻璃又容易弄碎受伤，保温杯太保温了，有时候孩子喝水一不小心就会被烫到。所以上幼儿园时，她还是用这种防爆玻璃的杯子比较好，但是她在幼儿园弄掉（丢）过两三次，（我们）还是有点心疼的。我们也很注意她衣服的面料，买的都是柔软亲肤的棉质衣物，衣物清洗需要与成人分开，为此还买了专门洗小衣服的洗衣机，且清洗完后进行消毒杀菌，主要就是因为幼年时期的孩子抵抗力没有成人高，严防孩子被细菌、病毒感染。（访谈案例编号 Z001）

孩子小时候想吃比萨，但是我觉得外面的比萨添加剂太多，就买食材到家自己烤给孩子吃。如果孩子想吃炸鸡，我也是买回来自己炸给她吃，就怕外边的激素影响孩子健康。现在高中了，有时候想喝奶茶，我也在家自己做。（访谈案例编号 Z005）

以上三个案例，从不同侧面展示了当前一些家庭对婴幼儿抚育的细致程度。首先，注重营养学。父母不仅追求营养均衡，还强调在孩子不同月份、年龄段提供合适的食物，科学合理喂养。其次，注重食品安全。无论是食材的选择，还是食物的烹饪，都关注食品添加剂问题。有的家庭还购买儿童专用酱油、香油等调味品。再次，强调卫生观念。这种卫生观念涉及食物、玩具等方方面面。最后，尽可能为孩子准备专用的抚育物品。

**第二，注重孩子自我意识的培养。**

父母在抚育过程中非常重视孩子的主体性。新生代父母的养育目标，不只是让孩子去适应社会规则，还关注孩子的需要和感受，害怕孩子在被动遵守社会规则时泯灭个性、忽视自我。成都的邢女士在一家公司当财务经理，她结合多年来的生活经历和育儿经验，介绍了自己对于孩子自我意识培养的思路。

> 现在我身边很多年轻人不想养孩子，但喜欢养宠物。养宠物，你花钱就可以，过程可控。但是养孩子却不一样，过程不可控，所以特别费心。父母抱着好的目的，让孩子生活幸福，但是往往偏离目标，因为父母没法决定孩子过什么样的人生。教育孩子最重要的，就是让孩子有自我意识。没有自我意识，就会被命运控制。有了自我意识，就可以朝着自己的方向努力，按自己喜欢的方式生活，实现对生命的内在掌控。（访谈案例编号 C026）

从邢女士的叙述可以看出，她对育儿有许多思考。受过高等教育的新生代父母，不仅乐于阅读育儿书籍，也善于反思，还愿意和别人分享和探讨育儿体会。许多“80 后”“90 后”都属于学习型父母，注重育儿知识的学习、交流。邢女士所讲的自我意识培养理念，暗含着针对中国传统人格模式和教育方法的反思和批判。越来越多的家长在育儿过程中，不愿意简单用纪律、规则和大道理去约束或压制孩子，而是强调孩子自主性的培养。

一些新生代父母有意识地培养婴幼儿阶段孩子的自我意识，创设情境让孩子自己去表达情感和需要，并学习如何做决定。例如，有的新生代父母在外就餐时，会让3岁多的孩子看着菜谱点菜，选择自己爱吃的。同去的老漂则看不惯这种方式，认为小孩子不会做决定，甚至认为这样娇惯孩子，会大大助长孩子的自我中心倾向。与老人的观念相反，新生代父母认为这是在培养孩子做决定的意识，增强孩子表达自己需要的能力。

有的新生代父母在孩子们玩耍发生争执时，也会借机培养孩子的自我意识，让孩子学习如何通过沟通解决矛盾，而不是胆小怕事、回避矛盾。在这方面，一位父亲分享了自己的观点。

> 别的孩子抢了我家孩子玩具，孩子受委屈，哭了。老人往往直接批评对方孩子，或把玩具抢回来，或安慰自家孩子学会分享。其实，这都不利于培养孩子的自我意识。父母一定不能代劳，要让孩子学着自己去应对，可以鼓励孩子自己抢回来，也可以让孩子主动和对方沟通，告诉小伙伴：我不喜欢你这样对我；如果你想玩我的玩具，就主动和我说，我会给你的！（访谈案例编号C057）

父母把培养孩子的自我意识作为一个重要的培养目标，这会带来育儿活动中的一系列变化，不仅包括在安排各项活动时更多考虑孩子的感受和想法，也包括在亲子互动时注重沟通技巧的运用。新生代父母不是直接肯定或否定孩子的需要，而是鼓励孩子首先把需要表达出来，然后再积极回应。

**第三，注重对孩子兴趣和技艺的培养。**

兴趣和技艺类课程学习成为诸多城市家庭抚育孩子中的必备选项。新生代父母热衷于给孩子报兴趣班，主要有以下几类原因。首先，有的家庭父母自身就有文艺或体育或其他方面的特长爱好，孩子受到家庭氛围熏陶，形成某方面兴趣特长。只不过，这种情况在孩子兴趣学习中只占极小比例。其次，有的家庭父母虽然自身没什么兴趣爱好和文体特长，但是不想让孩子像自己一样在填写个人简介时兴趣特长一栏只能写“无”。一些父母认为，没有兴趣特长的人，不仅会失去很多日常生活乐趣，还会影响社会交往。所以，这些父母让孩子参加兴趣班，培养爱好和特长，想让孩子的人生丰富、精彩、有趣。最后，有的家长之所以重视孩子的兴趣特长学习，主要是为了孩子在校期间能够获得老师的关注。有家长说道：“现在无论是幼儿园，还是小学，文艺活动都很多，老师们都喜欢有特长的学生，不仅班级活动时能够出节目，活跃气氛，还能为班级争得荣誉。”这种功利性的特长学习，在家长中也比较普遍。

兴趣班，别人都在学，你不学行吗？我给孩子报什么（兴趣）班，主要取决于孩子同学在报什么（兴趣）班。关键问题不是要不要给孩子报（兴趣）班，而是（兴趣班）授课方式：一对一？还是一对二？还是一对四？孩子上兴趣班，可怜。不上，更可怜！别的孩子口齿伶俐。别的孩子学

了 C++，还得了奖。（访谈案例编号 C058）

案例中的孩子妈妈，道出了诸多孩子学习兴趣特长的被动性。因为孩子的同学都在学，所以自己的孩子不得不学。如果不学，就会成为班级中的少数派，影响自信心，不能吸引老师的注意力和关心。这些后果让家长恐惧，只能让孩子被动参与兴趣学习中。

理想状态的兴趣特长学习，是家长知晓孩子在某方面具有兴趣或天赋，朝这个方向持续努力，将孩子的潜力充分激活和挖掘。问题在于，大部分家长并不确定孩子到底在哪方面有特长，只能多尝试，绘画、音乐、体育等兴趣类课程都报一些，类似于一种试错法，后面再围绕孩子学习表现做出选择。

综合来看，对于幼儿阶段孩子兴趣班的学习，大多数家长都处于一种有目的的盲目性状态。兴趣班学习的普及，一定程度上反映着新生代父母的精细育儿理念。孩子成长，不再是一个完全顺其自然的过程，而是一个长期的、有规划的人生过程。无论是为了孩子成年后的生活丰富性，还是为了提升孩子在校学习阶段的竞争力，这些未来目标都反向影响着婴幼儿阶段家长的抚育行为。

以上三点，从不同侧面展现了新生代父母的育儿精细化趋势。精细抚育的背后，一套新的育儿观念正在形成。这套育儿观念由生理学、营养学、教育学、医学等知识复合而成，借助新生代父母对于抚育质量的重视，贯彻到育儿日常实践中，渗透到孩子吃穿日用的方方面面。

从宏观层面看，育儿精细化趋势有利于提升人口质量。精细育儿的家庭实践，很大程度上代表了社会人口再生产模式的进步。一个社会的人口生产，既包含数量维度，也包含质量维度。也正是从这个层面讲，抚育模式对于提高人口生产质量具有重要意义。2022年11月，国家卫生健康委发布了《3岁以下婴幼儿健康养育照护指南（试行）》（以下简称《指南》）。该《指南》提出了婴幼儿健康养育照护的七个基本理念，具体包括：重视婴幼儿早期全面发展、遵循儿童生长发育规律和特点、给予儿童恰当积极的回应、培养儿童自主和自我调节能力、注重亲子陪伴和交流玩耍、将早期学习融入养育照护全过程、努力创建良好的家庭环境。这七个理念，在当前城市青年家庭育儿实践中都有体现。重视孩子抚育质量的家长，都在努力创造条件、投入精力，提高婴幼儿健康养护水平。

《指南》同样对婴幼儿健康养育照护中的生长发育监测、营养与喂养、交流与玩耍、生活照护指导、伤害预防、常见健康问题的防控及照护等育儿活动提出了指导意见和建议。这些内容体现了国家对于精细育儿理念的倡导。从这个角度看，当前城市家庭的精细育儿趋势，很大程度上契合了国家倡导的精细育儿要求。

需要说明的是，早在《指南》发布前，精细育儿趋势就已经在城市家庭显现：婴幼儿父母阅读书籍、上网学习知识、注重胎教和婴幼儿启蒙教育。在这个过程中，国家虽然起到了倡导作用，但是在具体作用发挥方面不及市场力量推动。

从微观层面看，育儿精细化趋势同样考验着城市青年家庭的抚育能力。其一，精细育儿需要更多的经济投入，增加了家庭育儿开支；

其二，精细育儿涉及更多的时间投入，需要父母更多参与和陪伴。这就涉及对另一个话题的讨论，即当前城市家庭中父亲、母亲的角色扮演。

## 做好妈妈和做好爸爸

理解家庭抚育负担的形成逻辑，同样不能忽视理想父母角色的增负效应。原初的抚育功能内容，主要与孩子的成长需要有关。现实中城市青年家庭的抚育活动，不仅受孩子需要的影响，还与父母自身的角色认知和定位有关。越来越多的父母，努力按照社会上流行的优秀母亲和优秀父亲的形象来自我要求，增加抚育投入、提高抚育质量。这个过程可以简单概括为做好妈妈和做好爸爸。

**做好妈妈**

从孩子出生的那一刻起，生物学意义上的母子关系已经完全建立，但社会学意义上的母子关系才刚刚开始形成。妈妈应该做什么、如何做，都涉及对母亲角色的理解和实践。所以说，这是一个“做好妈妈”的过程。

> 成都的周女士是一个 6 岁孩子的妈妈。周女士讲述了自己生育前后人生角色的重大变化。生育前，自己是一个非常没有耐心的人，非常不喜欢小孩子，看见公交或地铁上吵闹的孩子，就会自言自语地说：今天为什么这么倒霉。自从有了孩子，周女士说自己完全变了一个人。怀孕时没有特殊的

感觉，怕孩子影响自己的生活质量，还计划孩子断奶后就把孩子送到公公婆婆家。但是孩子一出生，自己的态度全变了。看见柔弱的宝宝躺在小床上，自己就有一种莫名其妙的感动，就想着去保护她，想把世界上最美好的东西都给她！产假结束后，周女士辞掉了原来的工作，找了一份时间更加灵活、可以照顾孩子的工作。周女士说：孩子 1 岁半以前，我最累，没睡过几个安稳觉，只要孩子一翻身，我就本能地醒过来。周女士特别重视科学育儿方法的运用，也非常认同蒙台梭利的育儿理念，最后选择了一个蒙式幼儿园（按蒙台梭利理念开办的幼儿园），每年费用 4 万多元。周女士自学了许多早教知识，乐于在孩子身上运用。周女士很排斥老人带孩子，认为老人的理念和方法不太适合孩子，无法尊重孩子细腻敏感的特点。（访谈案例编号 C029）

透过周女士的案例，我们能够真切感受到母爱意识的萌发对于母亲角色扮演的影响。从之前讨厌身边吵闹的小孩，到现在无比爱自己的孩子，这充分展现了母爱的奇妙之处。虽然父亲和母亲都与孩子有生物性联系，但在文化心理层面人们更多强调母子之间生物联系的独特性。这与“十月怀胎”感受有关，更为重要的是孩子降生后母亲成为主要抚育者，抚育经历和体验大大增强了母爱意识。进言之，母爱意识的确与人的生物性自发意识有关，但更多形成于抚育活动本身的情感投入、积累和强化。

在母亲角色扮演中，内在的母爱意识并不是单独发挥作用，她必须结合社会上所认可的母亲形象要求。传统社会中的母亲形象，具有很强的意向性，是匮乏经济中的含辛茹苦，兼顾生产和抚育的日夜操劳。传统社会中，贤妻与良母的形象往往是统一的，从属于一个完整的家庭生活经营者的角色。当代社会中的母亲，变成了一个相对独立的、更为专业的角色。她可能是平衡好工作与家庭矛盾的“工作母亲”[9]，也可能是放弃工作、专门带娃的“全职妈妈”，还可能是外表美丽性感、工作育儿两不误、处理好家庭内外的“辣妈”[10]。多重母职形象，表现着社会中母亲角色观念的复杂性，为女性新时期抚育实践提供了多重指引。

理想的母亲角色，特别是在婴幼儿抚育阶段，应该是一个全能型的妈妈，不仅要善于平衡工作和育儿之间的关系，还要努力学习育儿知识。因为对孩子精细化的照料不只是依托“母爱是天性”的本能作用，还需要拥有全方位的知识。[11]着眼于精细育儿目标，依靠父母传递下来的育儿经验远远不够，甚至还存在传统育儿经验与现代育儿知识相悖的情况。学习型妈妈善于通过书籍、网络或宝妈之间的交流，学习育儿知识并认真实践。

理想母亲不再局限于照料者角色，还应该是孩子成长的陪伴者。育儿科学强调陪伴对婴幼儿安全感培养的重要性，倡导母亲深度参与孩子成长过程，花更多时间和孩子共处，做游戏、读绘本，提高抚育质量。母亲每天晚上睡前给孩子读绘本故事，正在成为一些城市青年家庭的育儿时尚。

理想母亲角色及其背后的一整套观念，强调母亲对孩子成长的重要性，感召新生代母亲做一个优秀的妈妈，还同时明确了照料、陪伴等诸多方面的具体要求，大大增加了母亲在抚育孩子中的时间和精力投入，客观上要求母亲的职业相对轻松，尽可能时间自由。笔者在浙江诸暨调研时，当地的一个孩子妈妈颇有体会地说：只有经济条件好的家庭，年轻女性才可能扮演好妈妈的角色，花时间陪孩子，关注孩子的成长和教育，发朋友圈晒娃，记录孩子成长的美好瞬间；而经济条件一般的家庭，妈妈要花更多时间工作，所以陪孩子的时间就很少，也没有那么多心思发朋友圈，难以成为好妈妈。也许这位妈妈的感叹有些夸张和绝对，但她触及了理想母亲角色扮演的家庭经济基础问题。其实，前文周女士的案例也涉及这一点。周女士之所以敢于辞掉稳定且繁忙的工作，是因为丈夫提供了充分的经济支持，她才有条件去充分表达自己的母爱，按照社会上流行的优秀母亲标准去做一个好妈妈。

当社会上流行的优秀母亲形象变得越来越专职化和专业化的时候，普通家庭的母亲就会面临不同程度的角色扮演苦恼。她们想做一个好妈妈，迫切希望提高抚育精细化水平，但囿于工作和经济原因，没有足够的时间和精力。当其感觉力不从心的时候，就会对丈夫提出更高的期待，希望丈夫做一个好爸爸，让丈夫更多参与到孩子抚育活动中来。

**做好爸爸**

传统家庭采用“男主外、女主内”分工模式，男性以户外劳动为主，更多承担家庭生计职能。因为长期“主外”，所以丈夫同妻子、孩子的接触少，弱化了夫妻关系和亲子关系的日常性情感表达。费孝通在《江村经济》中提到了中国传统父亲形象。

> 孩子与父亲的关系稍有不同。在妻子怀孕和生孩子时，丈夫并没有什么特殊的责任。在一年之中，男人有半年以上的时间在户外劳动。他们早出晚归，夫妻之间、父子之间的接触相对较少。在孩子的幼年，就孩子来说，父亲只是母亲的一个助手，偶尔还是孩子的玩伴。在妻子养育孩子时，丈夫会接过她的一部分工作，甚至是厨房里的工作。我曾经看到，一些年轻的丈夫，经过一天忙碌的劳动，在傍晚余暇的时候，笨拙地把孩子抱在手里。[12]

无论是抱孩子，还是下厨房，都属于辅助性参与。父亲在孩子抚育活动中的低参与性，根源于传统社会的性别分工模式。父亲不被认为是抚育孩子的主体力量。抚育工作主要不是在夫妻之间分工，但可以通过代际分工（如婆媳分工）来应对。

当代中国城市家庭中，父亲参与抚育工作的频率和深度普遍增强。这主要源于两方面因素的共同作用。一方面，更多女性就业，迫使男性分担抚育任务。有研究发现，女性收入占家庭收入的比重越大，男性抚育参与度越高。[13] 另一方面，现代育儿科学日益强调父亲的重要性，注重父亲陪伴参与对孩子成长中性格、智力发育的不可替代作用。“父亲在家庭教育方面参与度高的孩子通常智商更高、精力旺盛、善于交际、成绩更好。”[14]

有研究者区分了四种类型的父亲，分别为管教型父亲、玩伴型父亲、帮手型父亲和充分参与型父亲。[15][16] 依此分类，我结合调研案例介绍不同的父亲形象。

管教型父亲的突出特点是扮演孩子成长中的权威者角色。管教型父亲虽然和孩子待在一起的时间少，但是尽可能扮演家庭教育中的权威者角色。管教时机可能是孩子犯错后的惩罚，也可能是督促孩子学业。例如，佛山的金先生在一家企业担任工程主管，平时工作忙，每周只休息一天；工程赶进度时，他根本顾不上家。尽管工作忙碌，但是遇到孩子犯错时，他也会及时批评教育。在孩子学业方面，金先生认为：家长没必要每日陪孩子写作业或检查作业，但抽查是必要的，通过抽查就可以把握孩子的学习状态，发现问题后及时提醒孩子、指出问题或施加压力，这比陪伴式学习更有效果。（访谈案例编号 C033）相比较而言，宁波的申先生与孩子的相处时间更少，他把更多时间投入工作中，经常加班到很晚。虽然他的抚育时间投入总量很少，但他并不算是完全缺席，在一些关键时刻，他能够发挥管教孩子的重要作用。例如，有时妻子或岳母实在管不住孩子，就会给申先生拨打视频电话，让孩子爸爸发挥线上威慑力。按申先生自己的说法，孩子只要视频通话时看见爸爸，还没等爸爸说什么，就不哭闹调皮了。申先生将这解释为爸爸的威严，认为正是因为自己平时带孩子少，所以才能保持更多威严，过多参与反而不灵了。（访谈案例编号 C059）管教型父亲的角色接近传统父亲形象，参与少，但保持着管教权威，和妻子在育儿方面形成严父慈母的气质组合。

玩伴型父亲的自我角色定位是陪同孩子一起玩耍的伙伴。玩耍内容与年龄段有关。孩子太小时，以做游戏为主。随着孩子年龄增长、活动能力增强、活动范围增大，体育活动、户外郊游等内容逐渐丰富。这些玩耍活动不只是享受快乐和放松心情，还涉及孩子竞争意识、规则意识、合作意识的培养。

> 成都的吴先生认为，爸爸育儿，就不能像妈妈那样中规中矩，要有点冒险精神，不能怕这怕那，要陪着孩子迎接挑战，甚至可以疯一点。比如，让孩子从高处背靠着自己向后倾倒，爸爸在后面接住她。这不仅考验孩子的胆量，还能建立孩子对爸爸的信任感。只有她信任你，才敢这样玩。（访谈案例编号 C030）

玩伴型父亲的性格一般都比较外向，生活中比较活泼。佛山的季先生就是这样的角色。他热爱网球、游泳、自驾游，6 岁的女儿已成为他的一个重要玩伴。玩伴型父亲往往经营着比较轻松的亲子关系，既不严厉，也不唠叨，维持着一个富有活力、性格随意、积极阳光的父亲形象。孩子不怕他，日常相处十分随和，他也经常和孩子开玩笑。（访谈案例编号 C053）相比于管教型父亲，玩伴型父亲抚育时间的投入更多，这要求父亲工作相对轻松，加班少，周末规律休息。从深层次来看，玩伴型父亲实践着一种寓教于乐的抚育理念，其抚育侧重点不在于日常照料，而在于一种快乐有趣的家庭生活方式的经营，让孩子和妻子都参与其中。这是对传统父亲严厉面孔的一种改造。

帮手型父亲在工作之余主动分担家务、参与抚育，做力所能及的事。在当前城市家庭中，帮手型父亲的比例在增加。他们工作也许很忙，但是下班后或周末不会置身事外，而是积极参与孩子抚育，做妻子的得力帮手。

越来越依赖我老公，老公看娃、抱娃、哄娃，给儿子洗澡、剪指甲、洗衣服。老公只要在家，我就负责喂奶和玩手机，导致只要老公去上班，我就手忙脚乱，心情超级超级不好，儿子的心情也和他爹在家时完全不一样。我遇到了全世界最好的老公。（微博用户 F** 发表于 2022 年 3 月 16 日）

许多帮手型父亲，未必是从现代育儿科学和父亲重要性角度来参与抚育活动，而是认同平权型夫妻关系，给妻子提供支持、为妻子分忧。安徽的邱先生在妻子的要求下，每周至少有两天不加班，空出大块完整时间分担抚育工作。（访谈案例编号 C060）一些帮手型父亲的实际参与也许是有限的，但是只要表现出积极参与的姿态，就能让忙碌的妻子得到一种心理安慰和平衡。这也有利于提升夫妻关系的和谐度。如果丈夫回到家后什么也不干，就可能引发妻子不满，感叹自己“丧偶式育儿”的处境。

充分参与型父亲的特点是积极参与孩子日常照顾，和妻子约定分摊抚育工作。与帮手型父亲相比，充分参与型父亲更加认同现代育儿理念，所以在抚育中的积极性、主动性更强。成都的吴先生就具有这种类型父亲的特点，他会主动投入时间、精力和心思，把抚育孩子这件事放在心上，陪伴女儿，打扮女儿，积极参与家长课堂。他会给孩子做规划，善于捕捉孩子生活中的细节，也善于利用生活中的碎片时间来教育孩子。例如，如果单独和女儿乘坐电梯，他会策划一些简短的游戏或谈话。对于充分参与型父亲而言，孩子抚育成为他生活中的重要内容。（访谈案例编号C030）在这种家庭中，有时候父亲和母亲的角色差异大大缩小了，甚至有的父亲比母亲还细心，分担了更多抚育工作。从女性视角来看，这是更理想的丈夫角色，被一些妻子称为“极品丈夫”，也被一些人称为“奶爸”。有学者研究指出：奶爸形象的出现是儿童照顾上的父亲参与的重要体现，也是一种符合女性主义倡导和社会媒介宣传所要求的新型父亲形象，是一种父亲关爱主义的典型表现。[17]

以上四种类型的父亲形象，仅仅是一种理想类型的划分。现实中的父亲形象，通常是几种类型的混合，如兼具帮手型和玩伴型；或在不同阶段有不同侧重，低龄阶段侧重于帮手型或充分参与型，随着孩子成长而转化为玩伴型或管教型。

现实中还存在着另一种父亲形象，那就是几乎不参与抚育活动，完全将孩子抚育工作推给妻子。这种类型的父亲在传统社会中大比例存在，也被妻子所接受（或忍受）。但是在当代城市生活中，这种“甩手掌柜型”的父亲角色却广受批判。新时代女性普遍不会容忍丈夫置身事外，会用各种办法唤起丈夫的父亲意识。有的女性也因为不满自己丧偶式育儿的处境，和丈夫闹矛盾。有的女性心生怨气，无处发泄情绪，只能在微博上吐槽丈夫。

真**的不**，说了很多次了，晚上吃完饭早点收拾、哄孩子睡觉，他吃完饭就蹲厕所玩，****，家里有老人帮你带孩子吗？三十好几的人了，不懂一点事，真 ** 恶心！ *。（微博用户 *** 发表于 2023 年 8 月 6 日凌晨，* 为骂人的话，此处隐去）

这位女性在凌晨发布微博表达自己的不满。因为并没有老人帮忙带孩子，所以她十分期待丈夫参与育儿，帮自己分担。但是从微博内容来看，她认为丈夫躲在厕所玩手机就是逃避父亲的责任，所以她才大发脾气。调研中，一些男性表示，婚后特别是有了孩子后，自己上厕所的时间普遍延长，感觉只有在厕所时自己才是完全自由的。也有男性说自己下班后开车到楼下，尽可能在车里多待一会儿，享受“离开单位、未进家门”的难得的独立自由状态。绝大多数男性尽管在育儿工作中体会到压力而不愿参与，但是客观上还是要做出积极参与的姿态。完全不参与的父亲越来越没有市场，没有存在空间，除非他真的忙得完全抽不出时间、精力，否则就会遭到许多唠叨，家庭生活不得安宁，争吵概率和频率大大增加。

在妻子的要求下，绝大多数丈夫都在经历一场父亲角色的转换。许多妻子眼中的优秀父亲形象，其实不是自动形成的，往往是男性经历了家庭矛盾斗争后才完成的角色转型。成都的吴先生详细介绍了自己对父亲角色认知的变化轨迹。

我小时候，父亲经常下班晚回来，自己很多时候都睡着了，加上父亲出差频率高，导致和父亲相处时间少，对父亲最深的印象仅限于偶尔带着自己吃喝玩乐。

成家前，我认为男人可以干家务、进厨房，但是带孩子还是女人的事。当我得知妻子怀孕的消息时，有点激动，暗想自己要好好奋斗，赚钱给娃买奶粉、尿布。女儿出生当天，妻子剖宫产。见娃第一眼，我没有太大感觉，心思全在妻子身上，心疼她受罪。女儿出生第二天，我开始伺候娃娃，感觉很神奇，感叹自己有娃娃了。

妻子坐月子期间，自己的父亲角色是矛盾的，没有真正转换过来。我父母把一年的假都请完，从老家过来帮忙，但我自己还是很累。我看女儿一天都在哭，自己就很烦躁，好想从哭声中解脱出来。所以，那段时间每天晚上自己都出去和朋友喝酒。看我晚上出去喝酒，妻子总埋怨我说“孩子这么小，天天出去玩”。可是我越挨骂，就越想从这个情境中抽离出来，结果出去喝酒的频率更高了。同时，自己上厕所的时间比之前也长了。虽然我不断告诉自己要适应父亲这个角色，但是我当时的行为不受控制，就想逃离那个情境。

直到女儿叫第一声爸爸，我才迎来了血脉真正觉醒的时刻。从此，自己乐于陪伴孩子，和妻子一起学习育儿知识，注意言行，还有了打扮女儿的欲望，对女儿也逐渐有了更多期望。工作再忙，也要从身心疲惫中抽离出来，陪孩子疯玩，每周末户外活动，每 2 ～ 3 个月一次旅行，让女儿去没去过的地方、去见没见过的世面。（访谈案例编号 C030）

从认为“带孩子还是女人的事”到自己深度参与孩子抚育，案例中的吴先生无论是在观念上，还是在行动上，都完成了一次角色蜕变。这个过程，绝大多数城市家庭中的年轻父亲都在经历。父亲在抚育中建立角色认知和形成角色情感，往往要滞后于母亲。女性的怀孕、分娩和哺乳，都在不断确认和加强孩子与母亲的生物性和情感联系。中国文化强调母子连心、强调孩子是母亲身上掉下来的肉，都在强化母性力量和角色认知。但是父亲不一样，因为缺少直接具体的生物性联系体验，大多数父亲只能在抚育过程中与孩子培养感情和强化联系。吴先生正是在抚育陪伴过程中完成了父亲意识的觉醒。陪伴和参与是父亲意识形成的重要环节，时间和精力投入培养了具体直接的父子（父女）情感。这是中国男性突破传统抚育生活中辅助性角色的关键步骤。

新的、强调抚育参与的父亲角色，很大程度上不是因为深刻意识到了才去参与，而是因为参与了才深刻意识到（父亲角色）。通过与妻子共同分担照顾孩子的责任，丈夫不仅体会到了为人母的艰辛，也切身感受到了为人父的责任和担当。[18] 当然不可否认，这种转变并不是由父亲主动完成的，而是具有一定的被动性。没有妻子的推动，没有妻子的强烈期待、要求、唠叨和抱怨，这种转变就很难主动完成。所以说，好爸爸与好妈妈的角色扮演具有很强的关联性。一些妻子通过给丈夫施加压力和影响，让丈夫和自己步调一致，提升协作育儿水平。

调研中，一位父亲展示了他家的育儿日记。他的妻子热衷于记录孩子的成长过程，也时常号召丈夫参与这项工作。这位父亲禁不住动员，最终还是硬着头皮在周末写了一篇（命题）日记交差。日记呈现

了父亲视角下13个月孩子的充实生活。(访谈案例编号C061)

6：30—7：30，豆豆醒来后在小床上哼哼，过一会儿吃力地爬起来，一口气爬上大床，倚在妈妈怀里才罢休。豆豆跟爸爸妈妈玩了一会儿，又说又唱，弄得爸爸妈妈再也睡不着。

7：30—8：30，起床，自己在小马桶上方便，然后刷牙，洗脸，吃早餐。胃口极好，能喝180 ml豆浆。

8：30—9：00，吃咳嗽药。一共三种药，一样一样品尝，然后喝点儿水。虽然感到苦，表情奇怪，但总算是坚持喝完了，大家都舒了一口气。

9：00—11：00，豆豆和妈妈进行了丰富的户外活动。公园里有许多小朋友，一同玩，非常热闹。

11：00—13：00，在家做饭、吃饭，午餐已经能吃半小碗米饭，和蔬菜放在一起捣碎，吃起来香极了，坐在小餐椅上非常带劲，吃完米饭还有180 ml的鲜蔬菜汤喝。此时妈妈才能吃饭，这就是妈妈的辛苦，每次都吃凉饭、喝凉汤，爸爸却都吃热的。

13：00—14：00，收拾完毕，再喂药，然后爸爸妈妈在小桌子上打乒乓球，豆豆在边上自娱自乐。

14：00—17：00，午睡。

17：00—19：00，下楼散步。18：00回来吃晚餐——粥、蔬菜，吃完后一个人在学步车里滑行。

19：00—20：30，豆豆洗脸，洗屁股，边听广播。一切收拾利索后，吃奶，准备睡觉。

20：30—次日 6：30。夜里呼呼大睡，偶尔哭几声。经过近一个月的训练，豆豆已经养成了夜里不喝奶、沉睡一夜的习惯。这在同龄孩子中还是很少见的，都是妈妈训练得好。

第二天醒来又是新的一天，对妈妈来说又是重复的一天。没有几个人可以像妈妈这样优秀，倾注如此多的心血，把爱都给了豆豆。

（妈妈读了日记，写下了自己的评论：爸爸写得太感人，妈妈都哭了。爸爸把豆豆的一天描绘得活灵活现。在豆豆点点滴滴的进步面前，妈妈的付出并不算什么。）

通过这篇日记，我们不仅可以从侧面了解城市青年家庭抚育的日常图景，还能看到抚育活动中的夫妻关系。父亲和母亲的角色实践不仅涉及亲子关系，还涉及夫妻关系。案例中的丈夫是在妻子的要求下才写日记，从父亲的视角来观察抚育过程。父亲看见了孩子成长的细节，更看见了妻子的不易。这种“看见”，可能正是妻子的目的。妻子需要这种“被看见”，从而让丈夫体会到自己的辛苦。没有这种“被看见”，妻子的心理就或多或少不平衡。

在许多家庭，孩子抚育不再是一个人的舞蹈。信奉科学育儿理念的妻子，在要求自己“做好妈妈”的同时，往往会给丈夫提要求，让丈夫“做好爸爸”。因此，必须从夫妻关系的角度来理解父亲和母亲的角色实践。男性父亲意识的形成和强化，在妻子施加影响的情况下更容易发生。当代中国城市家庭，越来越多的丈夫迫于妻子的压力去努力做个好爸爸，扮演理想父亲的角色。这也是男性促进家庭团结的一种策略。前文案例中的吴先生在访谈中说道：“自己的转变（即成为好爸爸），也是日积月累才能完成。毕竟每天挨骂，压力很大。”（访谈案例编号 C030）吴先生的经历，更能表现当前许多家庭男性深度参与育儿的原因。在妻子的要求下，丈夫按照理想父亲角色的要求来参与孩子抚育，按科学育儿理念构建家庭抚育秩序，将营养、卫生、陪伴等抚育要求贯彻到抚育生活中。

# 三

# 夫妻合作育儿的难处

无论是实践精细育儿理念，还是扮演理想父母角色，都考验着城市青年核心家庭的时间、精力和经济资源投入。对于绝大多数城市青年家庭来说，其所秉持的抚育目标和理念，并不能通过夫妻协作就能实现，还迫切需要老漂父母支持。

## 0～3 岁孩子照料难题

0～3 岁孩子照料难题是影响当前城市青年家庭生育意愿的关键因素。从女性休完产假，一直到孩子上幼儿园，这段时间考验着青年调动家庭资源解决孩子照料难题的能力。林燕玲、王春光基于 1 988 份调查问卷研究发现，有近 22% 的女性休产假不足 98 天，尚未达到 2012 年国务院《女职工劳动保护特别规定》中女职工生育享受 98 天产假的标准。[1] 此外，有 5.27% 的女职工主动提前结束了产假，有 14.47% 的女职工被迫提前结束产假，恢复工作状态。[2] 即便一些女性休满了 98 天的最低产假标准天数，并加上一定天数的生育奖励假，也依然要直面上班后的孩子照料难题。

国家卫计委 2015 年生育意愿调研数据显示，人们不愿生二孩的主要理由（多选）是经济负担重（74.5%）、太费精力（61.1%）和无人看护（60.5%）。全国首个“二孩家庭日”暨二孩家庭关键数据发布会的数据显示，高达 86.5% 的家庭将“没人照管”列为生育二孩的最大困难。[3]

0 ～ 3 岁孩子照料难题日益突出，可以追溯至 20 世纪 90 年代的公办托儿所关闭潮。新中国成立时，全国仅有 119 个托儿所。[4] 此后，政府积极倡导各地兴办托儿所。截至 1992 年底，全国托儿所数量达 10 628 所。[5] 托儿所的蓬勃发展，方便了孩子抚育，便于女性积极参加生产劳动，大大解放了女性劳动力。企事业单位或政府机关开办托儿所，许多幼儿就近入托，接送十分方便。从 1992 年开始，国家要求企业剥离社会职能，大量托儿所被直接关闭或因为经营困难而关闭。[6]

托儿所关闭潮的直接后果就是大大降低了 0～3 岁幼儿的入托率。国家卫计委 2015 年开展的生育意愿追踪调查数据显示，3 岁以下婴幼儿在我国各类托幼机构的入托率仅为 4%。2015 年，上海市 0 ～ 3 岁婴幼儿入托率仅为 0.65%。[7]2019 年全国人口与家庭动态监测数据显示，我国 3 岁以下婴幼儿实际入托率仅为 5.5%。[8] 这一比率虽然较 2015 年上升了 1.5%，但依然处于较低水平。北京市卫健委 2020 年 11 月调查发现，北京 3 岁以下婴幼儿入托率不足 3%。[9] 以上数据表明，我国超过 95% 的 0 ～ 3 岁孩子在家庭中被照料。

需要说明的是，当前我国各城市 0 ～ 3 岁孩子的低入托率的原因比较复杂，不能直接将入托率低简单归因于托儿所数量减少。低入托率跟人们更偏好家庭抚育方式有关。父母担忧孩子在托儿所得不到精心照料。托儿所中，一个保育员要照料多个孩子，必然影响照料的精细程度。根据 2019 年《托育机构设置标准（试行）（征求意见稿）》，托育机构配备的保育员与婴幼儿的比例应当不低于：乳儿班（6 ～ 12 个月）1∶3（即 1 个保育员照顾 3 个孩子），托小班（12 ～ 24 个月）1∶5，托大班（24 ～ 36 个月）1∶7。现实中许多托儿所还达不到这个标准，例如，2013 年南京市相关调研显示，保育员与婴幼儿比例为 1∶14。[10] 高比例虽然有利于提高照料精细程度，但也必然推高运营成本。因此，托儿所为了保障运营，只能尽可能控制保育员数量，客观导致照料质量降低。

请保姆居家照料孩子的方式，其抚育精细程度普遍高于托儿所，但是因为经济和信任原因，父母还是倾向于由自己家人照料孩子。

> 我闺女五年前怀孕，那会儿他们也是刚到西安工作，买了房子手里头就没剩多少钱了。女婿想请月嫂来伺候，我闺女不同意，想让我来。她跟我一说这个情况，我立马就从家里过来了。请月嫂也可以，但太贵了。花那么多钱，请一个外人，她照顾能尽心吗？说到底（请月嫂）就是花冤枉钱，我们为人父母的肯定更疼自己孩子。本来这事儿应该她婆婆过来的，但她婆婆还在上班，请假一两天可以，请几个月肯定不行。我退休在家，比较清闲，所以最后还是我过来比较

好。（访谈案例编号 X016）

之所以尽可能找老人帮忙带孩子，主要涉及以下原因：第一，从经济方面考虑，保姆工资水平并不低，特别是照顾月份比较小的孩子，费用更高，增加了青年家庭的经济压力。第二，更为重要的是，照顾孩子考验责任心，需要建立较强的信任关系。孩子父母听到身边或网上有关保姆虐童或其他负面信息，就更不愿意请保姆照料孩子了。请保姆的，往往是那些实在没有老人支持的家庭。极少数家庭经济条件好，在有老人帮忙的前提下，再请保姆照顾孩子，老人在边上发挥监督作用。这样既减轻了家中老人的负担，也能提升抚育质量。

综合来看，绝大多数城市青年生育孩子后，优先考虑的方案是调动家庭资源来实现婴幼儿在家照料。这是 0 ～ 3 岁孩子入托率低的根本原因。反过来看，大多数家庭都能够获得代际支持，父母从老家赶来帮忙照料孩子，解决了 0 ～ 3 岁孩子照料难题，不仅不用支付劳务费，还因为有亲情基础而充满信任感。有些老人有经济实力，不想受看孩子的苦，又不想被子女埋怨不负责任，就给子女出保姆钱。这虽然减轻了子女的经济压力，但是个别子女还是不满意，认为老人带孩子比保姆带孩子更可靠。

年轻人希望老年父母亲自帮忙带孩子，这种抚育偏好是经济因素和心理因素共同作用的结果。在这种抚育偏好作用下，很多年轻人的抚育难题，就变成了老人的责任。对于许多老年父母来说，这往往是一种“甜蜜的负担”。之所以甜蜜，是因为老人爱孙辈，享受隔辈亲，在带孩子过程中收获快乐。之所以是负担，是因为在孩子上幼儿园之前，全天候照料格外辛苦。

## 接送孩子不容易

孩子上幼儿园后，日常照料抚育任务大大减少，但是这绝不意味着青年夫妻可以完全独立应对，因为还面临孩子入园乃至入学后的接送问题。

调研中，许多“80后”“90后”感叹自己小时候走路、骑车或坐公交上学、放学，非常独立和便利，较少家长存在接送负担。当前幼儿园孩子和小学生接送问题的形成，涉及复杂原因，具体可以从空间和时间两个维度分析。

从空间角度看，城市中的通学半径（即学生家庭和学校的交通距离）增大。这个现象在大城市尤为突出。汤优等研究发现：2006年时，北京市小学生从家到学校的平均距离是1.54公里；到2011年，则增加到6.63公里；2014年虽然有所减少，但依然有4.36公里。更需要注意的是，小学生短距离通学的比例在降低。2006年北京市小学生出行距离在1 000米以内的比例为58.51%；而2014年出行距离在1 000米以内的，仅占17.59%。[11] 虽然近些年相关部门一直积极落实科学划片、就近入学政策，但是因为教育资源配置不均衡、人户分离等原因，通学距离远、通学效率低、通学时间长、安全风险增大等问题一直存在，增加了家长接送孩子上下学的迫切性。

从时间角度看，许多家庭父母上班下班时间和孩子上学（入园）

放学（离园）时间难以协调。特别是在大城市，一些人的上班通勤距离比较远，每天必须早出发，而此时幼儿园、学校不准进入；下班时间又比较晚，无法及时接孩子回家。孩子放学时间和父母下班时间不一致，给家长带来了挑战。

在“双减”政策严格实施之前，许多城市的小学生三点半或四点半就放学了，此时父母还在上班，从而产生了三点半、四点半的难题。这些问题的存在，对青年家庭的人力资源配置提出了高要求，即应该有一个时间更加灵活的“自由人”来专门负责接送孩子。这种刚需，也创造了一个服务于孩子接送（主要是接）需求的市场。一些家庭将接送孩子纳入保姆工作范畴。一些家庭为了降低成本，专门雇用接（送）孩子的钟点工，按次或按月支付工资。在上海，每次接孩子的费用在 30 ～ 50 元不等（有的更高）。大多数城市的小学附近，开设了许多托管班。那些无法被父母及时接走的孩子，可以由托管班接走，在托管班写作业，等着父母下班后来接。有的托管班还供应晚餐、辅导作业，大大方便了那些更晚下班的家长。

2021 年国家实行“双减”政策，目标定位于减轻义务教育阶段学生作业负担和校外培训负担。作为“双减”政策的配套措施，课后延时服务使小学生放学时间延后，有利于部分家长接孩子放学。但调研发现，大部分家长因为下班晚，依然无法实现自己亲自接送。

一份针对浙江宁波江北区江北实验小学通学接送情况的研究显示[12]：2022 年，在调研的 1 555 个小学生中，独自或和同学结伴上学的比例仅为 7.18%，独自或和同学结伴放学的比例为 13.8%；有接近 60% 的家庭由老人接送孙辈上学放学。王侠、陈晓键在西安 6 所小学调研家长接送情况时发现：祖辈参与接送孙辈上学、放学的比例为 44.8%，有 13.6% 的家庭由全职妈妈（或自由职业）接送。[13]

兴趣班和辅导班的接送问题同样突出。辅导班、兴趣班时长 1～2 个小时，送过去还要等待，结束后再接回来，这都比较耗时间。如果辅导班、兴趣班安排在周末，一些家长可以亲自接送，但有的兴趣班、辅导班在周内上课，那就需要有人放学时接孩子，再送到辅导班、兴趣班上课。

综合考虑孩子上学、放学和兴趣班、辅导班的接送需要，城市青年家庭首选的方式还是通过家庭内部劳动力配置来解决接送问题。这既有经济方面的考虑，也涉及安全和责任心的需要。也正因为如此，幼儿园和小学门口接送孩子的人群中，有许多老漂的身影。他们时间相对自由充裕，接孩子的时候也普遍能够提前到达，和熟识的老漂闲聊。许多老漂，也是在幼儿园或小学门口相识并熟悉起来的。有的老漂接送孩子时，还会带着二宝。这样的老漂往往比较辛苦，把孩子接回家后，还要照顾两个孩子的安全和饮食。有的老漂为了方便接送孙辈，还去专门考汽车驾驶证。

老漂承担孩子接送任务，凸显了老年劳动力在青年家庭功能发挥中的特殊作用。接送孩子是一种特殊的抚育劳动。从劳动量角度看，接送孩子并不耗费太多体力。无论是走路，还是骑车或开车，都不会花费太多时间和精力。但接送任务又非常考验人的责任心。对于正在上班的年轻人来说，经常请假接送孩子并不现实；雇用钟点工接送不仅增大家庭经济压力，还有安全保障方面的担忧；托管班的安全保障虽然强一些，但是经济成本高。综合比较发现，最可靠的、最低成本的解决办法还是由自家父母完成日常性接送任务。也正因为如此，虽然许多老漂在孙辈上幼儿园之后很想返回老家，但是子女依然请求老人留下，帮忙解决接送问题。

## 过于理想化的协作育儿

面对孩子抚育压力，只有少数夫妻能在不依靠老人的情况下独立应对。有的是夫妻一方（主要是丈夫）收入水平高，另一方可以全职在家育儿。有的家庭一方全职工作，另一方自由职业，时间非常灵活自由，可以兼顾抚育。还有一种情况是，夫妻双方的时间都比较灵活，有较充足的时间来应对孩子抚育。

时间是重要的社会福利。每个职业的福利水平，不仅跟收入水平有关，还与其休息时间状况和工作时间灵活性有关。在笔者调研的群体中，公务员、事业单位职工（特别是大学教师）等在时间福利方面具有较大优势。尤其是其中的女性，普遍在产假、周末休息、请假等方面有基本保障和弹性空间。当然，这只是相对而言，部分公务员、事业单位职工也面临较重的加班问题，但是体制内往往对抚育负担重的女性有所照顾。这也正是女性倾向于考公、考编的原因之一，不仅职业稳定，还有时间福利，能够兼顾家庭，应对抚育压力。一些直销行业的从业者工作时间比较灵活自由，所以直销成为诸多婴幼儿妈妈偏爱的行业。对于开“夫妻店”的夫妻，二人在育儿方面，也有一定的时间、精力优势。妻子忙着带孩子，丈夫就在经营方面多出力，夫妻二人可以在做生意和带孩子方面尽可能平衡。

聂焱、风笑天的调研发现，城市双职工家庭的抚育实践遵循“谁有空谁做”的夫妻协作原则。[14]关于“谁有空谁做”，我们可以从两个层面进行解读。在家庭内部，“谁有空谁做”意味着夫妻之间要结合自己的工作时间和节奏进行总体协调，以完成抚育任务。

> 遇到需要占用工作时间的事情，如果一方有空的话，那就由这一方去（处理），但是如果说双方都正有事，当然就看谁可以更灵活一点处理。比如说涉及调课的话，那就看谁更容易调课。比如说我之前已经请了一次假，再请那就不好了，然后下次轮到我爱人再请一次。就是靠这个东西来协调的。（康子，32岁，4岁女孩的爸爸）（案例摘自聂焱、风笑天的研究）[15]

该案例展现了夫妻之间协调抚育时间的策略。但是需要特别注意的是，案例中的夫妻都是大学老师。这是一个比较特殊的夫妻职业组合模式，双方都不用坐班，除了上课，其余时间都比较自由，周末和寒暑假的休息也都有保障。所以这对夫妻在抚育过程中的时间协调难度并不大。城市中绝大多数夫妻并没有如此充足的自由时间来应对孩子抚育，尤其是双薪家庭，在双方都很忙却没有老人帮忙的情况下，夫妻协作育儿就面临较大难题。

> 给儿子穿上纸尿裤，夫人和我说：“我困得不行，稍微

眯一会，一会再起来工作。”白天看娃、晚上熬夜工作成了几个月来的常态。一连几天晚上，夫人加班到凌晨两点半，昨天我也半夜爬起来干活，凌晨5点躺下准备睡觉，天已经亮了。但，至少我们还是像战友一样在并肩作战。只是这样的日子也珍贵得近乎奢侈了。（微博用户李 ** 发表于2020年5月21日）

这条微博生动展现了没有老人帮忙的青年夫妻独立带娃的辛苦，好在夫妻二人能够协作育儿，疲惫地应对抚育与工作的矛盾。下面这条微博同样展现了抚育新生儿过程中的父亲角色体验。

一夜无眠。昨天月嫂走了，第一次和女儿、老婆一起睡觉，不敢大翻身，也不敢玩手机。女儿稍有响动，就忍不住起身来看。发现我还掌握不了最佳喂奶时间点，如果说给女儿喂奶是A级难度，那月嫂走了之后就是S级难度。之前总觉得带孩子是对经济条件的一大挑战，现在才发现还是对精力管理的一大挑战。（微博用户东 ** 发表于2022年10月11日）

新生儿降生后，有月嫂照顾时，父亲轻松许多。父亲角色的充分发挥，大多是从月嫂离职后开始的。如果家中没有老人帮忙，那么新生儿父亲必须挑起晚上照顾孩子的担子，以让依然虚弱的妻子充分休息。博主感觉到夜里照料孩子是对父亲技术和精力的双重考验。这位新生儿父亲还在该微博评论区对一位博友透露：“起床喂奶的时候，总要去客厅休息10分钟”，以此缓解压力。

2020年9月15日是慌乱的一天，又是疲惫的一天，我儿子让我给他弄得尿布疹了，很是愧疚，加上我身体不舒服，又各种担心儿子，这一天真心疲惫。晚上老公下班回来，我见到他说了一句：我能辞职不干这个看娃的活吗？真是伤不起啊～今天凌晨起来，2时到3时30分我又没合眼，给儿子晾屁股～就是希望他快点好起来。（微博用户优**发表于2020年9月16日6时58分）

发布这条微博的女士是一位全职妈妈，但是因为长期独立带孩子，身心疲惫，跟丈夫吐槽说自己想辞掉全职妈妈这份工作。面对幼儿抚育负担，如果夫妻二人不得不有一人选择全职育儿，那么更可能是女性做出牺牲、妥协。这往往是夫妻二人权衡利弊、让经济损失最小化的决策。这也正是聂焱、风笑天所说的“谁有空谁做”逻辑中隐藏着性别差异——女性更容易做出牺牲和让步。

如果我们跳出家庭层面，从职业的时间福利角度来审视“谁有空谁做”现象，就会发现，其实许多双薪家庭面临的是“谁都没空”的问题。双薪家庭中，夫妻双方如果都面临比较繁重的工作压力，下班晚（尤其是996群体）、加班多、节假日少，工作时间与孩子抚育需要就形成一种刚性矛盾，这是双薪家庭抚育困境的最根本原因。时间荒问题是增加抚育压力、抑制青年生育动力的重要因素。[16]

对于青年夫妻而言，比加班多、下班晚、周末少更可怕的是，夫妻因为两地就业或一方长期外派出差导致两地生活，没法实现协作育儿。抚育功能超载问题也将更加突出。

两年前来西安就是为了照顾孙女，娃（孙女）上学不能没人照顾。我儿子远着呢，在内蒙古从事天然气开发有关工作，一个多月才能回来一次。儿媳妇在高陵（西安郊区）的石油公司上班，只有周末才回来看娃。他俩都忙，没人管小孩。以前只有一个，今年这小娃娃出生了，我们再给他带小的。两个都是我们照顾，儿子、儿媳妇也放心。（访谈案例编号 X002）

案例中的年轻夫妻因为工作原因，平时都不在家，根本没时间和精力照顾孩子。这是中国城市许多双薪家庭抚育困境的真实写照。

城市青年夫妻之所以难以协作育儿，主要原因并不是他们缺少协作技巧和能力，而是他们普遍缺少协作的时间和精力，深层原因是核心家庭功能超载问题极大降低了青年夫妻协作育儿的现实可能性。

## 何以解困，唯有老漂

很多城市青年家庭的抚育功能与生计功能难以兼顾。如前所述，在现有的生育政策框架中，女性产假能解决孩子 3 ～ 6 个月的抚育问题，但是从产假结束到上幼儿园之前的日常照顾，以及从幼儿园到小学阶段的日常接送问题同样难以应付。城市青年夫妻还面临经济压力，迫切需要夫妻二人都工作以获得双份收入，以此支付房贷、车贷和孩子抚育教育费用。

在北京工作的郭宇，对于请不起保姆、只能让父母来京帮忙感到很无奈。“我和妻子每天都要上班，妻子在互联网公司工作，经常加班到晚上九、十点钟，接孩子、做饭、日常家务等，全都靠老人。”郭宇家是两室一厅，他的父母不能同时前来。轮到父亲来照看孩子时，因为和孩子挤在一间屋子里，父亲生活很不习惯。担心自己打呼噜吵醒孩子，老人经常忍着困意到天明。“于心不忍，可真的没有办法。曾经和妻子商量过，能否有一个人辞掉工作照顾家庭，但发现并不现实——两个人每月的收入在还了房贷后所剩无几。”[17]

在北京、上海等高房价城市，许多青年夫妻都处于一种时空困局中，这是一道有关居住空间、通勤距离、住房成本和经济实力的混合运算题。便宜的房子往往都要偏远一些，显著增加了通勤时间。近一点的房子价格贵，虽然节省了通勤时间，但又增加了经济压力，且因为面积偏小而住得拥挤压抑。在北京工作了十余年的邹先生，前几年住在远郊，每天通勤时间都要 3 个小时左右，经历漫长而疲惫的地铁时光。有一天他实在受不了了，感觉挤在地铁里，人都要虚脱了，于是下决心把远郊的大房子换成公司附近的小房子，告别了自己的通勤梦魇。（访谈案例编号 C072）在特大城市，像邹先生这样面临通勤问题的年轻人很多，但是能像他这样“下决心”就能解决问题的人却很少，毕竟经济实力不允许。

在我国城市（特别是特大城市）中，青年群体的家庭抚育生活与产假、上下班时间、日常休假模式、上下班通勤距离、学校教育中的上学放学时间等方面存在诸多不适配问题。这增加了家庭抚育功能运行的压力和成本，进而引发了核心家庭内部的功能超载问题。

所谓核心家庭的功能超载，主要指处于抚育阶段的核心家庭难以通过夫妻合作方式兼顾抚育功能与生计功能，实现理想抚育目标所需要的时间、精力远超核心家庭内部的人力资源现状承受范畴。

青年核心家庭的抚育功能超载，是家庭系统内部和外部因素共同作用的结果。从内部角度看，在抚育观念变化、育儿精细化趋势下，抚育内容增加、抚育要求提高，增加了抚育工作量。从外部角度看，职业系统、公共抚育支持弱，学校教育体系和职业时间安排存在时间紧张关系，面临系统性失调。

从更深层次看，核心家庭中年轻夫妻的金钱、人力和时间条件，并不能承载精细化抚育要求和理想父母角色扮演。以孩子为中心的生活方式、高质量的抚育目标，很难通过核心家庭中的夫妻协作来实现。大多数青年核心家庭，面临着实实在在的抚育困境。

城市生活中，家庭系统和职业系统、家庭系统和教育系统之间，存在不协调的地方。家庭生活有些失调了，就特别需要一种力量，能加入这个系统，填补系统之间的缝隙和断裂。这项重要任务，普遍落在了老漂肩上。

东北师范大学地理科学学院梅林教授团队调研显示，80.5% 的老漂其孙辈处于小学及以下阶段（0 ～ 3 岁和幼儿园阶段），[18] 处于这个阶段的核心家庭，对老漂的需要最为迫切。

何以解困，唯有老漂！几乎所有处于婴幼儿抚育阶段的青年夫妻，都有一个普遍感受，那就是：如果没有老人帮忙，家庭生活根本“转不动”。老漂是核心家庭最直接、最低成本、最可靠的支持性力量，帮助青年家庭协调抚育功能和生计功能。

从微观层面来看，老漂族现象是年轻夫妻调动父辈资源、增加家庭抚育功能的方式，这大大缓解了核心家庭的功能超载问题。调研时，许多老漂都会有类似表述：反正我在老家闲着没事，正好过来帮忙带小孩，让儿子、儿媳妇（女儿、女婿）安心工作。当然，有些老漂在老家也有生计或赡养高龄父母的任务，只不过按照需求紧迫性原则，优先支持子代，或通过老年夫妻分居的方式“顾两头”，兼顾老家和儿女家庭的需要。

从宏观层面来看，老漂族现象是整个社会调动老年人力资源来促进人口生产的一种有效模式。老漂族的抚育劳动既有家庭属性，也有社会属性。老漂族为子代提供的抚育劳动，总体上降低了人口生产的社会成本。或者说，将人口生产的一部分成本内部化，通过父母支持的方式得以实现。正是从这个角度看，老龄社会内部，其实蕴含着巨大的支持力量。

祖辈照料孙辈是中国家庭的普遍现象。老漂族现象中的祖辈支持，具有两个新特征：其一，老漂族要离开家乡、来到异乡帮助子代照料孙辈，父母支持伴随着迁移。其二，老漂族的抚育劳动，不再是传统时期的“带孩子”，而是“育儿”。大多数老漂族要按照子女的要求照料孙辈，抚育精细化趋势增加了老漂族抚育劳动的投入。新环境、新要求对老漂族提出了诸多挑战。老漂族的异乡生活，正是在迎接这些挑战的过程中拉开帷幕。

# 四

# 成为老漂不容易

虽然年轻人需要老漂，但是老年人真正成为老漂，还需要一些现实条件。其实，许多老漂不太喜欢“成为老漂”这个说法，他们更喜欢将这个过程描述为“被成为”，就是强调一种被动性。许多老漂，处于一种“心甘情不愿”的状态。之所以“心甘”，是出于父母的责任，义不容辞，责无旁贷，不好拒绝。之所以“情不愿”，是因为确实不想离开老家，不愿意到陌生城市生活。一些老人有多个子女，每个子女都迫切需要父母带孩子，老人就会考虑如何在多个子女之间“一碗水端平”，害怕厚此薄彼，引起家庭矛盾。还有一些家庭面临现实困难，不具备让老人过来带孩子的经济条件。有的家庭即便老人从老家赶来帮忙带孩子，也要控制开支，这考验着老漂精打细算的能力。

## 抉择

老人成为老漂，涉及许多家庭决策。这是以子女小家庭需要为基础的老年劳动力的配置过程。其核心目标就是确定一种服务于小家庭孩子照料的人力资源安排秩序。该家庭决策，既要考虑年轻夫妻双方父母的身体健康、时间精力等现实条件，也要考虑兄弟姐妹的需要及其紧迫程度。该决策既涉及夫妻双方父母的关系博弈，也涉及兄弟姐妹之间的关系平衡。有些家庭的兄弟姐妹，在商量自己父母到底该给谁看孩子的时候，也会产生矛盾。这凸显了老漂对子女家庭的重要性。许多老漂说自己成了香饽饽，子女们抢着要。

小家庭夫妻需要老漂支持时，都会和父母商量沟通具体的安排。与此相关的家庭决策，大部分都会在备孕或怀孕后就开始酝酿。家庭情况千差万别，每个家庭最终的决策过程也存在差异。总结调研期间接触的案例，发现年轻夫妻有以下选择偏好。第一，优先考虑有空、身体健康的父母。有的父母还未退休，或身体患病、不能过于劳累，自然不具备条件。第二，距离就近原则。有的家庭会考虑双方父母的距离，优先选择距离近的父母，因为往返方便。第三，在双方父母都有空的条件下，优先考虑女方父母。女性更希望自己父母来，这样在沟通和关系处理方面能避免很多麻烦。之所以女性偏好自己父母特别是自己母亲来帮忙带孩子，一个普遍的解释是：女方父母过来帮女儿不仅仅是因为爱孙辈，更是因为心疼女儿，所以在女儿家时能够更多站在女儿角度考虑问题。有人认为，婆婆带孩子虽然也是出于责任感，但是更多优先考虑儿子和孙子、孙女的利益。

> 昨晚，跟妈妈说起以后生了娃想让她帮我带娃，我妈打趣道“谁要帮你带娃，我才不带”，我说“那你的乖孙你不带哦”，我妈愣了一下说“我不是带乖孙，是给女儿带孩子，

你才是最重要的，知不知道”。（微博用户一 ** 发表于 2023 年 8 月 4 日）

从老人的角度看，面临以下几种情况时比较难决策。

其一，多子女。老人有多个子女，如果子女年龄差比较小，那么老人就会面临多个子女处于连续性的生育抚育状态。老人不得不确立一个帮扶顺序。此处主要涉及两个原则，一个是紧迫性原则，另一个是儿子优先原则。所谓紧迫性原则，就是考虑哪个子女需求更紧迫。如果其中一个刚刚怀孕，另一个孩子月份还比较小，且亲家无法接替，那么就会偏向后者。毕竟刚怀孕，照料需求不太迫切。所谓儿子优先原则，就是在女儿和儿子对老人的需要都比较紧迫时，普遍优先考虑儿子家庭的需要。

我之前在我闺女那儿待了两年，儿媳妇怀了二孩，我就到这边来了。儿子和闺女都让我过去帮忙带小孩，愁呀！不给谁带，心里都有气。虽然应该是奶奶带孙子，但闺女她婆婆走得早，没人给她带小孩。儿媳妇这边，你不带孙子肯定不行。没有办法，最后是我到儿子家带孙子，我老伴去闺女家带外孙。就这，我闺女心里也不开心，老头子没有我细致嘛。（访谈案例编号 W015）

该案例的特殊性在于，闺女的婆婆早已去世，没法获得来自婆婆家的支持。所以，父母才一边去一个。这是在坚持婆婆优先伺候儿媳妇的大原则基础上，兼顾闺女需要，最终形成老人分居的格局。

其二，老人家中还有工作或事务，暂时不能脱身，或家中还有高龄老人需要照顾，那么就很有可能只过来一个老人帮忙，另一个老人在家。也有个别家庭有高龄老人，但是因为子女需要迫切，只能将尚能自理的高龄老人带到子女家一同居住，老漂兼顾养老和养小，实在是没有办法的办法。

其三，多子女家庭中，有的老人还有儿子未成婚，那么老人也会优先考虑儿子结婚问题。例如西安的龚先生家，妻子很想让自己父母过来带孩子，但是家中还有未婚弟弟，父母未同意女儿的请求，最后只能让婆婆过来照顾。（访谈案例编号 C004）

相比较而言，城市中已经退休的独生子女父母，在给子女带孩子方面，往往比多子女家庭的老人更有主观能动性和现实可能性。从主观能动性的角度看，因为只有一个孩子，无论是儿子还是女儿，他们都希望尽自己努力给孩子提供最大支持。从现实可能性的角度看，他们既不涉及多子女之间的平衡难题，也不像农村老人那样考虑家中土地经营，牵挂少，决策的心理成本也低。

如果双方父母都有时间精力，那么有些家庭会考虑轮班模式，即双方父母轮流照看孩子。这样相对平衡，不至于让某一方过于劳累。有些家庭，也会考虑老人的具体身体状态和能力水平，选择更合适的老人。例如，陕西咸阳有一个老人，本来是她女儿的婆婆照看孙子，但是因为婆婆太粗心，有两次险些把小孩看丢，她女儿实在不放心，就请求她来带孩子。（访谈案例编号 T006）

年轻夫妻为了更好地获取双方父母的支持，有时也要采取一些策略。比如，西安的一位东北老漂介绍，本来自己并没有打算来儿子家。后来儿子建议过来先看看，其间住了几个月，游走陕西许多旅游景点，自己适应了一段时间，感觉西安挺好，后来就回去动员老伴也过来，最后都成了老漂。（访谈案例编号 X019）在这位老人看来，起初儿子接她过来玩，就是想让自己提前适应，后面帮忙带孩子的事情也就顺理成章了。还有一个案例值得参考：杭州老漂苏女士在儿子家总也待不踏实，因为一直惦记在老家种地的老伴。苏女士隔一段时间就找借口回老家待几天，经常让儿媳妇措手不及。后来儿媳妇给公公在小区找了一份清洁工工作，每月 2 800 元。公公过来后上班挣钱，婆婆很高兴，心也踏实下来了。（案例信息来自《杭州老漂日记》，2018 年 3 月 14 日）子代的策略很大程度上源于其对老漂支持需求的迫切性。

综合来看，到外地给子女看孩子，不仅涉及年轻人和父母的亲子关系，还牵扯到亲家关系，以及年轻人兄弟姐妹之间的关系，可能还要兼顾自己高龄父母的养老问题。可见，涉及老漂的家庭决策，发生在一个家庭网络中，要在多重关系中尽可能找到平衡，并不容易。

一些老漂尽力想一碗水端平，甚至和老伴分居，同时给不同子女带孩子。但子女们可能还是会闹意见，都希望妈妈给自己带孩子，毕竟妈妈更细致、更擅长家务。生活的真相往往是左右为难。老漂有多难，很多儿女可能并不知道。其实，世上偏心的父母并不多，更多的是怕父母偏心的子女。

# 经济难题

经济基础决定上层建筑，这个原理同样适用于老漂现象分析。现有老漂研究，普遍忽略了对经济基础议题的讨论。青年夫妻让父母过来帮忙带孩子，不仅需要老人有时间、精力，还要有一定的经济条件作为保障，至少在住房、日常开支方面能够支撑老漂家庭的运转。

调研访谈过程中遇到的老漂家庭，基本特征是青年夫妻在城市稳定就业，收入水平高，有较强经济实力，能够支持老人随迁。目前学界研究的老漂族，主要是基于此类经济基础条件较好的家庭所做的分析。这类家庭已经在城市扎根，普遍具备经营老漂家庭生活的经济能力，生活相对从容，老人随迁目标是解决孙辈照料问题。

不容忽视的问题是，城市外来务工群体中的老漂家庭比例较低。[1][2] 在佛山做销售的柯女士介绍，其所在公司的工厂，400 多名工人中把小孩带在身边的家长不到 10%。目前工厂中普通工人月工资 6 000 多元，班长能有 8 000 到 10 000 元的收入，优秀技工的月工资才会超过 10 000 元。如果一个男技工收入达到 12 000 元，那么按当地生活标准，他的妻子就可以全职育儿，租小房子，省吃俭用。如果丈夫工资达不到 12 000 元，那么妻子就得务工增加收入。有的工厂下班要到晚上 8 点左右甚至更晚，这样又顾不上孩子。（访谈案例编号 C040）

在核心家庭流动模式（如夫妻务工时带着孩子）中，普遍存在着顾工作与顾孩子之间的矛盾。新生代务工群体为了将孩子带在身边养育，还可以有一种应对方案，那就是寻求父代支持。问题在于，老人从农村老家过来帮忙带孩子，又增加了家庭开支。第一，住房开支增加。最好租两室的房子。如果要节省开支，至少也要一室一厅，年轻夫妻和孩子住卧室，老人住客厅。第二，日常衣食住行开支增加。第三，医疗开支增加。一些老人有慢性病或感冒等疾病需要门诊治疗，但不能享受当地医保政策。笔者在云南调研时遇到一位老人，他去过深圳，帮在工厂务工的儿子和儿媳妇带孩子，但是老人几个月内两次生病，花了几千元，儿子、儿媳妇综合考虑家庭开支问题，最终让老人把孩子带回老家抚养。

张伟佳研究发现：2016 年我国流动人口在目的地家庭中，三代及四代户占比 5.2%。[3] 这表明新生代流动人口中老漂家庭的比例较低。一些青年夫妻努力工作，在流入地打拼多年，收入不高、不稳定，日常开支略显紧张，经济积累能力弱，吃力地应对买房租房、教育等一系列问题。笔者在广东佛山调研时，特别关注了这类老漂家庭的状况。

佛山的柯女士有两个儿子，大儿子 7 周岁，上小学二年级，小儿子 5 周岁，上幼儿园大班。婆婆在这里帮忙带孩子，公公在广西老家。柯女士自己每月收入 10 000 元左右。老公给公司运货，每月收入 6 000 元左右。

柯女士家目前每月固定开支情况如下：房租水电每月 2 000 元，伙食费每月 2 000 元，大儿子学习杂费每月 200 元，小儿子幼儿园每月 1 600 元，全家手机费、网络费每月 400 元，汽车油费每月 1 000

元。以上开支已达每月 7 200 元。柯女士说按现在的收入水平，扣除以上开支，再扣除全家衣服消费、化妆品消费、汽车保险维修、医疗费用，每年只能结余 5 万元左右。这种积累能力，完全可以应对未来的返乡生活，但对于扎根佛山的目标定位，还有很大差距。虽然这几年佛山推行子女入学积分制，将在城生活年限、社保缴费、志愿者活动等相关情况换算成分数，按分数排名竞争孩子的入学指标，但是并不保险，名额有限，存在诸多变数。一劳永逸的办法就是买房。

柯女士说，目前在佛山买套普通的 100 平方米的二手房，也要 90 多万元，首付 30 万元。从理论上看，每年攒 5 万元，6 年就能攒够首付款。但现实生活往往比算术题复杂。柯女士的丈夫不满足于目前的家庭经济状况，总想着创业，试图通过创业提高收入，加快家庭扎根佛山的进度。这几年，只要家里攒了十来万元，柯女士的丈夫就谋划创业，开奶茶店、承包快递点，或开加盟店，每次开业时信心满满，但经营一段时间后，效益都不理想，几乎每次都亏本。几年下来，不仅没攒下钱，还欠了好几万元。（访谈案例编号 C040）

柯女士的丈夫的创业经历，是一种“积累—创业—失败—再积累—再创业”的恶性循环。这是一些外来家庭在城市折腾扎根的缩影：渴望通过创业翻身，完成经济跃迁。如果不创业，就没法真正留在城市，但创业后可能陷入更大窘境。

基于以上分析可以发现：城市外来务工群体普遍面临一个发展瓶颈，他们具备支持夫妻在城稳定生活的能力，但难就难在让孩子在城接受教育。这个目标要实现，就需要更强的经济积累能力。

与已经在城市稳定就业、具有坚实经济能力的老漂家庭不同，城市外来务工群体中的老漂家庭面临着更大的、更现实的经济压力。未来长三角、珠三角等地区外来人口较多的城市，务工人员能否顺利安家育儿，同样会影响当地城镇化质量。这既跟其收入水平有关，也与当地房价、社保、教育、医保等政策体系有关。

在外来务工群体的老漂家庭中，我们看到了一种更加注重积累、更有奋斗精神的家庭气象。例如，柯女士每月只给婆婆 2 000 元生活费，她婆婆深知儿子、儿媳妇的经济压力，所以省吃俭用，控制支出，用有限的生活预算，尽可能把一家人的饮食生活照顾好，让两个孙子吃好。此类老漂家庭，也表现出更强的团结能力。明确而坚定的家庭发展目标，大大促进了家庭整合。

柯女士的婆婆目前有很大的压力，感觉有千斤重担压在心头，二儿子 30 岁还没有结婚，目前在广州打工；大儿子这边也不省心，欠着外债，这几年做生意也不顺。

> 年轻时我就吃了很多苦，在家里干过农活，也出来打过工，借钱盖房子、借钱给老人办丧事，苦日子我都熬过来了！现在我最大的心愿，就是管好两个孙子。我什么要求都没有，就是希望自己不生病，我不能倒下。生小小的病，就当作没病。有一年我得了妇科病，挺严重，开始不敢告诉儿媳妇，大夫让我住院，我也没住。最后治疗花了 4 000 元，我没让儿子、儿媳妇出，是找老伴要的。这些年我辛苦，但是不委屈。我经历那么多苦，就是希望他们好。（访谈案例编

号 C041）

综合柯女士和其婆婆的叙述，我们可以感受到两代人辛苦经营、努力扎根城市过程中的艰难不易。这同样类似于一种接力式进城模式。[4][5] 尽管柯女士一家扎根城市的过程有些困难，但至少已经让孩子在城读书，老漂家庭充满着奋斗的力量。

在柯女士身边，还有更多外乡人，因为收入水平低，根本没能力采取家庭流动方式，不具备让子女在城接受教育、过完整家庭生活的条件。例如，来自广西的一位司机，1979 年生，目前有四个孩子，都在老家上学，妻子既要照顾孩子，还要照顾 80 岁的老人。这位司机目前开网约车，扣除吃住等在城生活开销，每月结余 4 500 元。这些钱能维持妻子和孩子在老家的生活。即便妻子一同外出务工，两夫妻每月收入 10 000 元，也同样无法实现全家在城市生活。（访谈案例编号 C062）这种收入水平的务工者，根本不具备子女随迁能力，自然也就不具备让父母进城帮忙带孩子的基本条件。

一些城市青年虽然有稳定工作，收入水平也不低，但是在经营老漂家庭生活方面，同样不轻松。西安的关先生，1989 年生，目前有两个孩子，儿子 6 岁，女儿 2 岁。关先生的母亲从老家过来帮忙带孩子；父亲是装修工，也一起来西安找活干。在经济收入方面，关先生每月收入 10 000 元，妻子每月收入 9 000 元。关先生家租了个两居室，六口人居住显得有些拥挤。在经济开支方面，房租每月 1 600 元，连同物业水电，每年花费接近 2.5 万元。结婚时在老家县城买的房子，房贷每月 2 500 元，一年 3 万元。儿子上幼儿园，一年 2 万元。

汽车保险花费和加油花费一年 1 万元。每月生活开支 2 000 元，加上衣服、鞋子等消费，一年接近 3 万元。每年家人生病（尤其是两个孩子感冒）累计花费 1 万元左右。以上开支算下来，一年接近 13 万元。按关先生和妻子的收入水平，每年能结余 10 万元。关先生的目标是尽快在西安买一套三居室的房子，让家人住得宽敞。（访谈案例编号 C011）关先生两夫妻的收入水平并不低，但是鉴于家庭人口多、日常开销大，攒钱买房还贷还是有些吃力。他和妻子必须上班，获得两份收入。如果只有关先生上班，妻子在家照顾两个孩子，那么家庭经济就转不动了。这也从侧面反映了关先生的母亲对于整个家庭的重要性。

综合来看，关注老漂家庭的经济基础，有助于我们从经济积累能力角度透视老漂家庭的运转条件。其一，城市中的外来务工群体因为收入水平低，仍然采取“务工—留守”生活模式。这些家庭并不具备成为老漂家庭的经济基础。其二，城市外来务工群体中只有一小部分具备实现老漂生活模式的经济条件，让年幼子女在务工城市接受教育。这种家庭也面临较大经济压力，需要增强经济积累能力、购买房屋落户。老漂族是推动子代城镇化的重要力量。其三，一些来自农村的大学生，在城市就业后，虽然收入水平不低，但是因为父辈经济支持能力有限，所以同样面临提升经济积累能力的压力。其四，收入水平高或父辈支持力度大、已经购房购车在城扎根的青年群体，其家庭经济基础比较坚实，老漂在城生活期间经济压力小，生活过得也相对从容。

许多来自城市、有退休金的老漂，考虑到子女经济压力大，也会给子女提供经济支持，承担日常生活开支，这样子女的家庭经济就宽裕一些，老人安排生活的自主性也会增强。绝大多数农村老漂并没有这个经济实力，日常生活中只能通过精打细算的方式为子女家庭做贡献。

## 心甘情不愿

理解老漂族，同样要区分流动事实与流动意愿。流动事实研究关注的是具体结果，即老人来到子女家帮忙带孩子、做家务的事实情况。流动意愿研究关注的是老漂流动事实背后的心理意愿。老人从老家赶来帮忙，子女的核心家庭确实完成了结构拓展，家庭抚育功能增强了，但是老人因为心里并不情愿，所以待不踏实，容易闹情绪，影响家庭稳定性。

肖富群、陈丽霞调研发现，在老漂族流动意愿方面，33% 的老人自己主动提出过来帮忙，51% 的老人主动接受了子女请求，16% 的老人被动接受了子女请求，因此得出结论认为 84% 的老漂属于主动流动，完全被动流动的老漂较少。[6] 赵红霞基于问卷调查和访谈，得出了不同结论：只有 24% 的老漂是心甘情愿给子女照看孩子，76% 的老漂虽然内心不情愿，但是基于伦理责任不得不承担任务。[7] 以上两项研究，针对老漂族流动意愿形成了不同的判断。理解两个判断的差异，关键是考察那些主动接受了子女请求的老漂的具体心理特征。

来自南方都市报民调中心的《“老漂族”生活状况调查报告》显示，认为自己主动选择老漂生活的老人占比39.61%，认为自己被动选择老漂生活的老人占比20.13%，认为自己既主动又被动或说不清的老人占比40.27%。[8]

笔者调研发现，许多老漂的心理活动比较复杂，有老漂说自己是“心甘情不愿”。之所以“心甘”，是因为老漂认为给子女带孩子是自己应尽的义务。这种义务感，根植于中国传统家庭伦理。老漂将给子女带孩子理解为义不容辞的责任。特别是男方父母，他们更认为看孩子是人生任务的一部分，可谓天经地义。之所以“情不愿”，是因为老漂有很多现实的难处。如前文所说，有的老漂上面还有高龄父母需要赡养照料，有的老漂尚有儿子未完婚，有的老漂不愿意离开熟悉的生活环境，有的老漂不愿意让老伴一个人在家里受苦，有的老漂患病在身。但是，即便有如此多的困难，大部分老漂还是以子女当下的紧迫需求为中心。

心甘情不愿的心理特征，在婆婆身上表现得更加明显。这里面涉及两重压力。一方面，很多人认为相比于娘家妈，婆婆更没有拒绝能力。尽管儿媳妇普遍希望自己母亲赶来帮忙，但是当母亲不方便过来时，婆婆就成为一个兜底保障角色。另一方面，老漂的工作主要是带孩子和做家务，“50后”“60后”老人普遍认为这更应该由女性承担。所以，许多家庭中公公可以用“待不惯”这个理由拒绝成为老漂，但是婆婆却没这个拒绝能力，只能硬着头皮被动成为老漂。

没有孙子我是不愿意过来的，人生地不熟的。我就一个儿子，儿媳妇想让我过来看孩子，我不给看谁给看？我就得来啊，不给看儿媳妇肯定不高兴，以后还要不要处了？再说，你有孙子不给看，人家还不笑话死。人家不会笑话他爷爷，这不是老爷们的事，人家会笑话我这个奶奶啊，会说我不负责任。（20190314，青岛市西海岸新区X社区）[9]

案例中的老人受不了别人说自己“不负责任”，因为在中国文化情境中，被人说“不负责任”是很负面的评价。大多数中国人特别是老一辈的基本行为逻辑不是权利本位，而是义务本位，首先想到的不是我能在对方那里获得什么权利，而是我要为对方尽什么责任和义务。在家庭生活中更是如此。这正是为什么老漂不敢轻易拒绝子女的需求。

心甘情不愿的心理状态，反映了老漂族流动意愿的复杂性。心甘与情不愿之间的矛盾，是青年核心家庭结构拓展后的隐性不稳定因素。特别是当老漂在子女家待着不顺心、不愉快时，心理矛盾就会进一步被放大，影响自身心理健康和家庭关系。

# 五

# 难相处的婆媳关系

老漂家庭中的婆媳关系包含许多丰富的内容，展现出复杂的关系图景。老漂家庭的婆媳关系与传统婆媳关系区别很大。传统婆媳关系既发生在家庭空间，也发生在村落社会。老漂家庭的婆媳关系，主要发生在狭小的家庭空间中。传统婆媳关系涉及当家权的争夺。老漂家庭中的婆媳矛盾，有时候与当家权有关，但更多时候源于两代人生活方式和育儿观念的碰撞。在传统婆媳关系中，婆婆背后有一个熟人社会，无论从家庭角度看，还是从村落角度看，儿媳妇都是外来者，所以，新儿媳妇进入村落后，有一个被接纳、学会做儿媳妇的过程。在老漂家庭中，婆婆是核心家庭的外来者，她既要适应新的家庭生活，也要适应新的社区和城市。在新环境中，婆婆的一些既往生活经验失灵了，甚至被认为是过时的。她在村落中习得的一些婆媳相处经验和斗争技术，在新的城市家庭情境中未必能派上用场。在村落中，婆媳矛盾的破裂往往会带来分家，从而缓和矛盾、建立边界。但是在都市老漂家庭中，两代人本来就没有完全合在一起，许多婆婆主要是临时帮忙者的角色。她可以选择走，但是轻易不会提出，即便提出，也很少真正实施。发展是家庭最大的政治，婆婆和儿媳妇考虑到这一点，也会保持克制。所以老漂家庭的婆媳矛盾往往是隐性的，即便有斗争，也常常隐而不发、斗而不破。

## 小事也是大事

有的老漂说，婆媳矛盾无大事。听婆婆或儿媳妇讲起彼此的矛盾，也主要是琐碎小事。琐碎是家庭日常生活的基本特征。有时候，判断事情大小的标准，不在于事情本身，而是要看事情发生在谁和谁之间，因为关系的属性影响着人们对于事情的认知和应对。

老漂家庭中的婆媳矛盾，主要是由差异引起的。一系列琐碎的差异，在敏感中发酵，可能成为影响关系的大事。受城乡差异、代际差异和区域差异的影响，婆媳之间在生活方式和孩子抚育方式方面秉持不同理念，引发饮食安排、家务安排、购物消费和生活节奏等方面的矛盾。这些琐碎矛盾或明或暗，在家庭生活空间中重复展现。

**饮食之争**

婆媳之间的饮食矛盾，有些是口味差异引起的，有些是生活水平差异引起的。跨地区特别是跨省通婚，更容易出现由饮食口味差异而产生的矛盾。饮食水平差异引发的矛盾，更大比例发生在农村婆婆和城市儿媳妇之间。

跟儿媳妇的摩擦在饮食上面比较明显吧！她是本地人，她喜欢吃的东西我都不会做；我喜欢吃比较辣的东西，她吃不了。她可能还是比较习惯吃面吧，但是她自己不会做，我做出来也不是她爱吃的味道。但儿媳妇性格很好，我们之间不会因此吵架。（访谈案例编号 X017）

案例中的婆婆是四川人，儿媳妇是陕西人，婆婆擅长炒菜且偏辣，儿媳妇偏好面食但自己又不会做。本案例中的口味差异并未引发明显的婆媳矛盾，但在有些家庭，口味差异却被借题发挥，小事成为大事，上升到家庭政治层面。也许儿媳妇会抱怨，婆婆只爱做自己儿子爱吃的，不尊重儿媳妇的口味，不在乎儿媳妇的感受。有些家庭的婆婆有这种敏感性，做饭时会多加注意，照顾儿媳妇的口味。跨地区婚姻特别是跨省婚姻，给许多老漂族的饮食安排提出了挑战。这既涉及烹饪能力问题，也涉及意识问题，还涉及儿媳妇或女婿对待口味问题的态度。口味引发的婆媳矛盾，多数发生在老漂到来初期。经过一段时间的口味磨合和彼此调适，普遍会形成一种相对平衡稳定的模式。

之前在家种地，地里啥都有，也不用咋买菜。现在就是啥都要买，刚来的时候舍不得，不用我掏钱我也不舍得！儿媳妇就劝我多买点菜和肉，顿顿都要有肉。哪能这样吃？后来他俩就下班去买，说我光买便宜的不好。买回来我就得做，做少了不够吃，做多了吃不完，剩下的他俩又不吃，也不让我吃，都让倒了。你说可不可惜？我吃了几十年剩饭了有啥事？我一说，儿媳妇嫌我管得多，说不想和我争。不过这都是鸡毛蒜皮的小事。（访谈案例编号 W016）

相比于口味差异，饮食水平差异引起的婆媳矛盾具有更强的张力。案例中的农村婆婆在饮食安排方面有两个苦恼：第一，舍不得买菜买肉。农民自己种菜，对蔬菜价格特别敏感，感觉超市的菜贵得离谱。有的农村老人乐于购买一些特价打折的蔬菜。生活相对节俭地区的农村老人，更倾向于将“顿顿都要有肉”理解为奢侈。陕西的卫女士也曾吐槽自家婆媳之间的吃肉话题。卫女士在新疆长大，家中吃肉都是一大盘，但是婆婆所理解的吃肉只是切几片，这种吃法很难让卫女士满足，心里感觉非常不爽。（访谈案例编号 C065）第二，老人舍不得扔掉剩菜剩饭。一些年轻人认为吃剩菜剩饭不利于身体健康（有的认为剩菜剩饭中含有亚硝酸盐），但许多“50 后”“60 后”老人认为吃剩菜剩饭并不要紧，扔掉可惜甚至是浪费。老人做饭时，菜量和饭量很难精准把握，剩菜剩饭不可避免。个别家庭会形成一种局面：年轻人不在家吃饭时，老人吃剩菜剩饭；年轻人在家吃饭时，老人做新的。这样就避免了剩菜剩饭问题引发的矛盾。

婆媳之间围绕饮食方面的交流，大多集中在进餐时间。一些儿媳妇会利用这个机会对婆婆做的菜肴进行评价，指出不足，提出建议。有的婆婆在这个时候，就像一个态度极好、追求上进的厨师，耐心听着客人的点评。有的虽然心里不高兴，但也要表现出倾听的姿态。儿媳妇（儿子）发表评价，婆婆（妈妈）听取评价，反映了一种权力关系。评价的目的往往是隐性提出期待和要求。若反复提到的要求没有被满足，年轻人就会多少有些不满，甚至在吵架的时候拿饭菜说事。

**消费矛盾**

消费方式的争议，构成了婆媳矛盾的一个关键内容。许多婆婆特别是农村婆婆都会抱怨儿媳妇太爱买东西。针对儿媳妇消费方面的不满，大多数婆婆并不会当面讲出来，只是偶尔跟儿子抱怨。

> 要说有啥矛盾，我就是看不惯，（儿媳妇）花钱太大手大脚了，东西没坏就不要了，买新的，买回来的东西有的也不能用。前几天买个榨汁机，他们又不做饭，说给我用，我又不会，不够费事的。买了就在那放着，问多少钱，也不和你说实话，我又不傻，跟他们说花钱别那么大方，也不听。儿子花钱大方，娶个媳妇也不管家，天天在网上买东西，天天给她拿快递，让我儿子说说她，我儿子也不说，我说多了，儿子就说花的不是我的钱，让我别操这个心。我不操心谁操心？我为什么不和儿媳妇说，傻小妮有啥不满意的也不会直接和我说，都是告诉我儿子，我骂我儿子可以，儿媳妇说不得。（访谈案例编号 W009）

案例中，老人抱怨了三点。第一，儿媳妇花钱不节省。第二，儿子花钱也不节省。第三，自己跟儿子抱怨时，儿子还替儿媳妇辩解。其实，第三点是老人最不能接受的，因为“花的不是我的钱”的言外之意就是说这件事超出了老人的管理范围，老人认为自己并不是家庭经济成员，没有管钱的权力。从另一个角度看，一些城市家庭的夫妻各自拿着工资、各花各的，客观上形成了消费分权的局面。这同样为一些婆婆所不理解，不接受“儿媳妇花自己钱”的解释。

> 他俩天天喝什么奶茶、咖啡，还喝冰的，大冬天的去买雪糕吃，还喜欢去吃火锅、吃烧烤。这东西对身体好吗？一

和儿子说，他就说："好好好，下次不吃了。"其实也不听你的，说多了就嫌你烦，和你吵。和儿媳妇不吵架，我不太说她，儿媳妇还是不一样，说多了她往心里去。和小区的朋友说"儿媳妇光吃烧烤呀奶茶呀不健康"，他们就告诉我，小孩上班那么累，有点自己的爱好也正常。为了不吵架，我现在也不说了。（访谈案例编号 W018）

案例中，老人除了心疼钱、担忧儿子攒不下钱，还担忧孩子经常在外吃饭会影响身体健康。值得注意的是，其他老漂对年轻人吃夜宵、喝奶茶的行为给出了解释，将其归因于年轻人工作压力大。如果说这种解释还能够被老漂所理解和接受的话，那么宠物消费则完全超出了一些老漂的理解范围。

好几天没有看见来自江西的吕大姐了，一打听，原来是与儿媳妇闹僵了。起因是家中的宠物狗，儿媳妇和小孙女视狗如命，婆婆管接送孙女上幼儿园，还得管遛狗，伺候狗吃饭。有次午饭，她把自己吃剩下的饭菜喂了狗，没有喂儿媳妇买的狗粮。说来也怪了，狗狗闹腹泻了。当儿媳妇知道狗狗腹泻是吃了剩饭剩菜引起的时，忍不住责怪了婆婆几句。本来话也不重，婆婆却受不了，觉得自己活得还不如一条狗。后来儿媳妇又是道歉又是说软话，当婆婆的还是回江西老家了。（案例信息来自《杭州老漂日记》2018 年 1 月 26 日）

孟女士对儿媳妇养猫也有诸多不满。家中客厅放置了许多供猫玩耍的大型玩具，占了很大空间，角落里还堆放了许

多猫粮。猫经常把家里弄乱，不好收拾。最让老人生气的是，养猫一年要花上万元。（访谈案例编号 C012）

头一个案例中婆婆之所以愤然返回家乡，最可能的原因是儿媳妇因为宠物狗生病而责怪自己，这让婆婆感叹自己家庭地位太低，为家庭辛苦付出却得不到基本尊重，甚至认为“自己活得还不如一条狗”。后一个案例中婆媳没有正面发生矛盾，但老人同样因为养宠物增加家务负担和浪费钱而心存不满。

婆媳两代人秉持不同的消费观念。在年轻人的生活逻辑中，消费既是城市生活的重要组成部分，也是提升生活水平的重要机制。一些工作生活中的压力，也需要通过消费去消解。老年人特别是农村老年人，更加注重攒钱，努力抑制消费，增加积累，特别是在经济压力大、涉及还贷压力的家庭，老人更容易因为消费多、攒不下钱而替儿子、儿媳妇着急。从深层次看，老漂因为不掌握家庭经济权力，所以针对儿子、儿媳妇消费方面的不满，更多是憋在心里，一个人生闷气。

**抚育矛盾**

本书第二章第二节关注了老漂族与子代有关抚育观念的差异。老漂族的普遍抚育定位是“带孩子”，核心目标是保障孙辈的温饱和安全。子代则更加注重基于科学理念的营养、卫生和早教需求的满足。

难道看娃就只有抱着这一件事吗？该不该换尿不湿，洗不洗屁股，奶瓶奶嘴消不消毒，孩子要不要洗漱涂抹护理霜，脖子淹不淹，屁股红不红，让孩子玩什么玩具，这些都只有我一个人操心打理。遇上懒惰的老人，真心累……（微

博用户 m** 发表于 2023 年 5 月 10 日）

在小区跟一个老婆婆聊天，她抱怨说退休了好心来深圳帮儿子带孙子，儿媳妇却总是指手画脚，说不可以跟孙子说“再哭，警察就来抓你啦”“再哭，奶奶就不要你了”。我们以前带孩子都这样说的，你看孩子他爸也长得很好啊，凭什么她不让我这样说。（微博用户宜 ** 发表于 2023 年 7 月 14 日）

在孩子教育理念方面，潘琳跟儿媳妇产生了分歧。儿媳妇要给孩子包尿片，潘琳认为尿片捂着太热；儿媳妇想要孩子学会自己吃饭，但潘琳怕孩子吃不饱，坚持喂孩子；儿媳妇希望孩子早点学会各种规则，潘琳则认为孩子快乐幸福最重要，怎么开心就怎么玩。老人与年轻人的作息也不同。年轻人喜欢熬夜，潘琳则习惯早睡早起。因为这些琐事，家庭不时发生一些小矛盾，让潘琳感到心累，不时产生返乡的念头。[1]

注重抚育质量的儿媳妇，往往对婆婆有着更多要求，所以经常会埋怨老人带孩子过于简单粗糙或不讲究方式方法。在一些老人看来，给奶瓶消毒、勤洗屁股、涂护理霜都是多余的。所以案例中的婆婆可能并不是懒惰，只是抚育观念使然。一些婆婆苦恼于儿媳妇不接受自己带孩子的方式，甚至连自己和孙子、孙女说话的方式都要干涉。

婆媳之间有关抚育方式的矛盾，在孩子刚出生就开始了。关于婴幼儿生病后该如何治疗，一些婆媳也会起争执。许多婆婆偏向于老办法、土办法，儿媳妇则更相信现代医学。

孩子刚一岁的时候，生了病，婆婆用土办法，托人弄到老鹰爪子的粉，给孩子喂。我不同意婆婆的偏方，但是我老公是妈宝男，就听他妈妈的。（访谈案例编号 C020）

孩子出生几个月，肚子疼，老人非要用烧过的鸡蛋给孩子喂，结果也引发了争执。还好老公也反对，知道这样的治疗方法不妥当，不能相信土办法。但是他妈妈批评儿子说：你小时候肚子疼，就是这么治好的。（访谈案例编号 C029）

我母亲带孩子时，喜欢老家的一种土办法，不管孩子生了什么病，都用活络油。我媳妇是医生，特别反对这种没有科学依据的疗法。（访谈案例编号 C035）

以上三个家庭，都因为婴儿生病的医治方法引发了婆媳矛盾。婆婆的土办法或偏方，往往是多年前医疗条件不好，人们自己摸索中形成的经验，融合了许多中医或民间信仰的内容。儿媳妇对这些要么将信将疑，要么坚决反对。此时儿子的态度就比较关键。如果他站在母亲这边，婆媳矛盾就可能更尖锐；如果他站在妻子这边，母子矛盾就会凸显出来。

孩子吃饭穿衣方面，婆媳之间也存在分歧。有的家庭，老人普遍害怕孩子着凉，所以倾向于多穿一些；儿媳妇则怕孩子捂着，希望少穿一些。有的家庭则反过来，老人说“要想孩儿安，就要多受饥和寒”，所以让孩子穿少些；年轻人则害怕孩子感冒，倾向于多穿些。正如西安的龚先生所说，其实婆婆和妻子都是为了孩子好，只是理念不同。（访谈案例编号 C004）武汉的于先生也曾有过类似烦恼。

> 女儿小时候，因为穿衣服，媳妇和我爸妈闹过矛盾。我爸妈摸孩子手，手凉，说明穿少了，就得加衣服。我媳妇在网上看的方法是摸背测温法，手凉不一定背凉，只有背凉的时候才需要加衣服。因为测温方法不一样，意见不一样，他们发生过争执。结果孩子有时候穿得多，有时候穿得少，那段时间经常感冒。（访谈案例编号 C070）

于先生在讲述这个过程的时候，给人两个感觉。第一，云淡风轻。所谓云淡风轻，即很平静地叙述了媳妇和父母在孩子穿衣问题上的分歧，只是轻描淡写地说“发生过争执”。其实，我们可以想象，当时的争执过程很可能并不云淡风轻。因为双方都认为自己是为孩子好，都认为自己的方法是对的。一个是母亲多年积累的经验，一个是妻子新学习的方法。即便二人不直接发生公开争执，但因心理抵触而生的气，肯定也不小。第二，置身事外。所谓置身事外，是说于先生仿佛一个旁观者，没有卷入这场有关测温法的路线之争。可能他当时也是迷惑的，不知哪个更合理。也许他不想站队，只能保持观望，最后让事实说话。访谈时，于先生针对这个事又总结了两点：其一，不能尽信网上专家的育儿方法，要从实践出发。其二，也许两种方法都没错，一直保持（凉一点或热一点）可能就习惯了，关键是不能变来变去，不能多头管理，否则孩子受罪。

关于孩子的手机管理问题，也容易引发婆媳矛盾。佛山的苏女士向笔者抱怨：“我婆婆总是把手机给孩子，我跟她说看手机对孩子眼睛不好，她嘴上答应，但下次还是这样，就是不改。”（访谈案例编号

C021）像苏女士家一样，许多老漂家庭都面临手机管理的烦恼。有时老人因为要做家务，就可能把手机给孩子当玩具，让孩子安静下来。有时孩子从幼儿园、小学回来，也会跟老人索要手机玩耍，大部分老人都禁不住孩子的软磨硬泡。儿媳妇下班回来，发现孩子在玩手机，认为老人看孩子不负责，就会心生不满。

> 长沙的卢女士特别重视对孩子的管教方式，认为孩子犯错时，大人更应该讲道理，而不是吼孩子。但是婆婆往往在事情还没有发生的时候就吼叫孩子，使孩子受到惊吓，这让卢女士很难受。卢女士尝试和婆婆沟通，建议不要吼叫孩子，但是婆婆说："我们都是这么教育孩子的。"卢女士就反问婆婆："您认为您儿子和您女儿的性格都很好吗？"卢女士认为，老公和大姑子的性格，正是公公婆婆缺点的综合体。卢女士说："我的这个理念，并不完全是从网上学的，而是受自己家庭影响。我从小到大，家庭氛围就很好。我是一个性格温和的人，尽可能回避争执。我爸爸遇事不慌，所以我也很冷静，遇事情不激动，心率长期维持在每分钟60次左右。"（访谈案例编号C051）

这个案例有以下几点值得分析。其一，婆婆跟儿媳妇说"我们都是这么教育孩子的"，许多老人都是如此，并不会像儿媳妇那样质疑管教方式本身的问题。大部分老漂基于习惯管教孩子，继承了父母和自己的互动方式。新生代父母倾向于自己和孩子是平等的主体，父母更应该尊重孩子，关注其心理健康。其二，为了让婆婆意识到自身管教方式的问题，儿媳妇的策略是将老公和大姑子的性格问题归因于老人的不当管教方式。孩子教育问题的争议不再局限于如何应对孩子犯错误，而是扩大为婆婆家庭教育的失败。婆媳矛盾议题已经扩展。其三，婆媳之间关于孩子管教方式的矛盾，既表现为传统和现代教育理念的差异，还与不同的家庭环境有关。案例中儿媳妇对吼叫模式特别反感，不仅因为现代育儿理念更强调沟通的重要性，还因为娘家父母对自己都很温和，氛围很好。卢女士原生家庭的沟通方式，影响着自己在新家庭生活中的教育方式偏好。

婆媳之间围绕孩子教育方式发生分歧或争执后，许多老人会重新定位自己的抚育角色，以此适应儿媳妇的要求和偏好。

> 和儿媳妇一起住还是得注意呀，怕儿媳妇觉得哪儿不舒服了，还是要小心点。一般也没啥，都顺着儿媳妇来。儿子、儿媳妇都孝顺，给你买买衣裳呀，也顺着你的心意，你做啥他们吃啥。没闹过什么大矛盾，有也是为了带小孩，说我溺爱小孩，也是让儿子跟我们说。小孩玩的玩具一直都是我收拾的。我记得清楚，有一次，儿媳妇说要培养小孩独立自主能力。他们年轻人有自己带小孩的一套，但是孙子哭得不行，我心疼，就劝了几句，儿媳妇当时也没说啥，就过去了。后来儿子跟我讲，儿媳妇教育小孩的时候让我别管，我跟儿子解释："也不是说溺爱，小孩哭久了也不好。"从这以后，儿媳妇说怎么教育就怎么教育，我只管带孩子。（访谈案例编号 W003）

案例展示了儿媳妇在不同问题上对婆婆态度的差异。在生活安排方面，儿媳妇不挑剔老人做的饭菜，还给老人买衣服。但是在教育方面，儿媳妇却显得比较严厉认真，捍卫孩子教育主导权。老漂家庭中婆媳之间围绕孩子教育产生的矛盾，大多发生于儿媳妇批评孩子的时候，老人心疼孩子，帮孩子说话或和稀泥。这往往引发儿媳妇不满，认为管教孩子时最怕两种声音，希望婆婆和自己保持一致，最好不干涉，至少不护着孩子。案例中儿媳妇比较讲究方法，没有当着老人的面发脾气，而是让老公转告。婆婆及时调整自己，将自己定位为带孩子的角色。就这样，家庭中形成了带孩子和育儿的分工模式，老人负责带孩子，儿媳妇负责育儿，老漂在教育孩子方面的话语权不断弱化。

> 西安老漂郝女士也因为管教孩子和儿媳妇闹过矛盾。郝女士比较严厉，将管教儿子的严厉方式用到了孙女身上，只要孙女犯了错误，就忍不住批评。儿媳妇在场时，看见女儿被批评哭了，十分心疼，就会替女儿说话，认为小孩子犯错误很正常。看见儿媳妇这样说，郝女士就认为儿媳妇不会教育孩子，也会因此而生儿媳妇的气，担心儿媳妇教育不好孩子。（访谈案例编号 C044）

与上一个案例不同，此案例中婆婆对孩子更加严厉。两个案例都展现了老漂家庭中婆媳对孩子教育主导权的争夺。大多数老漂家庭中，儿媳妇掌握着管教孩子的主导权，尽可能弱化婆婆管教孩子的权力。有的婆婆会默默接受管教孩子的边缘地位，有的则努力和儿媳妇沟通并进行自我学习调适。

> 孙女没上学的时候（我和儿媳妇）闹过几次。我就是老师，小孩教育怎么不能管？儿子跟我讲了几次，让我不要管了，光管做饭、领孩子、洗衣服、打扫卫生，说我没文化，教育不了。我感觉这样不行，儿媳妇白天上班也不在家，孙女还是要教育，我就问儿媳妇要怎么做。我问她，她也愿意跟我讲，还教我上网学怎么给小孩做饭、怎么喂、小孩闹气怎么办。（访谈案例编号 W013）

案例中的婆婆非常不满，儿媳妇竟然不让自己教育孩子。她不能接受儿子说的“没文化”这个理由，她自己本身就是老师，不可能不懂教育。更关键的是，婆婆认为将自己完全排除在家庭教育之外也不现实。因为孩子父母白天都不在家，回来后和孩子相处时间也比较短，但奶奶和孙女待在一起的时间最长，所以不应该剥夺老人教育孩子的权利。案例中，婆婆和儿媳妇充分沟通，学习新的抚育教育方式，营造了相对和谐的家庭教育环境。

此外，许多老漂家庭在家务安排中也存在一些张力。例如在成都调研时，内蒙古老漂段女士抱怨说：“儿媳妇洗衣服特别勤。有时孙子衣服只穿了一会儿，下午再出去，也要重新换一件，甚至很多时候把只穿一会儿的衣服扔到洗衣机里。”老人认为这样频繁洗，不仅费水、费洗衣液，还费时间，可能衣服没穿坏却洗坏了！许多时候衣服洗完了，晾晒任务最终还是落在老人身上。这位老人心里不满，有时也不听儿媳妇的安排，偷偷把洗衣机里还没洗的衣服拿出来再给孙子穿上。（访谈案例编号 C022）

以上饮食安排、消费方式、抚育方式等方面的分析，展现了老漂家庭中婆媳矛盾的主要内容。需要注意的是，相关观念和习惯差异同样存在于母女之间，只不过这些差异在婆媳之间和母女之间往往产生不同的效应。同样的事情，发生在婆媳之间，小事也是大事；发生在母女之间，大事也是小事。相比较而言，因为母女之间更容易沟通，即便有争执，也能妥善应对。婆媳之间则不同，因为彼此都很敏感，沟通不顺畅，脸色和语气都可能进一步放大认知差异，发酵矛盾。

具体的家庭生活安排，隐藏着一种家庭权力，即按照谁的偏好来安排家庭生活。老漂家庭中，这种权力主要在子代手中，子代会给老年人提要求、提建议，表达需要。这本身就表现着家庭生活中的一种权力关系。有的老漂抱怨："一些年轻人存在一种奇怪的巨婴心态，对生活要求很高，但是自己时间或能力不足，精力投入不够，却对老人提出很多要求，求全责备。"一些年轻人将对生活的高标准、严要求及由此引发的精力成本转嫁到老漂身上，凸显出家庭关系中代际权力地位的失衡。

婆婆通常不会在具体生活方面将矛盾显性化，针对生活中的种种不满，更多停留在"看不惯"层面，对诸多生活细节的不满意留在心里，轻易不表现出来。她可能会跟家中老伴讲、跟别的老漂讲，实在看不惯了，才可能跟儿子抱怨，但很少会跟儿媳妇挑明说破。这也反映了老漂族特别是婆婆在子女家的自我生活定位：多干活、少管事。正因为如此，许多老漂家庭中婆媳之间的生活方式矛盾具有一定的隐匿性。相比较而言，关于抚育方式的矛盾比饮食、消费方面的矛盾更容易显性化。

# 谁的家谁做主

家庭中的琐碎矛盾，有的是利益之争，有的是意气之争，有的是路线之争。矛盾发生的时候，家庭权力很可能就要出场了。此时儿媳妇往往占据更大的心理优势，因为这是她的家，谁的家谁做主。

本节案例中的婆媳关系经历了从乡村生活空间到城市生活空间的转变，有利于我们分析生活空间转换给婆媳关系带来的影响。

苏女士，1983 年出生，湖北武汉人，老公是湖北襄阳人，两个人都是本科以上学历。2015 年之前，老公在襄阳老家创业。苏女士回忆道：在婆家时，自己独立带孩子，没怎么让婆婆帮忙。婆婆认为自己是大学生，有距离感。日常交流时，婆婆都跟自己说蹩脚的普通话。农村婆婆遇上城市的儿媳妇，会产生一种基于城乡差异而形成的边界感。“婆婆认为我不会做家务、不会带孩子，看我比较低调，以为我懦弱，距离感中透着几分轻视。”（访谈案例编号 C034）

苏女士说：“其实在老家时，我很想融入，很想把婆婆当成自己亲妈。但是我失败了，虽文质彬彬地相处，却表现得有些弱势。”婆婆平时爱打麻将。有一次，我看别人家都在熏肉，就问婆婆是不是该熏肉了。结果被婆婆误解，以为我在埋怨她打麻将。婆婆说：“腿长在我身上，你不要干涉我的自由。”听婆婆这样说，苏女士也非常郁闷，想发火但还是忍住了，感觉没法和婆婆沟通，干脆保持距离，做一个隐形人，不发表意见。

2015 年，丈夫创业失败，苏女士和丈夫商量后，自己独自到深圳工作，挣钱支持家庭经济。2016年，丈夫在佛山找到工作。婆婆想把孩子留在老家照看，但是丈夫坚持让孩子在佛山上学，最终说服母亲一起到佛山。在深圳工作的苏女士每周五下班后经过多次转车到达佛山，周日下午再从佛山返回深圳。“当时我压力特别大，既要工作，还要奔波在路上，更要操心孩子。那段时间，婆婆主要是一个人独立带孩子，所以状态也比较好。”

2017年，丈夫在佛山的工作稳定了，苏女士就辞掉深圳的工作，到佛山和家人团聚。回到佛山后，家庭关系发生了变化。此前，平时家中只有三口人：奶奶、爸爸和孙子。现在儿媳妇回来，家庭关系就复杂了，增加了婆媳关系、夫妻关系和母子关系。虽然这些关系之前也存在，但是因为现在直接呈现在日常生活中，发生了多重化学反应，所以关系的不稳定性增加了。

> 之前在老家，那不是我的家，所以许多事我不发表意见。我在深圳时，离得远，也顾不上。现在我回来了，在我家，我就要做主，家庭就以我为中心了。我开始管婆婆。婆婆没有时间观念，我希望她早睡，但是她喜欢玩手机，睡得晚。老人不自由了，压力大，聊起天来，也很古怪。她在家里待着不自在，经常叹气，要么说些怪话。我感觉家中充满了负能量，很压抑，自己就像装满水的瓶子，很满的状态。因为身体不好，我当时也一天到晚躺着，不由自主地流泪。有一次，我实在受不了，就跟婆婆说：“我其实也很难受，我每天也在尽量控制情绪，以后你要是心里难受，就跟你儿

子讲。”从这以后，婆婆就不再当着我的面说这说那了。我不刻意迎合婆婆，她变得更加敏感，看我没笑着和她说话，就跟儿子告状。（访谈案例编号 C034）

婆婆心理慢慢发生了变化，想脱手回老家。本来婆婆就不想过来带孩子，现在感觉儿媳妇从深圳回到佛山，可以带孩子了，自己就特别想回老家。婆婆不愿意让苏女士出去找工作，苏女士的老公就做母亲的工作，让她留下来。远在家乡的公公也打电话亲自劝，说儿媳妇必须上班，两个人都要上班，才能攒钱还当初创业失败欠下的债。

婆婆勉强留了下来，但是并没有解决狭小空间中的婆媳矛盾问题。儿媳妇上了班，工作压力增大。工作压力和婆媳关系压力交织在一起，增加了家庭生活的心理成本。

考虑到和婆婆住在一起矛盾多，苏女士就尝试调整居住空间。在一个合适的机会，苏女士换租房子，从原来的一套（两室两厅），改成两套（一室一厅和单间）。一套变两套，婆婆有了独立的生活空间。两套房子都在一栋楼里，平时吃饭也非常方便。老人住了单间，状态好了很多，婆媳关系也改善了一些。后来婆婆开始捡垃圾——废旧纸盒、矿泉水瓶，每天能有十多元的收入，还能锻炼身体，很开心。就这样，婆婆的心算是稳定下来，不再张罗回家了。

虽然老人心里踏实多了，但是婆媳之间深层次的矛盾还没有解决，一个是孩子教育方式上的差异。“婆婆管不住孩子，经常给孙子买零食，许多都是垃圾食品。我想杜绝这个问题，希望婆婆和我形成统一战线。”

另一个矛盾就是安全问题。“我们当时住在城中村，楼下没有监控，人员复杂。我很谨慎，但婆婆人很马虎，她在上面做饭，就让孩子一个人在下面玩，这很危险！最大的一次冲突是，我下班回来，发现婆婆在家做饭，孩子却不在家，我下去到处找，找了好久才找到。我跟婆婆说：‘你怎么这样，我都急死了！’第二天我回来，发现婆婆又不在家，出去捡垃圾去了。孩子一个人在家，厨房煤气开着，灶上是高压锅。那次我真的很生气，等老公回来，我就发了很大的脾气。”

“为什么等老公回来后，我才发脾气？因为老公在，可以控制局面。我把事情拿出来说，就是想搞她一顿，给婆婆一个下马威。那是我第一次对婆婆发这么大的火，孩子吓得哇哇大哭。婆婆也很委屈，一直和我争辩。我就说：‘你想好了，想带孩子，就好好带，不能三心二意，否则就回去，我们另有打算！’”

苏女士的老公也跟母亲强调：孩子安全是第一位的。有一点事，这个家就散了。他又和父亲打电话，让父亲劝母亲。

苏女士谈道：“吃饭问题，我没有太多要求，回家有口饭吃就很满足了。毕竟婆婆不愿意过来，是我们求着她才来的。我当时本着一条原则底线：把孩子带好，能让我安心上班就行。”

那次婆婆虽然也很委屈，但是并没有回家。这样过了一段时间，苏女士的工作理顺了，不忙了，婆婆就回老家住了一段时间。后来又因为孩子转学，涉及接送问题，苏女士就让婆婆过来待了半年。但临到过年时，婆婆中风，救治后病情稳定，就回了老家。

苏女士说："婆婆在我这里带孩子，生了病，我很难过。我发自内心感谢婆婆。她虽然也不情愿过来，但还是坚持下来，帮了我们，否则我们的生活一定不是现在这个样子。"

苏女士的案例，从儿媳妇的视角呈现了婆媳关系的诸多细节。理解这个案例，需要注意以下几点。

第一，婆婆从乡村到城市，依然按照乡村社会的生活逻辑带孩子。在乡村，孩子在外面玩，风险非常小，毕竟处于一个熟人社会，外来人口也非常少，所以安全性相对高。但是城市不同，特别是在城中村，人员复杂，流动性大，安全性低。这也正是婆媳爆发矛盾的一个原因。

第二，儿媳妇和婆婆吵架时的策略性。因为孩子安全问题，儿媳妇和婆婆发生了争吵。按儿媳妇的表述，吵架是一种策略，就是要当着老公的面，给婆婆一个重要警醒，让老人长记性。所以，很多话一定要说得很重。这次吵架，虽因孩子安全问题引起，但之前积累了很多情绪和不满，趁这个机会做一次清算。

第三，居住空间对婆媳关系的影响。儿媳妇调整了居住模式，让老人住单间，对婆媳双方都有利，避免了共处一室中彼此的精神紧张和负面情绪相互传染。在许多老漂家庭中，为了缓解婆媳关系的紧张状态，只要经济条件允许，都可能尝试这种分开居住的模式。这种模式，也非常受老人欢迎，因为分开居住，就有了自己独立的生活空间和情绪空间。独立空间中的放松感，对老人的身心健康大有好处。

第四，案例展现了城乡两个空间中的婆媳关系特点。在农村老家，婆婆非常有主体性，可以自主安排生活，在婆媳互动中也有底气。婆婆来到城市和儿子、儿媳妇共同生活后，因为不是自己家，许多事情不能自己做主，对环境也不熟悉，所以生活主体性大大降低，极大影响了适应性和心理状态。从儿媳妇角度看，之前在农村婆婆家里，自己可以忍气吞声，但是现在婆婆在自己家，就得按自己家的需要来安排生活，毕竟谁的家谁做主。

## 负气返乡的婆婆

婆婆在儿子、儿媳妇家里做很多事，却不能做主，内心里面就会有不满。不满积累多了，怨气憋不住了，矛盾有时也会爆发。

传统家庭中，婆媳矛盾激烈了，儿媳妇可能会离家出走，回到娘家寻求支持。老漂家庭中，婆媳矛盾激烈了，离家出走的往往是婆婆。这是婆婆应对家庭矛盾的一种方式。两种离家出走也有共同点，那就是出走者都会惦记她离开的那个家。也许，她们想离开的，并不是家，而是家中的一种关系或气氛。

商女士家住陕西农村，现年 57 岁，儿子 30 岁，儿媳妇 28 岁，孙子 6 岁。之前老人在老家带孙子，早上、晚上用电动车接送孙子上幼儿园，比较方便，又因为孙子一个人的饭好做，所以那段时间很轻松，几乎不耽误农活。家里种着几亩苹果，尽管行情不好，效益一般，但是也能挣些零花钱。（访谈案例编号 C017）

儿子、儿媳妇在西安工作，租的房子。2021 年暑假，儿媳妇想让孩子在西安读小学，所以就把孩子转到西安上幼儿园。商女士虽然不情愿，但也只能跟着来到西安，过上老漂生活。

商女士非常不习惯西安的生活，不仅仅因为西安比老家热，还因为西安生活节奏太快，每天不轻松，忙得心里发慌。商女士说："我不怕累，我爱干活。其实每天也没有多少活，但就是忙。"其实，商女士心里慌，不仅仅因为到西安后家务活增加，还因为生活自主性降低，更多事情要按照儿媳妇的意愿和生活节奏来。这让老人很不适应。

在婆媳相处方面，商女士有几点不舒服的地方：

第一，商女士爱跳广场舞，但是总是没时间跳，主要是因为儿媳妇的时间安排问题。早上 7：30 去送孙子上幼儿园，7：50 送到。本来可以赶上早晨8：00—9：00 的广场舞，但是因为儿媳妇每天 9：00 才出门，商女士要给她做早饭；儿媳妇吃完，商女士还要收拾，就赶不上广场舞了。晚上也有广场舞，但是儿媳妇回来又太晚。如果回来就吃饭，快点收拾，其实也来得及，但是儿媳妇回来后，不会马上吃饭，每天都要磨蹭一会儿，洗漱干净，贴完面膜，才肯吃饭。这样的时间安排，让商女士很无奈，甚至有些恼火。有几次，商女士实在等不及，就去跳舞，但心里也不踏实："我来西安，就是为了照顾儿媳妇和孙子，自己却跑去跳舞，真不像话！"

第二，商女士认为儿媳妇太懒惰。"每天回来，就把衣服丢在沙发上，我还得给她收衣服。鞋这里一只，那里一只。伸手之事，你为啥不自己做？越来越不像话！婆婆真难当。"

第三，商女士认为儿媳妇花钱手脚太大。一套护肤品就要 1 万多元。“这都是什么人用的？我真受不了！”“吃的东西要求又高。经常去超市买菜，菠菜 19 元一斤，她也敢买！”

第四，儿媳妇总让商女士按照她的要求来做事，买什么菜，洗衣服、晾衣服应该注意什么，都有具体要求。商女士跟儿媳妇说：“你不用跟我说，我都会。”但是儿媳妇说商女士做得不对，让商女士按她的方式来。

第五，儿媳妇经常训斥丈夫（商女士的儿子）。“说话太重，有一次竟然咒骂我儿子去死。”商女士实在看不下去，就去反问儿媳妇：“他死了，对我们有啥好处？”

基于以上五个方面的介绍，我们能明显感觉到婆婆的诸多不满情绪。婆婆说：“在自己家时，干啥都顺手，一到儿子家，感觉自己就像个废人。我不会说话，也不敢说话，怕惹事。一家人的快乐，就取决于一个人，她（儿媳妇）一个人不高兴，一家人都不高兴。”

在商女士眼中，儿媳妇已经成为这个家庭生活的主导者。在时间节奏、生活安排等方面，儿媳妇都展现出较大影响力。儿媳妇的影响力，既跟她自己的个性有关，也源于其家庭经济贡献。目前她每月收入过万，不仅工资比丈夫高，也更稳定。在这对婆媳关系中，婆婆感觉到压迫感，浑身不舒适。

有一段时间儿子没上班，正好在家，小两口就经常拌嘴吵架。商女士待得更不自在，也因为琐事和儿媳妇争了几句。吵了架，气氛不好，自己也不想待了，就找借口说家中有事，先回家一段时间。如果儿子上班后没人看孩子，自己就再过来。她还跟儿媳妇说：“我来带孩子，是为了你们俩。我下次来，如果你还甩脸子，不知道感恩，那我就没有义务带孩子。我不带我儿子不行，但我可以不带你儿子！”临走时，商女士还跟儿媳妇说：“我这次回去办事，确实对不住孩子，我给你微信转了1 000元，你给孩子买好吃的。”但是，儿媳妇没接收这1 000元。商女士心里不踏实，就偷偷往孙子平板电脑包里塞了500元现金，等自己回到老家后才打电话告诉儿媳妇。

关于商女士这次回家的前因后果，有两点需要分析。其一，商女士和儿媳妇说的话，是想表明自己的态度：如果你不尊重我，我就没有这个义务给你带孩子。从婆婆的角度看，这是很重的话，回击儿媳妇对自己的怠慢。也许在儿媳妇看来，这不算怠慢，无非是自己对婆婆的要求多了一些。其二，婆婆自己心里放不下孩子，感觉自己走了可能让儿子难受，所以想着又给儿媳妇1 000元“安慰金”，儿媳妇没在手机上接收，只能再给现金，以此表达自己不能照顾儿媳妇和孙子的歉意，避免儿媳妇不高兴和儿子吵架。综合这两个方面来看，这位婆婆内心十分矛盾：自己受了委屈，心里不情愿，但是又感觉自己有义务支持儿子。这种矛盾心理，在她回到老家之后依然存在。回到家后，邻居们问她为啥从西安回来，她只是借口说住不惯，不想说儿媳妇的问题。在家休息了几天，她又开始惦记儿子家，考虑在合适的时间再回去，接送孩子，帮着儿子减轻压力，缓和家庭矛盾。

商女士跟笔者说：“其实儿媳妇对我有时也不错，带我看病，忙前忙后。我的药喝完了，她就及时给我买。许多方面她都比儿子强。她高兴的时候，抱着我说：‘妈妈，我最爱你了。’但发了脾气，就六亲不认了。”透过商女士的话，我们能感觉到她内心中关于儿媳妇的复杂情感，有时候很生儿媳妇的气，有时候又感觉儿媳妇也对自己好。这种矛盾反映了婆媳关系的复杂性。一方面，朝夕相处中，培养了情感，既有爱，也有不满。另一方面，虽然有矛盾，但也基于共同目标寻求合作。从老人角度看，这是尽义务；从儿媳妇角度看，也要尽可能维持这种关系，毕竟老人回老家，没人带孩子，儿媳妇的日子也不好过。

## 儿媳妇离家出走

老漂家庭中，婆媳发生矛盾时，绝大多数情况下都是儿媳妇占上风，婆婆相对弱势。有的婆婆实在受不了，就会通过回老家的方式来表达不满或缓和矛盾。

接下来讲的儿媳妇离家出走的案例，并不普遍，但也代表了婆媳关系的另一种类型，有助于我们从儿媳妇的角度看待婆媳矛盾，特别是理解“婆婆来了”之后儿媳妇的具体感受。（访谈案例编号 C073）

云云 1993 年出生，她的婆婆 1973 年出生。云云生产时，因为胎盘早剥，医生紧急实行剖宫产手术。令云云感到心寒的是，婆婆并没有对自己有实质性关心。“月子里，婆婆的关注点都在孩子身上，我体会不到一丝丝关心！我坐了一个很痛苦的月子！我感觉在婆婆眼里，我只是一个生娃工具。”

云云说：“月子里，我请了月嫂，但婆婆认为每天 400 元，太贵，就想让月嫂走。”在云云看来，婆婆关注的不是自己，而是钱。更令云云受不了的是，婆婆进自己房间时，从来不敲门。“有时候，我早上还没睡醒，她就推门进来收拾东西，声音很大。我委婉提醒她先敲门，但她还生气了，打电话向我公公告状，说儿媳妇给她立规矩。”

月子里云云虽然有很多不满，但更多时候选择忍耐。“我选择沉默。有些矛盾问题，我也不想处理，只能自己消化负面情绪。”那段时间，云云感觉自己抑郁了。

我们可以把云云月子期间的心理状态理解为月子病的一种症状，是婆媳关系中心理压力的产物。她当时既没有处理婆媳关系的经验，也没有应对婆媳矛盾的心理能量。

出月子后，云云回娘家住了一段时间，放松了许多。产假结束后，云云要回西安上班，又面临如何带孩子的难题。最让自己舒服的方案是娘家妈来帮忙带孩子，但妈妈有风湿病和腰椎间盘突出症，不能劳累，所以只能继续让婆婆来西安带孩子。

因为月子期间的不快经历，云云和婆婆待在一起还是感觉很别扭。即便自己内心深处有好好相处的愿望，但也不知道如何改善关系。云云的老公这样概括家里的婆媳关系状态：“两个人都觉得不爽。我妈主动和云云说话，云云也不理。换尿布不合适了，她就说我妈。双方都觉得对方态度不好。”云云解释说：“我也努力过，想沟通，但她警惕意识特别强，总是处于防御状态。”

从云云和她老公的描述中，我们能体会到老漂家庭中婆媳关系的敏感特性。云云有了情绪，就会跟老公抱怨。婆婆有了不满，也会跟儿子诉苦。云云的老公夹在中间，心情也糟得很，有时不自觉地把云云的情绪和观点传递给妈妈，结果进一步刺激妈妈，引发母子争吵。其连锁反应是：婆媳之间更难相处了。

云云为此很苦恼，和老公商量解决方案。云云想过辞职自己带孩子，但是怕影响家庭收入，也担忧自己全职带娃和社会脱节，日后也难找到有编制的工作，所以最终还是没有辞职。云云和老公也想过就近租一套房子，让婆婆单独住，有个缓解情绪和压力的空间，但是害怕婆婆不同意。婆婆怕花钱，更不会接受自己单独出去住的方案。最后想来想去，只能维持现状。

2025 年 1 月的时候，家里发生了一次较大的矛盾。事情起因是，婆婆还在读书的女儿放假了，婆婆就想让女儿来西安住十几天，等到云云执教的小学放假（就不用婆婆带孩子了），婆婆就可以和女儿一起回老家。云云感觉家里比较拥挤，带孩子也不方便，就不太情愿让小姑子来。云云最受不了的，不是婆婆让她女儿来，而是婆婆当时的语气和态度，完全不是在和自己商量，就好像是发布通知。“我跟她说不方便，但是她说闺女待在卧室里不出来，不打扰大家。后来她说，这是她的家，她想让谁来就让谁来，这房子她也出钱了。”云云的老公听妈妈这么说，也非常生气，就提醒妈妈，有话好好说，不要那么大声。然后，母子俩也吵了起来。

云云认为婆婆做得过分，自己又恼又无助，一气之下就夺门而出，走得急，连手机都没带。寒冬腊月，云云没有手机，联系不上朋友，就躲在一个酒店的大堂里坐着哭。云云的老公找不到她，很着急，就打电话给她的朋友问情况，她的朋友也连忙赶过来一起帮忙找。后来，云云用酒店前台座机给老公打电话告诉地点，大家才找到她。云云开始向朋友诉苦，经过朋友安慰和疏导，云云和老公回家了。

这短暂的几个小时的离家出走，可以理解为云云在婆媳矛盾中的一种暂时性逃避。这是一次未经准备的离家出走，是云云面对家庭矛盾时的一种应激反应。这也是一次注定短暂的离家出走，因为孩子还在家中，云云还要回去给孩子喂奶。这一次仓皇出走，表现出一部分年轻女性在应对婆媳矛盾时的无力感和无助感。

当天晚上，婆婆的气也没消，说不想待了，第二天就回老家。第二天早上，云云醒来时，得知婆婆已经坐上了回家的火车。婆婆不辞而别，云云很被动，因为自己还没放假，没人带孩子，就没法上班。云云只能给娘家妈打电话，让妈妈过来救急，坚持几天。

提起婆婆不辞而别的事，云云还是耿耿于怀："我妈可以来，但要问清楚：他妈为什么走。如果就是因为他妈提出的不合理需求不被允许，就发脾气走，我不会惯这个毛病！不然，以后动不动自己不爽了就要撂挑子。我觉得要让她知道：不合理的需求，我是可以拒绝的！"

相比之前的情况，这次婆媳矛盾有新的特征。之前的婆媳矛盾与生活习惯、语气态度有关，这次的婆媳矛盾跟当家权有关。云云之所以选择离家出走，也许是因为婆婆说这是她的家——完全超出了云云的认知，却又不知如何反驳。在绝大多数老漂家庭的婆媳关系中，儿媳妇会有主场意识，但现在云云的体会完全不同，感觉自己在客场，感性和理性方面都接受不了。

云云家的案例，展现了老漂家庭中婆媳之间的家庭权力之争。这种家庭权力，既涉及家庭事务决策权，也涉及家庭生活中的规则设置，如做家务的方式、带孩子的方式。在绝大多数老漂家庭，婆婆会主动自我边缘化，所以权力之争并不会像云云家这样剧烈。按云云的介绍，这一定程度上跟婆婆的性格有关。月子里，保姆就提醒过云云，说婆婆比较情绪化，容易发脾气。婆婆在老家也是这样。云云说，很害怕她婆婆情绪上来之后连哭带闹的样子。

其实，还有一个因素不容忽视，那就是婆婆的年龄。她 1973 年出生，才 50 岁出头，比较年轻，比六七十岁老漂的主体性要强得多，所以很多地方更想占上风、掌握主动权。

我们也可以从“边界感”的角度来解读云云的案例。调研时，云云反复提到“边界感”话题。例如，进卧室敲门这件事，令云云很苦恼。在云云看来，这是人与人之间非常基本的边界意识，涉及对人的最基本的尊重。

每个老漂家庭中的婆媳关系，都或多或少涉及边界问题。边界问题，隐含着老漂家庭的一个生活悖论。一方面，老漂因为要带孩子、做家务、安排生活，不可避免地会将自己的既往生活习惯和关系理念渗透进年轻人的日常生活中。琐碎的家庭生活中，存在着隐秘的政治，即以谁的意志为中心来安排生活。另一方面，从年轻人的角度看，理想状态是尽可能保持生活独立性和自主性。当代年轻人非常看重这一点，不喜欢老年人干涉自己的生活。综合两方面来看，老漂生活模式中必然会面临边界问题。只不过绝大多数老漂在遭遇代际矛盾后，会尽可能自我调适，顺着年轻人的意愿来，慢慢形成少说话、多做事、不做主的心理定位。相比较而言，本案例中婆媳之间的边界问题尚未解决，或者说，正处于一个相对激烈、焦灼的边界形成期。

2025 年 2 月，云云寒假结束后又要上班，无奈只能继续让婆婆来西安帮忙带孩子。许多老漂家庭的婆媳关系就是这样。尽管关系很紧张，但是为了应对“带孩子”这个刚需，两个不和的人还是会被强扭在一起。

云云说：“我也在慢慢成长，不再像之前那样消极处理婆媳关系。”现在云云有了意见和不满，还是会尽可能说出来。尽管有些话会让婆婆觉得见外、不舒服，但也有利于后面生活中的相处。如果没有带孩子的需要，云云和婆婆就会天各一方，一个在西安，另一个在老家，逢年过节可能问候一下，也几乎不会涉及边界问题。现在因为带孩子的需要而聚在一起，这种同在一个屋檐下的婆媳相处，对云云来说是一个巨大的考验。随着时间的推移，婆媳相处久了，普遍会形成一种相对稳定的边界。这种边界，不是婆婆或儿媳妇单方设定的，而是在密切互动中形成的一个让双方都相对舒适的界限。

## 强势的婆婆

亲密关系要稳定，通常要形成一强一弱的格局。老漂家庭中，强势的婆婆非常少见。笔者在佛山调研时遇到的张女士，算是一个强势的婆婆。

跟前文的商女士相比，张女士明显强势得多。跟上文云云的婆婆相比，张女士在掌控婆媳关系方面，也显得更有方法和策略。

张女士是湖北人，现年 67 岁，2000 年就来佛山做小生意，在工厂门口卖炒粉。干了 3 年，惦记在老家读书的孩子，于是返回老家。2006 年又来到佛山，刚高中毕业的儿子也跟来。几年后，儿子娶了广西的媳妇。过了几年，张女士回到老家。儿子、儿媳妇继续留在佛山发展。儿媳妇怀孕生产后，张女士就来佛山照看孩子，一直带到 4 岁半。（访谈案例编号 C042）

张女士介绍，带孩子这几年，儿媳妇不敢给自己脸色看，主要有三方面原因。

第一，自己做得到位。照看孩子、做家务，尽量做好，不让儿媳妇挑毛病。

第二，自己这些年持续在经济上支援儿子、儿媳妇家。买房的时候，给了他们 10 万元；买车，又给了 10 万元。儿子有次出车祸受伤，再给拿了 3 万元。虽然这笔钱保险报销了一部分，但是也没还给自己，自己也没要。后来，儿子换房子，要装净水器，又给拿了 6 000 元。这些经济支持，大大增加了张女士在儿子、儿媳妇面前的话语权。

第三，在和儿子、儿媳妇的互动中，张女士也能掌握主动权。儿子在饭桌上说哪个菜不好吃，张女士就说："不好吃，以后自己做。"儿媳妇听见婆婆这么说，也不敢对饭菜品头论足。生活中，看见儿子、儿媳妇有啥做得不对的地方，张女士就直接指出来，从来不含糊。有时还给儿子、儿媳妇开会，就事论事，指出他们的问题，也会批评他们。这些建议、批评，并不是直接针对儿媳妇，而是针对儿子、儿媳妇一家。在道理上，让儿子、儿媳妇信服，从而获得了一种长辈在晚辈面前的现实影响力。

2018 年儿媳妇抱怨了一句，说孩子整天跟着奶奶，都不和妈妈亲了。这让张女士很生气，当即提出自己去外面租房子，说这样自己更轻松，以后儿子、儿媳妇想吃饭也可以自己过来。张女士这样安排，就可以有独立空间和自由，有利于更好地照顾生病的老伴。张女士说到做到，很快就租到如意的房子，从儿子、儿媳妇家搬了出来。张女士就是这样一个人，说到做到，从不拖泥带水。

在调研的诸多老漂中，张女士这样的婆婆并不多见。她之所以能够在婆媳关系中掌握主动权，除了因为具有一定的经济实力外，还与其处事风格有关。尽管她也认为看孙子是自己的责任，但她不是去讨好儿媳妇，而是做好该做的事。能做到这一点，跟她这些年一直做生意有关，她待人接物、为人处世的能力强。更为重要的是，她保持着一个长辈的独立性、自主性和权威性。这并不是专门针对儿媳妇；对儿子，她也是采取这种态度和方式。

老漂家庭的婆婆处事风格，一定程度上也具有地域特征。调研发现，相比较而言，湖北、湖南等南方地区的婆婆，自主性较强，在和儿媳妇相处过程中，不会过于委屈自己，生活安排中更多倾向于按照自己的意志来；在遭遇不快的时候，也敢于抽身出来回老家休息，不会有太多的心理成本。陕西、河南等北方地区的婆婆则不同，比南方婆婆的自主性弱一些，更多时候选择委曲求全，害怕因为做得不好、中途离开被儿子、儿媳妇埋怨。上一节案例中的商女士是北方婆婆的典型代表，本节案例中的张女士则是南方婆婆的典型代表。张女士不害怕得罪儿子、儿媳妇，能够在老漂家庭中保持主动权和主体性。当然，这也跟她自身的经济能力和个性有一定的关系。

综合上文商女士和张女士的案例，我们还可以进一步探讨婆婆能力和媳妇要求的适配性问题。能力与要求的关系，可以成为我们理解老漂家庭婆媳关系的一个新角度。大多数老漂家庭中，都是儿媳妇给婆婆提要求，具体涉及家务安排和抚育方式。但婆婆在家务和抚育方面的具体能力存在差异。鉴于儿媳妇要求高低和婆婆能力高低的差异，可能存在四种类型的婆媳关系状态。

第一种，儿媳妇要求高，婆婆能力高。这种组合中，因为婆婆能够满足儿媳妇的要求，婆媳相处得比较融洽。因为婆婆能力强，儿媳妇也比较尊重婆婆。

第二种，儿媳妇要求低，婆婆能力低。这种组合中，婆婆能力不高，在做家务和带孩子方面，只能做最基本的，但是因为儿媳妇要求也不高，所以相处也比较和谐。访谈中，许多年轻女性说，有人看娃，能让自己上班、每天下班回来有口饭吃，自己就非常满足了。

第三种，儿媳妇要求低，婆婆能力高。这种组合中，因为婆婆能力强，做得到位，儿媳妇挑不出毛病，所以婆媳好相处。但也存在一种可能，就是因为婆婆能力强，看不惯儿媳妇做的家务、生活习惯，甚至看不起儿媳妇，婆媳相处中，儿媳妇偏弱势。当然，老漂家庭中，这种婆媳组合并不多见。

第四种，儿媳妇要求高，婆婆能力低。这是最容易引起婆媳关系紧张的组合。在带孩子、做家务、饭菜质量等方面，儿媳妇给婆婆提出许多要求，但因为婆婆做不好，儿媳妇不高兴，抱怨、挑剔甚至责怪婆婆，加剧婆婆心理压力。其实，这些家庭中婆媳矛盾的根本原因在于：儿媳妇对婆婆要求太高，很多超出了大多数婆婆的实际认知和能力水平。如果儿媳妇按照优秀保姆的标准来提要求，那么大多数婆婆都很难让儿媳妇满意。

儿媳妇要求和婆婆能力的关系，反映着老漂家庭中的权力关系。当儿媳妇在老漂家庭中具有更大掌控权和影响力的时候，婆婆就不得不按儿媳妇的要求做事。一些家庭中，虽然儿媳妇要求高，但是如果老公当家，就能部分缓和儿媳妇高要求和婆婆低能力之间的矛盾。在武汉的赖先生家，妻子很想让婆婆按照自己的想法来带孩子，但是婆婆只是嘴上答应，其实从来没实施过。之所以婆婆敢于按自己的想法来，是因为赖先生自己能当家，不会和妻子合伙给老人提要求。（访谈案例编号 C067）

调研发现，儿媳妇要求高、婆婆能力低的老漂家庭，婆媳关系也会随着时间推移而发生变化。有的婆婆会加强学习，尽可能做好，满足儿媳妇的期待。有的儿媳妇也会降低要求，定位于满足基本需要。那些一直严格要求婆婆的儿媳妇，往往会加重婆婆的压力，老人待着难受，也容易负气而走。

# 在感恩与埋怨之间

老漂家庭中，儿媳妇对婆婆的态度比较复杂。笔者搜集整理和分析了微博中有关儿媳妇对老漂婆婆的评价内容，发现儿媳妇对老漂婆婆的态度主要包含以下几种情况。

**第一，儿媳妇感恩婆婆**。这是多数儿媳妇对老漂婆婆的态度，认为老漂婆婆解救自己于水火之中，没有婆婆帮忙，自己就只能在家全职带孩子，不仅不能上班增加收入，还会因为缺少社交生活而感到压抑、孤独。

如果，我说如果，我、孩子、老公没有和老人生活在一起，我不敢想象一天到晚有多少家庭矛盾发生。我觉得一个人一天到晚带孩子真的容易暴躁，老公下班回来也不会想做任何事情。所以稍微家里有什么小状况都可以让人很崩溃～换而言之，家有一老如有一宝，确实是这样。婆婆分担了带孩子和一些家务，公公负责了一部分的家庭支出和一日三餐……才有所谓的家庭和睦。（微博用户我 ** 发表于 2023 年 7 月 24 日）

我公婆应该是别人口中的完美老人了。给儿女带孩子、做饭、打扫卫生，任劳任怨，百分百配合，不摆大家长架子。每次我跟老公吵架向他们告状，他们肯定无条件向着我，指责我老公。我老公有时候钻牛角尖跟他们使小性子（很少很少发生），他们也不急也不气，反而让我老公很内

疚、马上就能反省。（微博用户麻**发表于2019年8月20日）

以上两条微博文本中，第一个博主主要感恩婆婆分担“带孩子”和“一些家务”，“分担”这个词表明儿媳妇认为带孩子和做家务也是年轻人自己的分内之事，所以感恩婆婆帮忙。当然，公公在经济方面的“分担”也很重要。综合来看，该博主家庭中不仅有育儿、家务方面的代际分工，还涉及经济方面的代际分摊，分工与分摊同时存在，才让家庭更加和睦。第二个博主非常赞赏公公婆婆在自己和老公吵架时的态度：偏向儿媳妇并给儿媳妇提供支持，这更加让儿媳妇感动。她的博文从另外一个角度定义了完美公婆的标准，不仅要勤劳付出，还要能够站在儿媳妇的角度处理家庭关系。

**第二，儿媳妇不领情。**一些儿媳妇认为婆婆带孩子和做家务并不是帮自己，而只是帮自己丈夫，所以并不领婆婆的情。

我最不喜欢别人说：“看你婆婆多好，又出钱又帮你看娃，多好。”难道看孩子是我一个人的事情吗？要说帮，也是在帮她儿子。我一直都有参与照顾孩子的过程。所以，不是在帮我，而是在帮她儿子。她承担了本该是宝宝爸爸承担的那部分责任。婆婆心疼儿子，替宝宝的爸爸照顾宝宝，应该感谢婆婆的是儿子，而不是儿媳妇！有几个婆婆是发自内心地因为“爱”——心疼儿媳妇或者真心特别愿意参与宝宝成长中而去做这个事情呢？反正我身边是没有。基本都是迫于儿子的压力，无奈地去做这个事情的。因此，不要用一般世俗的眼光去看待这个事。应该理性。应不应该感谢，值不

值得感谢，是要分清的。（微博用户彪 ** 发表于 2021 年 1 月 5 日）

这位博主不感恩婆婆的理由在于，婆婆只是“承担了本该是宝宝爸爸承担的那部分责任”，所以应该是老公感恩他母亲。有些儿媳妇认为，婆婆并不是因为心疼儿媳妇才帮忙带孩子、做家务，而是因为心疼儿子。这种观点的深层逻辑是，夫妻都应该参与孩子抚育和家务劳动，婆婆并没有真正减少儿媳妇的工作量，只是分担了儿子的工作量而已。

**第三，儿媳妇不信任婆婆。**有的儿媳妇对婆婆缺少信任感，害怕婆婆在家单独照顾孩子时对孩子疏于照顾或有其他不当举动，所以会在手机上查看家中监控，了解婆婆在家带孩子的现场情况。

我真无语，家里老人为了带孩子省心，偷偷给孩子看抖音视频。我一直强调，小孩不能看手机。我孩子才七个月，我出门去超市，买个水果给宝宝做辅食，我打开监控看，宝宝奶奶居然在给宝宝看抖音视频，手机还拿东西靠着，顿时我忍不了了，强压着怒气，打电话告诉宝宝奶奶：不要让宝宝看视频，宝宝不能看。老人带孩子，还有多少恐怖和离谱的事情是我没注意到的？当妈的再累，也别让老人带孩子。宝宝奶奶只是白天来辅助我一下，宝宝基本我自己带，偶尔宝宝奶奶带宝宝下楼遛弯。（微博用户都 ** 发表于 2023 年 8 月 2 日）

目前一些家庭安装了监控设备，为女性上班期间监控老人带孩子情况提供了便利。没有监控时，儿媳妇上班后，老人在家独立带孩子，儿媳妇并不了解家中实际情况，即便可能发生一些小状况，往往是“眼不见心不烦”。但因为有了监控，儿媳妇就可以实时了解婆婆在家带孩子时的细节。此处需要说明的是，儿媳妇监控婆婆和监控保姆，两种行为虽然都跟信任有关，但二者也有区别。儿媳妇监控保姆主要是害怕保姆虐待孩子，监控婆婆主要是担忧婆婆带孩子的方式不符合自己的期待和要求，所以总感觉看监控直播心里才踏实，其实这更容易引发婆媳矛盾。

**第四，儿媳妇埋怨婆婆。**除了不领情和不信任，有的儿媳妇还对婆婆有些埋怨，甚至怨恨，最大的原因是感觉婆婆在家中的存在感太强，干涉了自己的生活，甚至有儿媳妇感觉自己在整个家庭中被边缘化了。

婆媳相处真是玄学，矛盾太容易产生了……都说老人是牺牲了舒适的退休生活来帮我们带孩子，所以要感激，但我也没感受到帮助和照顾啊，反而是感受到督促……看着我婆婆把桌子下边猫平时趴的地方放了箱子和包也不顺眼，她催我铲屎也不高兴，听到抱怨我买的拖布不如之前好用也很烦，说刷手机辐射影响小孩更是不想搭理……咱就是说如果白天只吃饭和躺着，不跟她聊天能不能行。（微博用户椰 ** 发表于 2023 年 8 月 5 日）

真的不懂为什么要一直刷存在感，在别人面前一直表现你很能干很辛苦很伟大？又要做家务又要帮我带孩子而且其他人甚至连我带都不行的那种？明明女儿需要我了却一直不肯撒手，我说要带出去玩就笃定我搞不定，莫非我们去哪都要带上你才能带好我女儿？是不是对自己的定位有误解，是不是把我女儿当成了你自己的？？（微博用户橙 ** 发表于 2023 年 6 月 23 日）

这两位儿媳妇吐槽婆婆的理由很值得琢磨。第一位儿媳妇感觉婆婆干扰了自己的生活自主性，还影响了自己养猫，更不喜欢听婆婆唠叨自己。综合来看，这位儿媳妇感觉婆婆来到自己家后，自己没有了生活自由，受到了婆婆太多的干涉。第二位儿媳妇同样感觉自己带孩子的独立性受到了干涉，认为婆婆会成为自己和孩子交流互动的一个障碍因素。该理由与前文佛山张女士的儿媳妇的抱怨类似，她儿媳妇抱怨女儿和自己不亲近，认为婆婆影响了母女情感交流。

以上提到的“感恩”“不领情”“不信任”“埋怨”四种态度，一些儿媳妇兼而有之，有时候内心感恩，有时候又因为小矛盾而心生埋怨，有时候又受到身边朋友、同事的观点影响而不领情或变得不信任。在这些态度转换过程中，婆媳关系也会发生许多微妙的变化，借助女性的敏感性被放大。许多婆婆也认为儿媳妇对自己忽冷忽热，情绪波动大，有时简直判若两人。

## 关系新常态

关系影响家庭生活，家庭生活也在塑造关系。在新的生活模式中，老漂家庭中的婆婆和儿媳妇都在调适。她们也许都还受着传统婆媳观念的影响，但在遇到新矛盾、新问题的时候，也要用新办法、新策略去应对。老漂家庭的婆媳关系，逐渐进入新常态。

**第一，强生活面向。**

传统的婆媳关系同样具有较强的生活面向。此处所说的传统，可以理解为改革开放前的婆媳关系。因为没有形成打工经济，所以年轻儿媳妇还是在村中生产生活，此时的婆媳关系不仅生活面向强，还涉及农业生产和当家权问题。许多婆媳矛盾的起因，就是儿媳妇想争取更多权力，维护自己小家庭的权益。这些矛盾也很容易引发分家。老漂家庭却不同，婆媳共同生活中虽然也面临矛盾、斗争，但往往不涉及争夺当家权，因为当家权已经在子代手中。大多数婆婆已经将自己定位于一个管家。如果说婆媳依然有矛盾、分歧，那主要是围绕着孩子怎么养育、教育，家务怎么安排。这些都是生活型矛盾，非常日常，也非常琐碎。

另一个需要注意的趋势是，当前农村地区婆媳关系的生活面向普遍在弱化。因为农村家庭中，年轻媳妇普遍外出务工，少部分在城陪读，两代人在生活空间上已经出现了城乡分割。在不同的家庭生活空间中，婆媳日常接触减少。因为逢年过节返乡时才会碰面，距离产生美，所以见面时也容易显得亲密。老漂家庭却不同，因为育儿的需要，婆婆从异地来到儿媳妇家，她们从彼此分离走向了合并，共同生活。因为处于同一生活空间，围绕孩子抚育和柴米油盐，婆媳就会有非常多的接触互动，关系内容丰富，具有更强的生活面向。

**第二，生活空间狭小。**

农村婆媳关系既在家庭中展演，也会延伸到家庭之外。无论是婆婆，还是儿媳，都可以将自己的委屈在自己的密切关系中讲述，一些话题和情节也会在村落中传播，甚至有时还会当众爆发矛盾。城市老漂家庭中的婆媳关系则不同，很少会在家庭之外爆发矛盾，极少在社会中展演，“家丑不可外扬机制”更大程度发挥着作用。

老漂家庭的婆媳关系，几乎都是在家庭空间中展演。相比于农村家庭空间，城市家庭空间更加狭小。特别是在一些高房价的城市，三代人住在狭小的房子里，关系变得更加敏感，气氛压抑，情绪也容易传染。在生活作息方面，协调难度增大。这也正是为什么一些老漂家庭会专门租一套房子给老漂单独居住。

**第三，强经营性。**

老漂家庭的婆媳关系比传统婆媳关系展现出更强的经营性。从儿媳妇的角度看，非常需要老漂支持，抚育孩子和家务劳动都是刚需，所以多数儿媳妇有主观意愿去经营婆媳关系，让婆婆安下心来，持续提供支持。儿媳妇经营关系的策略有许多。一种是下班、放假时主动承担家务，让婆婆休息。另一种是给婆婆买些礼物，通过给老人买衣服、出差回来带礼物、给老人过生日、逢年过节给老人发红包等方式表达对婆婆的关心。从婆婆的角度看，她也非常积极努力，希望和儿媳妇处理好关系，让家庭和谐，为儿子、儿媳妇提供支持。

在访谈老漂或年轻儿媳妇时，有的婆婆说把儿媳妇当成女儿一样。有的儿媳妇也说，把婆婆当成自己妈妈一样对待。这些类似表达，从侧面表现了婆媳关系的经营属性——婆婆和儿媳妇都愿意把关系经营好，服务于家庭发展。

**第四，颠倒的主客关系。**

传统婆媳关系中，儿媳妇是一个新增的家庭成员，有的地方称为“进门”或“新媳妇”。作为外来者，儿媳妇谨小慎微，毕恭毕敬，端正态度。这既有文化的因素，也有初来乍到、努力适应新环境的心理预期和定位。相比于儿媳妇的客人身份，婆婆却是主人，她要审视儿媳妇的言行，按照自家习惯给儿媳妇提要求、立规矩，让儿媳妇去学习和适应。这种主客关系，在新婚期非常明显。随着时间的推移，儿媳妇才渐渐有了家的感觉。

城市老漂家庭中，婆媳关系却很特别。婆婆才是外来者。严格来说，她是一个双重外来者，既是这个城市的外来者，也是这个家庭的外来者。作为城市的外来者，她至少要对小区的空间熟悉起来，适应与生活相关的一系列外部环境，如超市、菜场、快递点等。作为家庭的外来者，她要熟悉家庭的方方面面。

许多老漂家庭，婆媳之前没有共同生活经历，没有完成磨合，没有经历过柴米油盐，更没有经历过狭小空间中拌嘴、磕磕绊绊的琐碎矛盾的洗礼。对于儿媳妇的脾气、秉性有陌生感，往往会增加婆婆的适应成本。也许她会发现，眼前的儿媳妇，和她之前印象中的儿媳妇存在巨大差异。更为关键的是，在这个家庭空间中，儿媳妇是主人，婆婆是客人，是后来者。这种角色定位差异，会影响婆媳关系中双方的心理定位。不熟悉新环境的婆婆，很可能变得谨小慎微，观察儿媳妇的习惯和脾气，了解家庭生活中的一些隐性规则，如东西放在哪里、儿媳妇的作息规律等。儿媳妇也会关注婆婆的行为方式，给婆婆提要求。这种儿媳妇为主、婆婆为客的定位，影响着家庭日常生活中的权力关系。

**第五，婆婆的斗争意识。**

老漂家庭中的婆婆，并非都是在儿媳妇面前低声下气。少数老漂有时也会显得硬气，敢于指出儿媳妇的不是，甚至也会和儿媳妇就事论事，针对具体问题进行讨论或辩论。尽管这样的婆婆所占比例不高，但也非常值得分析。

具有一定“斗争”勇气的老漂，其底气可能来自其经济能力——为儿子、儿媳妇家庭提供许多经济支持，也可能因为儿子非常孝顺老人、照顾老人情绪。儿子如果在夫妻关系中掌握主导权，就能间接增加婆婆同儿媳妇相处时的底气。

> 我那儿媳妇，一点也不会教育孩子，嘴还臭，不喜欢听我说。我这人脾气还急，当我们发生矛盾的时候，我就回家去了，我知道他们离不开我。儿子回家请我，我才回来。[2]
>
> 我和儿媳妇没有矛盾，哪里有矛盾？给她把饭做了、地拖了、锅洗了，他们上班去，能有啥矛盾呢？没有矛盾！我给你说，她离不开我。她把我赶走了，谁给她哄娃呢？她雇个保姆还要钱呢。（访谈案例编号 T003）

两个案例展现了婆婆敢于和儿媳妇斗争的基本原因。婆婆知道自己在儿子、儿媳妇家中的不可替代作用，了解自己的重要性。强烈的被需要感，增加了婆婆和儿媳妇博弈时的心理能量。

**第六，负面情绪共振。**

所谓负面情绪共振，主要是指婆媳间压力情绪的相互影响。婆媳矛盾，应放在特殊的生活情境中理解。一些年轻女性白天上班，工作压力大，晚上下班回到家，还或多或少带着白天在工作环境中积累的压力和负面情绪。例如，成都的焦女士说，自己其实性格不差，也想着对老人好，但是自从有了孩子，上一天班回来，家里乱糟糟的，就想发火。（访谈案例编号 C021）从婆婆的角度看，在家里带孩子也是累了一天。带孩子这份工作并不轻松，也容易让人感到烦躁。所以，晚上婆婆和儿媳妇共同相处时，也正是双方压力和负能量最大的时候，双方更加敏感易怒，负面情绪相互感染甚至叠加，容易因为琐事而引发言语摩擦和矛盾，使小事变成大事。

综合来看，老漂家庭中婆媳虽然都有和谐相处的愿望，但由于婆媳关系具有较强的生活面向，在狭小生活空间中婆婆和儿媳妇的情绪压力相互影响，抚育方式、消费方式等生活方式上的差异容易诱发婆媳生活摩擦和争执。因为儿媳妇在家庭生活中具有更强的主体性，具有更多的家庭生活主导权，所以婆婆在生活中普遍处于边缘地位。有的婆婆会和儿媳妇进行斗争和博弈，有的通过沟通磨合协调婆媳关系，少数婆婆则受不了委屈而选择返回家乡。大多数婆婆自觉调适自身角色，当家而不管家，把婆媳矛盾导致的压力自我消化。

# 六

# 亲子关系新状态

本章所说的亲子关系，是指老漂和其成年子女的关系，具体涉及母子、父子关系和母女、父女关系。费孝通在《生育制度》中说道："日夕相处一堂的父子和万里云山相隔的父子，在社会身份上固然没有什么不同，可是实际生活上的关系相差可以很远。"[1] 这句话所揭示的道理是：同样的亲子关系，在不同的生活情境中具有不同的表现和状态。

老漂来到子女家庭之前，亲子关系处于分离状态，未在具体生活中展开。老漂来到子女家庭后，亲子关系伴随着家庭生活的展开而变得更加鲜活具体。这一点对于成年女性同其父母来说，具有更为重要的影响。老漂生活，让老人有机会和儿女共同生活。这种重新团聚式的共同生活经历，赋予亲子关系更为丰富的内容。一方面，亲子团聚密切了情感；另一方面，亲子在共同生活中也呈现出一些矛盾。

## 难得团聚

基于从父居的传统婚姻模式，男性婚后和父母生活在一起，女性婚后则离开娘家，到婆家生活。婚姻是亲子关系发展变化中的重大事件。母亲会说儿子“娶了媳妇忘了娘”。女儿父母也会感慨“嫁出的女儿泼出的水”。这两句话涉及一个议题，那就是子女结婚后亲子关系发生了质变。

城市化进程对从父居模式产生了较大冲击，异地就业、异地安家现象逐渐增多。一些农村男青年到城市就业并安家。还有一些男青年本来就生活在城市，但是要到其他城市就业安家。从父居模式被打破，子代的小家庭不是从母家庭（即父母家）中通过分家方式形成，而是在子代结婚时就自动形成了一个独立家庭单元。因此，综合来看，近年来我国普遍存在着青年婚后和父母家庭的生活空间分割现象。这是城市化背景下人口城乡流动和跨区域流动的结果。

婚姻和人口流动导致父代家庭和子代家庭形成空间分割，尽管亲子之间依然存在权利和义务关系，但因为没有处于共同生活空间，所以在情感方面也会疏远。也正是从这个角度看，老漂从老家赶来给子女家庭提供支持，相当于子代结婚后的一次亲子团聚，极大密切了亲子之间的情感关系。

调研发现，许多老人很享受这种团聚状态，乐在其中。虽然老人过来的主要目的是带孙辈、做家务，而不是养老，但是也创造了亲子共同生活的机会和场景。对于一些老人来说，因为孩子求学、外出工作等原因，已经缺少持续共同生活的体验。所以，老人来到子女家，这种团聚意义非凡。

对于一些年龄偏大的老漂来说，从外地过来给子女做家务、带孩子，这也属于一种特殊的养老生活。和子女待在一起，他们很欣慰，表现出对子女的依恋。随着年龄的增长，老人日益需要子女的关心。如果和子女分居异地，那么老人就没法获得子女面对面的具体关心。老漂生活，为老人创造了被子女日常关心的机会。老漂族现象研究要特别关注这一点。毕竟，常规的家庭结构分析，很容易忽视掉老漂中的亲子情感交流互动。费孝通曾指出："中国家庭间感情的结构是一个被忽略而极重要的研究对象"[2]。老漂族现象展现着中国现代家庭的亲子情感逻辑。老漂及其子女经历分离之后再次团聚，由此而形成的情感融合交流，大大丰富了现代中国家庭的亲子关系内容。

笔者调研的一些年轻人，也感慨自己和父母的团聚生活。自己能吃上爸爸妈妈做的饭菜，熟悉的味道，还能和爸妈说说话，拉家常，聊聊小时候的事，这让忙碌疲惫的自己有了诸多心理慰藉。成都的穆女士让妈妈来照顾自己，穆女士自己吃得非常顺口，母亲又分担了许多家务工作，穆女士第一个月的体重就增加了 5 千克。（访谈案例编号 C020）对于许多女性而言，妈妈来到自己家带孩子、做家务，给家庭生活增加了许多新内容和新体验。毕竟，传统家庭生活中女性婚后和父母交流机会日益减少，除了通过"回娘家"或一些特殊的人情走动机会之外，女儿和父母缺少共同生活场景中的日常性情感交流互动，父女、母女关系逐渐疏远。老漂家庭生活改变了这种局面，为父女、母女关系中的情感表达创造了机会。

许多老漂在和子女生活期间，积累起较深的日常性情感，他们很享受这种家庭团圆的状态，甚至有的也开始黏儿女了。一些来自城市的独生子女的父母，将原来自己所在城市的住房卖掉，在子女所在小区或附近买房，将老漂生活转化为“投靠子女”。

老漂家庭的亲子团聚，表现了城市化进程中代际关系变化的另外一种可能性，即子女在城市成家立业后，出于育儿、养老的功能需要，父代家庭向子代家庭靠拢，从而形成一种代际团结的生活模式。无论是持续性还是阶段性的共同生活，都表现了青年婚后与其父母的亲子关系密切化趋势。这虽然源于抚育功能的需要，但也创造了代际日常情感交流的机会。当然，同样需要注意的是，这种亲子团聚也会引发关系紧张和矛盾。这是老漂家庭亲子关系的另一项内容。

## 夹板气

人们容易形成一种错觉，认为老漂家庭中难相处的只是婆媳关系，其实亲子关系同样面临一些隐性或显性的矛盾。婆媳关系中所涉及的生活方式、教育方式等问题，在亲子关系中同样存在。

> 父母帮子女带孩子，可以让孩子穿得暖，但不能指望勤洗澡勤换衣服；可以让孩子吃得饱，但不能指望食物的多样性。我妈每天都给孩子吃粥，孩子脸色发黄。我说吃点猪肝、鸡肝，说了好久了，我妈说肝不干净，不能吃！她说脸色黄是因为我们让孩子到处玩、不去制止他啃咬玩具。我说是因为孩子每天吃的东西都一样，所以营养不良。然后，我妈到现在都不和我说话。当然，我的意见仍然不被采纳。我

只能周末自己给孩子做点花样。（微博用户 t** 发表于 2023 年 2 月 3 日）

与婆媳矛盾不同的是，亲子之间因为有共同的先在情感基础，所以有些问题好沟通，有时即便有些不愉快，也能很快好起来，容易消除心理芥蒂。这也正是许多女性希望自己父母给自己带孩子的原因。但事情都是两面的，这种先在的情感基础，有时也会带来更为紧张的情绪。

一些男性表示，有些问题并不是他和母亲的直接矛盾，而是由家中婆媳矛盾引起的。许多老漂家庭都是这样，男性处在妈妈和妻子之间，受了许多夹板气。

首先，母亲向儿子数落儿媳妇的缺点、错误，或直接告儿媳妇的状，但儿子没有积极回应，甚至怼母亲，引发母亲不满，出现母子矛盾。许多婆婆虽然和儿媳妇没有正面冲突，但是心里存了许多不满，针对一些看不惯的事情，很想和儿子说一说、吐苦水。这样一种倾诉机制，有利于老人缓解心理压力。但现实情况往往是，儿子只在刚开始时保持倾听姿态，安慰母亲，当这种倾诉变成日常、频繁发生的时候，儿子对母亲唠叨的敏感度就会降低，倾听中的感情投入减少，回应效果变差。毕竟这些事情往往是重复的，比如儿媳妇买衣服多、花钱不知道节省。母亲反复说，儿子也听烦了。有时儿子也许从内心深处认为这并不是一个严重问题，还可能质疑母亲的说法，从而在母子之间爆发争吵。例如，西安的龚先生告诉笔者，当母亲向自己抱怨妻子买化妆品太贵时，他经常告诉母亲，别人家的儿媳妇用的都是这么贵的，有的都上万元。有时候龚先生也会和母亲说：“她都是花自己的钱，您就别操心了。”母亲听到儿子这样说，往往就不会再说什么，但感觉受了委屈。这种委屈情绪，有时强于婆媳矛盾引发的情绪，母亲可能更生儿子的气。（访谈案例编号 C004）

其次，母亲在婆媳关系中积攒了很多不满，但是又不能和儿媳妇发火，只能把火发到儿子身上，通过向儿子撒气来释放自己的情绪。这种迁怒机制，使儿子成了替罪羊。有时儿子都不明白自己错在哪里，就无缘无故被母亲训了一通。迁怒机制发挥作用的深层原因在于，母亲和儿子发火吵架，虽然儿子不高兴，但母子连心，儿子也不会说母亲太多。即便儿子生气，过几天就好了，儿子不记妈妈的仇。如果换成儿媳妇，婆婆通常不敢直接发火，害怕场面失控，不好收场。一旦儿媳妇不高兴，很长时间都难以缓和。可见，正是深层次的亲子信任，让母亲敢于通过迁怒的方式来释放心中不满情绪。迁怒并不会经常发生，往往都是婆婆忍无可忍之后的一种心理救济策略。

最后，母亲通过批评训斥儿子，树立家庭权威，震慑儿媳妇。婆媳相处过程中，关系比较微妙，有些问题不好直接和儿媳妇说，说轻了，可能没力度；说重了，又影响婆媳关系，不利于家庭团结。一些婆婆就当面说一些话给儿子听，其实也是同时说给儿媳妇听。例如，佛山的张女士就用过这个策略。晚餐时，当儿子评价母亲做的某个菜不好吃时，母亲脸一沉，立刻就回应：“不好吃，以后自己做。”母亲一句话，就表达了自己的态度，告诫儿子不要挑剔。有了这个态度，日后类似的话，儿媳妇就不会轻易说出口。亲密关系中，往往存在一种“势”，可以理解为一种气势，也可以理解为一种势能。当一组关系中，一方对另一方具有了这种“势”时，就能无形地影响日常互动中的行为倾向和心理边界。调研发现，那些敢于当着儿媳妇面训斥儿子或向儿子表达不满的婆婆，也会被儿媳妇报以更多尊敬或忌惮。当然，“势”的大小也要适度，过犹不及，如果母亲过度训斥儿子，反而会削弱儿子的权威，不利于儿子、儿媳妇相处。

家庭是一个系统，系统内部又有几个子系统，如婆媳关系、亲子关系、夫妻关系等等。系统中一个子系统的变化，会引起另一个子系统的变化。婆媳矛盾中婆婆处于弱势时，就会向儿子寻求支持。有的是希望从儿子那里获得安慰。有的则希望儿子为自己撑腰，给婆媳关系评理，甚至主持婆媳关系的公道。正因为如此，身处婆媳矛盾中的男性，会面临来自母亲和妻子的双重压力，双方都会从他这里寻求支持。这让他左右为难，有时会听到来自母亲和妻子的针对同一件事情的不同描述和解释。我们可以将这种现象理解为婆媳关系中男性的角色冲突。这是一个双重关系系统，一个是母子系统，另一个是夫妻系统。当男性在两个系统中都具有主导性的时候，他就比较容易应对婆媳矛盾。

宁波的申先生，很少因为家中的婆媳矛盾而烦恼。他说自己的策略是：当婆媳之间因为一些事闹得不愉快时，他并不是两边安慰，而是两边批评，说妻子的不是，再说母亲的不是。他说自己之所以敢“各打五十大板”，是因为自己能 hold（控制）住。自己在整个家庭关系处理中具有主导权。所以，无论是夫妻关系，还是母子关系，他都能妥善处理。（访谈案例编号 C059）

大多数男性并没有申先生这样敢于批评母亲的胆量。更大比例的男性在面临母亲唠叨妻子时，会选择倾听。这样做的好处是能够让母亲的不良情绪得到一些释放。问题在于，一旦母亲想从儿子这里获得持续支持，就会有更多的期待。如果儿子不能持续做出积极回应，那么母亲就会失望，婆媳关系很可能转化为亲子矛盾，母亲埋怨儿子不理解自己，抱怨“儿子白养了”，责怪儿子是“妻管严”，骂儿子“有了媳妇忘了娘”。

如果男性迫于内心压力或母亲压力而一边倒地支持母亲，那么同样会引发夫妻关系的紧张，被妻子称为“妈宝男”。所以，老漂家庭中男性最稳妥的策略是两边平衡，而不是两边讨好，更不能一边倒。平衡的关键技术在于，当母亲和媳妇都向自己抱怨时，都要表现出积极倾听的姿态并恰当响应。

许多老漂家庭中的年轻男性，善于在婆媳关系中充当和事佬、传声筒，有时也充当防火墙和灭火器。所谓和事佬，即在母亲和妻子共同在场的时候，能够见机行事，尽可能打圆场，化解矛盾。所谓传声筒，就是要学会传话，婆媳不方便直接沟通的，自己帮助转达。例如媳妇对老人带孩子有什么看法或建议，就可以用自己的名义和母亲说，这样能避免引发婆媳直接交锋。所谓防火墙，就是当母亲和媳妇都对对方有看法时，男性要起到缓冲作用，不能直接传递负面评价和情绪。所谓灭火器，是指在婆媳有正面冲突的时候，男性要尽可能控制局势，安抚情绪，避免矛盾扩大。

我跟儿媳妇其实很少吵架，因为大多数情况下，如果她想跟我沟通点什么，就直接让儿子来找我，所以就算要吵架也是我跟儿子之间有点争执。我觉得这样的沟通方式也挺好的，毕竟婆媳之间一旦有一点矛盾就很难调和了，所以与其让我跟儿媳妇去争去吵，我还不如跟儿子说，至少我跟儿子生气，我知道没什么。一般有矛盾的地方就是关于小孩，给他吃什么呀、穿什么呀，就是这些鸡毛蒜皮的事情。（访谈案例编号 X013）

周末那天早上我在做饭，吵到他们了。儿子出来和我吵架，嫌我吵到他们了，我真是都快气哭了：伺候你们做饭还落不下好。他们晚上睡得晚，叮咚响得我也睡不着，气得我那天早饭都没吃。后来就互相体谅，周末给他们时间让他们补觉，平常他们晚上早点睡觉。[3]

两个案例都涉及两代人生活中的矛盾摩擦，都集中表现为母子矛盾。案例一中的母亲更乐意让儿子来担任儿媳妇的发言人，虽然老人知道儿子的许多想法都来自儿媳妇，但是经过儿子的转述，许多情绪都被过滤掉了，内容也更容易入耳。案例二中虽然母亲也生儿子的气，但是可以更快恢复关系，通过沟通协调解决问题。

老漂家庭中，婆媳关系压力会传导给亲子关系，男性夹在中间，特别考验关系处理能力。如果婆媳关系中母亲相对弱势，那么男性安抚母亲、回应母亲情感需要的能力就显得格外重要。在老漂家庭研究中，不能孤立分析婆媳关系，一定要同时考察母子关系，关注男性在平衡婆媳矛盾时的关键作用。唯有此，才能更多地理解家庭内部关系的矛盾运动。

## 母女像婆媳

绝大多数女性都更希望自己母亲帮忙带孩子，不仅因为母亲更了解自己、为自己着想，还因为母女好沟通，有些不同意见或矛盾，也好解决。其实，少数老漂家庭中，母女关系处理起来并没有那么简单。

成都的毛女士很苦恼自己和母亲的关系，她认为目前自己和母亲相处起来就像婆媳。毛女士生育了两个女儿，大女儿出生时，母亲就从贵州老家来到成都，帮她带孩子。前几年丈夫出轨，毛女士选择了离婚，带着两个女儿生活，从此就更加依赖母亲了。（访谈案例编号 C019）

毛女士的母亲住在家里，却明显没有家的感觉，有一层隐形的隔膜。毛女士买回来的水果，母亲也不主动吃，仿佛是个外人。她还总和外孙女说，自己只是家里的保姆，暂时帮忙，等外孙女长大了自己就回老家。这让毛女士很生气，感觉母亲没有考虑到自己的感受和难处。毛女士认为自己离异、带两个孩子，正是难的时候，母亲不仅总说些怪话，有时还自己气自己。

毛女士埋怨母亲“没有以一个家长的姿态介入子女的生活”，没有给自己提供最大的精神支持。其实，毛女士也理解母亲：一方面，多年前毛女士的父母离异，所以母亲现在有点自责，感觉女儿走了自己的老路。另一方面，毛女士的外婆还在老家，80 多岁了，也需要人照顾。母亲还有母亲，就没法把心思全放在女儿身上。

其实还有一个原因：母亲不适应这里的生活，没有熟人，没有牌搭子，每天带孩子生活单调，只要待一段时间，就会积累许多负面情绪，只能发到女儿身上。前段时间，母亲还责怪毛女士，质问她为什么不买抽纸，已经说了几遍了。毛女士心里委屈，因为自己确实忙忘了，她无法接受母亲这么说她，还是当着孩子的面。

其实，毛女士读高中、上大学时，和母亲关系很好，两个人有说不完的话。但自从毛女士结了婚，母女就疏远起来。特别是毛女士离婚后，母女心理距离就更远了。毛女士有时候认为母亲应该去看心理医生，有时候却认为没必要，因为母亲在成都时表现得很古怪，但是回到老家后就完全好了，简直像换了一个人。在老家时，母亲特别宠爱毛女士，也愿意满足毛女士的要求。但一回到成都，两人关系就又像婆媳了，彼此都谨小慎微地相处，尽量少说话。

毛女士自己也在努力调整，尽可能增加生活的仪式感，母亲过生日给买蛋糕，母亲节给买礼物，但是这些营造起来的节日氛围并未真正改善母女之间的日常关系。

或许，还存在另一个原因，那就是毛女士家庭结构本身的问题。目前家中没有一个男性角色，家庭结构不完整，母亲没有丈夫和女婿，女儿没有父亲和丈夫，两个人生活中的敏感和情绪会相互感染叠加，产生相处难题。

武汉的于先生家中妻子和岳母之间的矛盾也值得关注。于先生介绍，在他家中，母女关系比婆媳关系更难相处。妻子怀孕后，岳母就过来帮忙照料，本以为更利于保胎，但出人意料的是，“母女之间矛盾大，吵架多，有时不可开交。岳母感觉受气，就吵着要回去”。（访谈案例编号 C070）

后来，于先生的母亲过来照顾。知道儿媳妇和妈妈搞不到一块，婆婆更是心里打鼓。出人意料的是，婆媳相处还好，基本和顺。这是什么原因呢？于先生自己分析说：妻子和婆婆相处时，比较小心；相反，她和自己妈妈相处时，反而比较放纵。于先生认为可能还有另外一个原因，那就是妻子初中时就住校，此后和父母相处少。

于先生讲的两方面原因都值得进一步分析。一方面，母女之间因为多年没有持续生活在一起，认知、观念和习惯方面已有很多差异，所以相处起来也不容易。另一方面，母女之间相处时，没有太多顾忌，言语和情绪的输出更加直接，关系反而容易失控。亲密关系相处时就是这样，小心的时候，就会多些忍耐，说话也有所注意，情绪上有所克制。这样一来，婆媳关系就显得比母女关系好相处了。

其实还有一个因素在发挥作用，那就是期待。女性对妈妈的期待和对婆婆的期待存在很大差异。她能接受婆婆对她的冷淡，但很可能无法容忍母亲对她的责怪。反过来看也成立：老漂妈妈能接受女婿对她的冷落，但是无法容忍女儿的脸色。

基于以上两个案例可以发现，老漂家庭中的母女关系也存在相处难题。一些家庭中，母女之间因为没有长久生活在一起，沟通方面也未必顺畅。此时，之前的高期待就会受挫，反而产生更大的情绪和矛盾。也就是说，母女相处时的分寸和界限，有时可能比婆媳关系更难把握。这正是个别家庭母女关系难相处的深层原因。

## 历史遗留问题

老漂家庭中还有一类亲子矛盾，是原生家庭中既有亲子矛盾的延伸。

老漂家庭生活具有二重性。一方面，家庭生活指向婴幼儿抚育，这是最核心的目标，为此家庭成员分工协作。另一方面，家庭生活又内含着原生家庭关系。丈夫或妻子的父母同时来到子女家帮忙时（即双漂）更是如此。父母和子女在同一个空间中共同生活，会把之前原生家庭中的一些习惯、模式、历史遗留问题带入新的生活情境，在新的生活空间中演绎之前的家庭剧情。

湖南刘女士老公的父母过来帮忙带孩子，有时会发生父子矛盾。原因在于，儿子一直不喜欢父亲对母亲的态度。母亲手有残疾，所以干活有点慢。父亲经常表现出对母亲的嫌弃。儿子见父亲嫌弃母亲，就埋怨父亲，这让父亲也不高兴，偶尔和儿子辩论、争吵甚至冷战，影响家庭生活氛围。儿媳妇看见这些，也不知道如何是好。（访谈案例编号 C051）

陕西西安的杜先生同样面临这种父子关系矛盾。父母年轻时就频繁争吵，多次面临离婚冲突。父亲不爱做家务，也经常发脾气。这些原生家庭的既有矛盾，同样延伸到子代家庭生活中。杜先生经常调解父母之间的矛盾，因为偏向母亲，所以经常批评父亲，这就导致父子关系紧张。有一次，杜先生对父亲发火，父亲认为儿子不尊重自己，大声说："以后我不给你接孩子了，你自己想办法。"杜先生说，父亲好多天后才搭理他，妻子只是知道丈夫和父亲关系有点微妙，但不知其中缘由。杜先生不愿意告诉妻子内情，毕竟自己原生家庭的事情，一句两句说不清楚，说多了，反而会引起一些误会，不利于日后妻子和父母相处。（访谈案例编号 C069）

以上两个案例都展现了原生家庭关系模式对老漂家庭生活的隐秘影响。许多女性在丈夫父母过来带孩子时，有机会看到丈夫父母一家的互动方式，从而深入理解丈夫的思维习惯和行为模式。

## 中年叛逆期

在一些老漂家庭中，存在着直接的母子关系矛盾问题。这并非单纯由婆媳关系引起，而是与男性的中年叛逆期现象有一定关联。

所谓中年叛逆，特指中年阶段的叛逆心理问题。我们通常关注青春期叛逆问题：成长过程中，子女主体性增强，开始挑战父母权威，和父母发生正面冲突。青少年叛逆期中的许多表现，很难就事论事进行是非评判，关键问题是叛逆姿态本身。一些孩子试图通过叛逆行为彰显和确立自主性。叛逆期往往是亲子关系转变的关键契机，许多青少年通过适度叛逆，促使父母接受或承认子女的自主性，自己开始有能力和有空间决定自己的生活事务。

一些老漂家庭中，处于中年状态的子女在处理自己与父母的关系时，同样存在叛逆心理。陕西西安的董女士介绍，她家中最突出的矛盾不是婆媳关系，而是老公和婆婆的母子关系。这对母子经常因为小事而争吵，母亲想让儿子按自己的意思来，但是儿子却不听母亲的，坚持让母亲听从自己。例如，母亲急着回老家，就想中午直接走。儿子希望母亲吃完午饭再走，母亲却坚持要走。儿子说已经做好饭了，就应该吃。母亲认为自己不饿，坚持不吃。类似这样的事情有很多。董女士认为：在母亲面前，丈夫还没有长大，却努力表现出长大的样子。（访谈案例编号 C007）

董女士老公和其母亲的矛盾，可以从男性中年叛逆期的角度解读。因为求学和就业经历，一些年轻人和父母共处时间大幅减少，亲子相处模式中矛盾机会减少，叛逆期问题被搁置了。

青少年阶段未解决的叛逆期问题，可能会延迟到子女成家之后，在老漂家庭生活中表现出来。一方面，老人会依然认为孩子没有长大，按照之前的管教模式来对待孩子。另一方面，孩子成家后开始经营自己的小家庭生活，有独立表达自己意志的需要。因此，老漂家庭中亲子团聚的共同生活情境下，之前搁置的相处模式问题可能暴露出来，引发亲子矛盾。

广东佛山的闻先生就有此类困扰，经常反思自己家庭中的母子关系。母亲非常强势，闻先生从小就受到母亲方方面面的严厉管教。这种令自己苦恼的母子关系模式，在自己结婚时依然存在。老家举办婚礼时，母亲认为穿白色婚纱不吉利，坚持让儿媳妇穿红色衣服。闻先生虽然知道妻子想穿白色婚纱，也懂得自己应该坚持，但是当时并没有胆量去和母亲争执，只能像小时候一样“听妈妈的话”，顺从母亲的权威，结果让妻子受委屈。此后，闻先生母亲从老家来到佛山给闻先生带孩子，母子关系问题再次暴露出来。虽然闻先生 30 多岁了，已经成家并有了孩子，但是在母亲眼中，闻先生还没有长大。在闻先生看来，此时母子关系依然是小时候模式的延续。在许多事情上，依然是母亲做主。家庭生活该如何安排，孩子该如何管教，孩子生病了该如何医治，还都是母亲拿主意，这让自己和妻子很被动。孩子肚子痛，闻先生和妻子想去看医生，母亲却坚持用活络油擦抹。类似的事情，母亲都要做主。闻先生因此十分苦恼，在心理上非常想挣脱母亲的控制，但是却没有勇气付诸行动。（访谈案例编号 C035）闻先生的中年叛逆，很大程度还停留在心理层面。这种反叛心理，本质上是青春期叛逆的升级版，是男性为了掌控和维护自己小家庭生活的特殊心理建设过程，以此增加自己的心理能量。

西安的杜先生同样有这种烦恼：母亲从老家过来给自己带孩子，生活中依然把自己当作孩子，照顾得很细心，许多事情都想替自己做主，导致一些家庭决策，自己和妻子没有主导权。有些时候，杜先生会和母亲争执，坚持自己的看法，有时甚至气愤地和母亲对着干。在杜先生的家庭关系中，婆媳矛盾和夫妻矛盾弱化了，母子矛盾却凸显出来。这种母子矛盾，同样可以从中年叛逆的角度解读。杜先生认为自己在母子矛盾中表现出来的不只是个人自主性，自己并不是单纯想突破母亲的权威，而是在确立一种小家庭的主体性。（访谈案例编号 C069）杜先生认为，如果自己还小或还未成家，那么自己可以忍受母亲的态度和方式。如今自己成了家，不得不考虑妻子的感受。甚至有时候，自己的逆反心理也是夫妻矛盾的投射。夫妻矛盾中，丈夫的压力通过母子冲突被释放出来。从这个角度看，男性的中年叛逆心理，并不能单纯放在母子关系中理解，还应该同时考察夫妻关系和婆媳关系。

男性的中年叛逆，也可以理解为丈夫主张自己小家庭利益的方式。儿子的根本目的，不是脱离母亲的管教，而是让母亲按照小家庭的意志和需要开展生活。老漂在这个过程中感受到来自儿子的压力，就可能进行一些自我调适。少数家庭中母子关系要经历一些矛盾和冲突，才可能形成一种由儿子主导的家庭生活秩序。否则，婆媳矛盾就可能凸显出来，媳妇也会经常责怪丈夫是“妈宝男”。

中年叛逆问题不仅仅发生在母子之间，还可能发生在母女之间。有的女儿感觉母亲在帮自己带孩子过程中高度介入自己的家庭生活，影响了自己的生活自主性，进而对母亲产生不满情绪。

孩子晚上9点多、10点左右睡觉，早晨总是6点不到就醒来要起床，从来没有睡觉超过7点钟，她的同学和朋友都说睡到8、9点。我昨天劝我妈回老家住几天，因为她经常抱怨说在这里不好，羡慕别人不用给儿女带孩子，可我主动让她回去住到下周三再回来，她却不肯回去。说了一堆理由，可是她不回去，我在家真的没有自由。老公、孩子都在家，我还要上班，她就一直打扫卫生加批评我们，真是心理压力很大！早上老公一早就带孩子出门了，每次他俩出门，去哪里还得听我妈的，真累。老公为难，但每次怕我妈不高兴就照做了。我跟老公说：你不用参考她的意见，想去哪儿玩就去哪儿玩吧。我给自己反复提醒：以后我一定不掺和儿女生活！昨天我跟老公说：假期我要上班，你带孩子去奶奶家住两天吧。老公一口回绝，说回去干吗，他已经跟我婆婆说过不回去了。其实，我觉得老公对于自己家的那种归属感真的不强，可能也是性格吧，所以以后我觉得他也未必对我们小家庭有多强的归属性。我心里要有准备。（微博用户安 ** 发表于 2022 年 9 月 10 日）

这位博主吐槽妈妈过多干涉自己生活，导致自己缺少家庭生活中的自由感和自主性。在她看来，妈妈不仅经常唠叨、批评自己，还经常给老公“安排”生活。这种以妈妈为中心的生活安排，让女儿感到压抑。该案例所表现出来的女性中年叛逆心理，根源于老漂家庭中母亲掌管家庭生活后女儿的自主性弱化。从女儿的角度看，女儿希望妈妈摆正位置，管家而不当家；从母亲的角度看，母亲需要替女儿分忧，需要负起更多责任，所以趋向于抓全面。

老漂家庭中，男女的中年叛逆心理都表现出子代独立性与依赖性之间的矛盾。子代虽然在家庭功能上高度依赖父母，但又想在生活中自由自主。这种独立性与依赖性的矛盾关系，会反复投射于老漂家庭的亲子关系，子代有时表现出一些“孩子气”，因为一些琐事和父母争执，甚至有时候不够尊重父母。母子关系或母女关系不和谐，有时会影响婆媳关系和母婿关系的处理。

总之，老漂家庭中的亲子团聚生活模式，使原生家庭的生活逻辑在新的家庭生活中得以延续。无论是原生家庭既有亲子矛盾的延伸，还是婆媳矛盾引发的母子矛盾，抑或是中年叛逆期问题，对这些的分析都有助于我们透视老漂家庭亲子关系的复杂性。亲子矛盾、婆媳矛盾和夫妻矛盾，三者相互关联和影响，共同展现着老漂家庭生活中多重角色之间的对立统一关系。

# 七

# 老漂的委曲求全

在老漂家庭中，许多子女对老人带孩子、做家务的方式不满意，反复挑剔，甚至指责老人。代际的情感隔膜，影响着老漂在异乡的生活体验。有的老漂虽然心里不满，但是并没有发作，而是忍气吞声。这种委屈心理，在婆媳关系中表现得相对强烈，如果婆婆不能从儿子那里得到理解或积极回应，委屈心理会进一步强化。母女和父女之间同样存在老人委屈的情况，只是比婆媳之间的委屈弱一些。

《现代汉语词典》对于“委屈”的解释是：“受到不应该有的指责或待遇，心里难过。”委屈心理的特点在于：当事人受到不应该有的指责或待遇时，没有释放出不满情绪，没有向外用力、把火发出来，而是向内用力憋着，选择忍耐，把不满情绪压抑在心里。

理解老漂的委屈，涉及两个关键问题：第一，老漂为什么会心里不满，即不满情绪是如何产生的；第二，老漂为什么没有把这种不满表达出来，为什么会忍耐和自我消化。

# 气上心头

访谈老漂时，很难直接触及老人的不满情绪。访谈时若子女在场，访谈人就会避开这个话题，老人也不愿提及，避免引起子女不满。即便是单独访谈，因为和访谈人不熟悉，缺少信任，老漂也往往不谈或不多谈，毕竟家丑不可外扬。当然，个别老人单独接受访谈时也会主动表达不满。这往往不是因为老漂信任访谈者，而是因为老漂心里实在委屈，倾诉欲望强烈。除了在老漂主动倾诉时获得信息，还有一种调研策略，那就是访谈老漂时，请他（她）讲讲其他老漂的故事。个别老漂在讲别人的家事时，反而可能降低一些心理防备。每个老漂，都或多或少知道小区其他老漂的委屈。老漂们私下交流时，会涉及委屈话题。围绕委屈进行的倾诉、交流和批判，构成了女性老漂们日常交际的重要内容。

老漂郝女士讲述了老漂田阿姨的委屈事。田阿姨是农村人，就一个儿子。这几年，田阿姨在城里给儿子、儿媳妇带孩子时，非常委屈。田阿姨经常因为早餐时间问题犯难。儿媳妇周末起床时间不固定，好多次田阿姨都提前做好了，但是儿媳妇还是不起床。田阿姨想叫儿媳妇起来，又不敢叫，怕儿媳妇不高兴；不叫儿媳妇起来，早餐又凉了。田阿姨左右为难，十分纠结。纠结次数多了，田阿姨基本摸清了儿媳妇晚起的规律，找到合适时间点，这样就能让儿媳妇睡足后吃上热乎的早餐。可是有一天，儿媳妇突然早起，要吃早餐，老人说还没做，儿媳妇就发了脾气。老人解释说，儿媳妇平时都是晚起，没想到今天这么早起来。儿媳妇说："不管我几点起来，你都得提前做好。"老人听儿媳妇这样讲，也没有再说什么，只是心里很委屈。还有一件事，儿媳妇平时爱吃青辣椒蘸酱，老人就经常买。但有段时间儿媳妇一直没吃，辣椒在冰箱里都放坏了，老人也就不再买辣椒了。可是有一天儿媳妇突然想吃，发现没有，就责怪老人。老人解释说最近一段时间买了都没吃，全放坏了。儿媳妇说："坏了也不怕，关键是想吃的时候一定要有。"这又让田阿姨很委屈。老漂郝女士说，每次田阿姨和自己说起这些事，都忍不住流眼泪。（访谈案例编号 C044）

表面上看，老漂田阿姨的委屈跟儿媳妇的挑剔有关。其实，挑剔仅仅是诱因，根本原因是田阿姨认为自己没有犯错，却被儿媳妇指责，这才让自己心里不满。推迟做早餐和不买青辣椒，都是自己基于实际情况的合理调整，都是为儿媳妇着想、为家庭着想。自己行为合乎道理却被责怪，心里憋气。

调研发现，那些越有主见，越有想法，越善于在生活中动脑筋、讲道理的老漂，在和儿女生活中，越容易产生和积累不满情绪。当老漂们所理解的道理和儿女们的道理产生碰撞时，就容易引发矛盾、滋生不满。特别是当老漂认为自己绝对有理、绝对正确时，被责怪所产生的不满情绪就会更为强烈。

自作主张，很大程度上表现了人的主体性状态。老漂和子女生活中，因为生活方式、生活习惯的差异，在很多方面会有不一致。这些差异有时候仅仅是观点、理念或偏好不同，有时候则涉及"代沟"问题。面对两代人之间的各种观念、习惯差异，那些依然坚持自己方式的老人，往往会加剧代际矛盾。需要注意的是，这种代际矛盾并非一定发生在婆媳之间，在母子父子之间、母女父女之间同样存在。

原生家庭成员之间有共同生活经历，彼此之间的习惯、认知一致性普遍强于婆媳之间，但是亲子之间因为存在感情基础，反而可能因为一些差异或摩擦而引发更大的不满情绪。亲密往往产生更大期待，也因此面临更大的被伤害风险。老漂郝女士说，儿媳妇让她受点委屈，不算什么，她最受不了的就是，当自己向儿子指出儿媳妇的缺点时，儿子总替儿媳妇说话。这让郝女士很生气，感觉儿子真是白养了！（访谈案例编号 C044）

一些老漂会因为子女较少分担家务事而不满。有些子女，确实是因为工作忙，顾不上做家务和带孩子。有些子女虽然不忙，但回家后也不带孩子，还是让老人带。这样老人相当于全天带孩子，尤其是当孩子年龄小、照料任务重的时候，老人就会更加辛苦。年轻人参与意识弱，会让老人心理不平衡，感受不到子女对老人的体谅。通常情况下，如果儿子不替母亲着想，不主动帮母亲分担，那么也相当于给妻子做了负面示范，妻子做家务和带孩子的主动性也可能降低。

更令老漂们不满的是，子女们下班后回到家，很少和父母交流。一些老人一整天都没怎么说话了，盼着孩子下班回来，兴致勃勃地和子女交流，却得不到子女的积极回应，老人受了冷落，心里不舒服。

儿子上一天班很累，吃完饭就和儿媳妇回自己房间了，看看电脑玩手机啥的，也不知道具体干啥，没什么时间和我聊天。他俩聊上班的事我又听不懂，说话也都是围着孙子说。晚上吃饭的时候我说说家里的事，儿子也不愿意听，感觉我说的没意思。有时候想说说心里话，他不耐烦，我心里也不痛快。我在这能跟谁说心里话呢，有些事情也不愿意和外人讲。（访谈案例编号 W014）

每天跟儿子聊得少，聊天都是今天做的饭合不合胃口、带孙女去哪玩了、买菜钱还有没有，想跟他多聊聊他也没时间，工作就是要忙一些，慢慢地也就没啥好说的了，也不想给他再添那么多麻烦，就把这些东西都压在心里了。（访谈案例编号 W015）

来这干啥都是自己一个人。他们平常上班，家里也没个和我说话的人，所以一到周末我就主动问他们去哪逛逛啊、玩啥啊。我儿子就问我，是不是缺啥东西了，给我买回来。哎，我就是想多和他们聊聊天，在家都把着个手机。你说还没来北京、在家的时候还隔几天就打电话，问这问那的，聊不完的话题，来到这反而没话说，真不痛快。[1]

以上三个案例从不同侧面展现了老漂和子女的日常交流状态。两代人缺乏交流，影响着老漂的亲情体验。一方面，一些家庭晚餐时虽然有交流，但话题主要围绕饭菜、孩子，都属于“浅聊”，子女不能理解和响应老人的情感期待。另一方面，吃完饭后，许多子女要么忙工作，要么就回房间玩电脑、玩手机，沉浸在自己的世界中。紧闭的卧室门，象征着老人和子女之间的关系状态。老人深深感觉被冷落。特别是那些单漂的老人，自己白天就是一个人，没人说话，晚上还是处于“失语”状态，进一步增加了孤独感。正因为如此，有的老人才抱怨：来之前和子女在电话里还有很多交流，但来到子女身边后，交流反而变少了，令人失望。

我女儿好，就是女婿不尊重老人。爱吃咸的，天天说我做的饭有点淡。我口味淡，又觉得盐吃多了不好，做饭的时候我也尽力平衡，没用！我迁就他，他不迁就我，我做了他不吃，或者吃一下说不好吃，不好吃咋不买？气人！给做了三年饭，连个妈都不叫，伤我的心。（访谈案例编号 W002）

案例中，老人认为自己已经尽可能注意女婿的口味偏好，完全无法理解为什么女婿还是百般挑剔。更令这位老漂气愤的是，女婿从来不叫自己“妈”，保持着极大的心理距离。前文提到的田阿姨也为儿媳妇不叫自己“妈”而苦恼，感觉自己得不到基本的尊重，真的就是一个保姆。来自黑龙江的蒋阿姨比较了自己做保姆和给儿子带孩子的差异。“给陌生人做保姆，给钱，还被尊重；给儿子看孩子，不给钱，还受气。”（访谈案例编号 C068）

“带孩子再苦再累我都能承受，但我不能受气。”在孙芳（化名）看来，带娃的日子并不舒心。这位来自山西的特级教师，2019 年初就从老家来北京帮子女照料生活，不仅包揽了所有家务，还换着花样做可口的饭菜，“每天累得腰酸背痛”，却常常不能得到孩子的关心，有时还要面对他们从工作中带回的“负面情绪”。“你想要什么孩子不知道，她几乎把所有的精力都投射到自己孩子身上了，但她想要什么我们当父母的都知道。”[2]

综合来看，老漂的不满情绪，可以归纳为以下两方面原因：一方面，老人在生活事务安排方面缺少自主性，或子女要求多、要求高，频繁挑剔、责备甚至呵斥老人。另一方面，子女不体谅老人，对老人的需要回应不够，关心不够，尊重不够，老人感觉缺少家庭温暖。两方面原因共同诠释了老漂家庭中老人的角色认同困境。

老漂家庭生活中，老人扮演着双重角色。其一，老人开展家务和抚育活动时，很大程度上扮演着家政工角色，许多老人都认为自己是“不花钱”的保姆。作为一个保姆，就是按照雇主要求开展工作，其自主性必然受到压制，也会面临雇主的高要求、责备和挑剔。其二，老人又是这个三代家庭中的长辈。作为长辈，理应受到尊重和关心，享受长辈在家庭生活中应有的待遇。但问题在于，老漂家庭的许多生活情境中，作为长辈的老漂却像保姆一样被对待。这两种角色无法在老漂们的认知中得到统一。毕竟，自己并不是保姆，而是因为亲情和责任才辛苦付出，却没有得到子女的情感回应，心理十分不平衡。这是老漂不满情绪的深层原因。

## 自我消化

老漂有了不满情绪，如果直接表达出来，那么情绪就可以得到释放，此时就不会有太多委屈。只有在老人不直接表达自己的不满情绪、向内用力、自我消化的时候，委屈心理才会加重。委屈的本义，就是对于外在结构性压力的屈从或顺从。前文讲的田阿姨，之所以在婆媳关系中受了委屈却保持忍耐，是因为儿子和儿媳妇真正需要她、离不开她，她要尽自己的义务。

下面，我们来解读另一个老漂的委屈故事。老漂楚女士，河南农村人，50岁出头，一儿一女，女儿嫁到河南老家。儿子在武汉读大学，毕业后就在湖北找了工作，娶了自己的大学同学，在同一所医院上班。儿子结婚买房，楚女士和丈夫把打工攒下的20多万元都拿了出来。儿媳妇怀孕后，在河南老家打工的楚女士就来到湖北照看儿媳妇，后来带孙子，过上了“老漂”生活。（访谈案例编号Q001）

楚女士说，从此她就完全没有了自己的生活，所有的事情都是围着孙子、儿子、儿媳妇的生活起居转。其实自己并不怕累，只是受不了儿媳妇对她的挑剔、数落甚至辱骂。儿媳妇是护士，经常上夜班，白天在家休息，这给婆媳二人创造了更多的共处时间，也因此有了更多产生矛盾的机会。楚女士说：“只要儿媳妇一下班，就指挥我干这干那，不会让我闲下来。”儿媳妇给婆婆规定好什么时候去买菜，婆婆回来迟点，也会被责备。儿媳妇还把婆婆和同事的婆婆进行比较，总觉得自己的婆婆做得不好，有时还会用别人婆婆的表现来要求自己的婆婆。如果婆婆达不到儿媳妇的心愿，也会被挑剔。因为职业原因，儿媳妇特别爱干净，卫生方面十分严格，注重细节，这也加重了家务负担。

楚女士每天都感觉到不自在，她用“窒息”来形容自己在儿子家的生活感受。更难受的是，因为儿子住的是医院小区，住户都是儿子、儿媳妇的同事，所以自己也不敢在楼下找人倾诉，怕传到儿媳妇的耳朵里。楚女士唯一的倾诉对象就是儿子，她经常向儿子诉苦，但是说多了，儿子也听烦了，偶尔也会怼妈妈。只有当儿媳妇说老人的语气太重的时候，儿子才会说自己媳妇，甚至动手打过媳妇。因为这，儿媳妇回过几次娘家。儿子提出过离婚，儿媳妇不愿意。6 岁的孙子有时也会帮着奶奶说话，说妈妈的不是。在儿媳妇看来，这都是奶奶背地里教孩子说的。

因为待着实在压抑，楚女士多次在气头上让儿子给自己买票回家。儿媳妇不想让婆婆走，就把婆婆的身份证藏起来。儿子看妈妈实在委屈，就会在手机上办理临时身份证明，让妈妈回家缓一缓。

回家一段时间，儿子、儿媳妇又会给老人打电话，说孩子生病了，让老人过来帮忙照顾。楚女士疼爱孙子，只能一次次选择再去儿子家，继续过令自己窒息的生活。

楚女士的不满情绪直接来自儿媳妇对自己的态度，可以概括为高要求、低尊重。楚女士有诸多不满，却缺少释放不满情绪的有效方式。首先，当老人尝试向儿子表达不满时，儿子会反驳母亲，指出老人的缺点，为媳妇辩护。这让老人更伤心。其次，儿媳妇对自己态度差，自己向儿子抱怨后，也会引发儿子和儿媳妇的矛盾，甚至存在离婚风险。再次，自己和儿媳妇的关系，也影响了儿媳妇和孙子的关系。孙子虽然才 6 岁，但也不满于妈妈对奶奶的态度。这让老人既欣慰又难过。欣慰的是自己没白疼爱孙子，难过的是把小孩子也卷入婆媳矛盾中，不利于家庭团结。最后，因为其居住的是单位小区，所以小区具有一定的熟人社会特征，这大大抑制了老人在楼下向其他老漂倾诉的机会。综合这四点来看，老漂楚女士的不满情绪无法得到有效释放，既缺少有效倾诉对象，也忌惮情绪表达引起更多麻烦，所以，只能努力自我消化，导致委屈情绪不断强化。这正是老人说自己在儿子家生活感到窒息的原因。在咸阳帮女儿带孩子的郑女士同样表达了自我消化委屈的原因。

> 刚来的时候吵得多，现在不怎么吵了，想明白了，我就是进城来带小孩的，做做家务、带带小孩就好了，现在时代和以前不一样了，不学着改就容易和子女不开心。年轻人有他们过日子的法子，来儿子家就按儿子家过日子的法子过。摆正自己的位置，别管那么多。烦的时候就忍着呗，老伴也叫我忍，忍几年就过去了。外孙女今年两岁，我来两年了，我再带四年，等她上小学我就回家，就解脱了。老伴也在家，家里还热闹。城里这两年也交朋友了，也有人玩，但是每次和女婿吵架，我心里太难受了，女儿夹在中间也难受。我就自己安慰自己，再忍忍，咬咬牙，外孙女上小学就好了。（访谈案例编号 W002）

忍耐是很多老漂应对委屈的方式。从本质上看，老漂的委屈，根源于心理与行为上的矛盾。忍耐是对来自社会关系的压力的一种屈服。行为上虽然屈服，但是心理上依然不满、不认同，只是不敢在行动中直接表达不满，只能把不满压在心中。在委屈和尽义务、尽责任的矛盾心理中，一些老漂陷入精神内耗，有的感叹自己都快“憋出病来了”。

## 憋出病来

面对心里的委屈，老漂们自我抑制和向内用力的状态如果持续存在，可能会产生心理疾病，如心理抑郁。许多心里委屈的老漂，容易表现为失眠、抑郁，更容易生病。他们待不惯，容易发脾气，莫名不开心。郑州的袁女士这几年为婆婆的心理问题苦恼。婆婆从乡下来给自己带孩子后，脾气越来越不好，经常无故发脾气，严重的时候还会离家出走，袁女士和老公还要四处寻找。（访谈案例编号 C050）武汉大学人民医院精神卫生中心的就诊记录显示，老漂族已日渐成为精神卫生门诊的“常客”。[3] 北京协和医院老年医学科主任康琳在接受《中国新闻周刊》采访时专门提及，老漂们“往往会产生很大心理负担”，“因此产生诸如憋气、疼痛等躯体化症状”，接诊时有的老人“不自觉地流泪，但自己也说不清楚原因”。依据北京回龙观医院老年科病区主任燕江陵的接诊经验：帮年轻人长期照顾孩子的父母，被诊断出抑郁症的比例很高。[4] 武汉的吕女士也讲述了自己老漂婆婆的抑郁症问题。

> 2022 年底，我婆婆忽然就开始失眠，白天也神神道道的，没有表情，没有耐心，觉得活着没意思，觉得儿子也活得没意思。婆婆整天唉声叹气，说话时很悲观。我越来越觉得不对头，觉得婆婆可能抑郁了，就跟老公和小姑子说起这个问题，但是他们都没当回事，只是感觉老人老了而已。（访谈案例编号 C050）

武汉的吕女士比较敏感，发现婆婆心理情绪异常后，就多次提醒老公要关注老人的情绪问题。后来，吕女士的老公带老人去医院检查，医生给开了一些抗抑郁药物。此后，吕女士开始增加自己带孩子的时间，让家中二宝每天晚上和自己睡，同时让老公和婆婆聊天时多讲正面信息，少聊自己工作压力等负面话题。

针对老漂族的心理情绪问题，存在着三种解释框架。第一种是生理学解释，将老人的心理情绪问题归于生理衰老，认为随着年龄增长，老人失眠是正常现象，情绪调节能力也会降低。第二种是心理学解释，将失眠、健忘、悲观、发脾气等问题归因为一种心理疾病。第三种是社会学解释，认为老漂的情绪问题来源于家庭关系。老漂家庭生活中持续性的心里委屈，更容易诱发老漂心理情绪异常。或者说，老漂心理情绪异常，往往是家庭关系中婆媳矛盾、亲子矛盾的产物。面对家庭矛盾，更多老漂选择忍耐和自我消化，这种向内用力的应对方式更容易将压力躯体化，表现为心理精神症状。

《钱江晚报》曾经有一篇关于老漂心理精神问题的报道：

> 老两口到杭州看孙子，带了一年多，老公突然发现老伴有些老年痴呆了，表现是经常忘事，家务也不如之前有条理。三个月后，家人就带老人到医院检查。医生诊断后发现，老太太是假性老年痴呆，其实是抑郁症。治疗谈话过程中，医生了解了老人抑郁症的诱因，原来是一句平常的话。有一天，孙子从幼儿园放学回来，儿子问她，是不是忘记给孩子喝板蓝根了，“因为那段时间流感很厉害。她当天的

确是忘记了，然后就开始自责，自己怎么这点事都做不好，万一孙子染上感冒，得了重病，可怎么办”。心里有了疙瘩，她之后做事更加谨小慎微，但越紧张越出错，开始恶性循环。[5]

之所以一句问话就可能引发老漂母亲的抑郁心理，是因为许多老漂在给儿女带孩子时都或多或少有紧张情绪，生怕出错。这种状态下人很难放松下来，容易得心病。有的老漂虽然很努力，但还是被子女挑剔，有些事不合子女心意，被埋怨甚至被指责。一些老漂心里委屈，但不会表露情绪，而是选择忍耐，这样更容易憋出病来。

武汉的吕女士在访谈中提到，身边许多子女并不了解老漂为什么失眠焦虑、为什么经常和自己发脾气，甚至有的子女认为是老人太作了、总找事。（访谈案例编号 C050）无论是子女对老人精神心理异常的误解，还是忽视，都不利于老漂心理精神问题的及时诊断和治疗。如前所述，对于已经确诊为抑郁症的老漂来说，除了遵医嘱进行药物治疗外，家庭关系方面的调适不可或缺。

需要说明的是，关于老漂委屈心理与抑郁症的关系，还有待于专业的诊断和分析。老漂族心理抑郁问题有着复杂成因，需要更多专门的实证调查研究。

## 新家庭政治

许多时候，委屈是家庭政治的产物。学者吴飞在理解中国人的自杀行为时，关注了“委屈”的作用，将委屈界定为“家庭中的不公”，是一种挫败感，意味着生活和人格的失败。吴飞认为家庭生活是情感与政治的混合。[6] 从情感的角度看，家庭生活中包含着亲密关系，人们期待着在亲密关系中获得尊重。从家庭政治的角度看，家庭生活要进行，必须按照一套“制度框架”运行，内含着权力结构与义务内容。

委屈产生于家庭生活中情感与政治的张力。身处亲密关系中的家庭成员，在家庭政治中以情感为出发点和目标，但是在过程中却不能按照情感逻辑来运作。按此说来，老漂从异乡来到子女所在城市，出发点就是帮助子女解困，尽老人的义务，这是一种老人对子女及其家庭最朴素的关爱。只不过这种朴素之爱，在实际老漂家庭生活中会经历一个家庭政治过程，伴生诸多不满情绪，并因为不能直接表达不满而向内用力、自我消化。

家庭政治的分析，有利于我们把握老漂委屈心理形成的深层逻辑。本节尝试从目标、权力、伦理三个维度分析老漂生活中的家庭政治。其中，目标指家庭发展目标；权力指影响家庭生活规则的能力，实践中涉及经济权力和话语权；伦理指家庭政治中处理关系的规则。以下分别从三个维度论述，最后再集中分析老漂生活中的家庭政治特征。

**第一，老漂家庭的发展目标。**

老漂家庭的核心发展目标普遍指向孙辈成长。第二章指出，老漂家庭运行的是一套以孩子成长为中心的生活秩序。孩子的成长和学习成为家庭生活的重心，吸引着最多注意力。父辈和祖辈的劳动，总体上都指向孩子的发展。孩子父母的首要任务是提高家庭经济能力，确保职业稳步发展，祖辈的首要任务是做好家务和照顾孩子，确保家庭生活有序进行。家庭发展目标结构，很大程度上决定着家庭发展中的注意力资源和人力资源的配置逻辑。

在注意力资源配置方面，以孩子为中心的家庭生活秩序中，父辈的注意力普遍在孩子身上，多是往下看，较少往上看，对老漂的关注度不够。一些年轻父母能够轻易发现孩子身体、情绪的许多微小变化，却对自己老年父母的身心状况缺少关注。这首先跟家庭发展目标结构有关。对许多青年来说，整个家庭生活安排尤其是在孩子低龄阶段，完全以孩子为中心。饮食、作息、休闲生活的安排，主要考虑孩子的需要，而不是父辈和祖辈的需要。这种注意力分配秩序，能够解释子代对老漂关心不够、老人被冷落的原因。

在人力资源配置方面，孩子的发展需要决定着家庭的人力资源配置结构。其中，因为抚育精细化，需要更多的注意力和人力投入，所以需要专门的管教和陪伴。一些家庭的母亲，在孩子低龄阶段更倾向于在家全职带娃，即便一些母亲依然工作，也尝试选择那些可以兼顾孩子抚育、教育的工作。老漂亦是家庭中的重要人力资源，围绕孩子成长需要而灵活、弹性、机动地配置。

围绕着以孩子为中心的家庭发展目标，老漂的功能定位就是为家庭做好后勤保障，按子代要求开展工作。老漂未处于子代注意力的中心地带。从这个角度看，许多老漂将自己称为“不花钱的保姆”，十分契合老漂的角色地位和心理体验。

**第二，老漂家庭中的权力秩序。**

老漂家庭在发展目标上以孩子为中心，老漂分担了许多抚育工作和家务劳动，但是在家庭权力方面又普遍显得弱势。大多数情况下，子代特别是孩子妈妈掌握着抚育和家务安排中的权力。西安老漂牛先生总结了许多老漂的经验和教训，认为“老人带孩子，不能有自己的思维，孩子们安排什么我就做什么，一定要自我定位清晰，不能插手管教孩子这件事”。（访谈案例编号 C001）

在具体育儿方法方面，年轻人和老年人有着非常不同的见解，特别是在卫生习惯、营养、教育方法等方面有诸多矛盾。年轻人掌握着更大的话语权和主导权，所以才会对老人提要求，指责、挑剔甚至责备老人。传统家庭和老漂家庭中的婆媳关系存在较大差异。传统婆媳关系中，往往是婆婆挑儿媳妇的毛病，要求儿媳妇改正。毕竟儿媳妇才是外来者，要融入新的家庭。儿媳妇听婆婆的，彰显了婆婆的权力。在老漂家庭中，主要是儿媳妇给婆婆提要求，婆婆按年轻人的理念和思路来做家务和带孩子。这种婆媳之间的权力关系，同样适用于母女之间。女儿向妈妈提要求，只不过因为母女之间更好沟通，有血缘认同和情感基础，所以关系缓和一些。

许多时候子代权力表现为一种话语权，因为其观点往往更符合现代科学或更符合现代生活方式，所以其具有话语上的优势地位。又因为老人在子女家里生活，总感觉这里不是自己的家，所以和子代意见不一致的时候，大部分老漂不会过多争取家庭权力，在行为上普遍表现出顺从或让步，心里却藏着诸多不满，只是很多时候自我消化，尽可能回避矛盾。

从另外一个角度看，老漂自身的经济实力也会影响其在家庭生活中的权力地位。只有少部分老漂具备较强经济实力，会给子代在买房、买车等大额开支方面提供支持。部分有退休金的老漂也会尝试分担子女的生活费。如果老漂具有一定的经济能力，其在生活中就会多些影响力。例如佛山的张女士给儿子、儿媳妇提供了二十几万元的支持，儿子、儿媳妇也比较尊重她，她在生活中敢于批评儿子、儿媳妇。这既和她的个性有关系，也源于其经济能力。她可以选择从儿子、儿媳妇家里搬出来单独租房子住，表现出一种独立生活的愿望和能力。（访谈案例编号 C042）相比较而言，那些经济能力一般的老人，对子女家庭支持很少或没有支持，他们在家庭生活中的影响力和话语权就会弱一些。一些婆婆虽然看不惯儿媳妇经常买衣服或护肤品，但也只是跟儿子唠叨抱怨，有的儿子会直接怼老人："又不是花你的钱，别瞎操心！"

老漂家庭中，老年人往往处于一种管家而不当家、做事却不能做主的生活状态，老年人的自主性受到抑制。如前所述，越有自主性、越有想法的老人，在这种权力结构中就越容易和子代产生摩擦，引发家庭矛盾。

**第三，老漂家庭中的伦理秩序。**

伦理是处理关系的一种原则。传统家庭伦理是一套以义务为本位的道德体系，强调父代对子代的责任，强调子代对父代的孝。在责任和孝的伦理原则作用下，代际关系获得了平衡。这种平衡并不是经济利益方面的平衡，而是道德义务方面的平衡。

老漂家庭两代人的共同生活中，会面临很多观念、习惯的差异。比如给婴儿冲奶粉时，是先放奶粉，还是先放水？吃鸡蛋羹时，到底是放醋，还是放酱油？在孩子穿衣方面，到底是偏热一些，防止着凉，还是偏少一点，防止捂着？这些针对同一件事情的不同处理方式，有的是因为观念差异，有的是因为习惯差异。有的差异，可以保留，按各自偏好来。有的则面临一个非此即彼的选择。针对这些差异，可以有两类原则。一类是伦理原则，另一类是事理原则。所谓伦理原则，主要是按照长幼尊卑的伦理关系来决定事务的安排。在伦理原则中，长辈具有决定事务安排的权力，所以面对差异，按长辈的意见来。所谓事理原则，即就事论事，按事物本身的道理来。

在传统社会中，伦理原则和事理原则容易统一。社会变迁的速率小，所以代际观念差异并不大。父代因为更有生活经验，所以了解更多事理。即便父代和子代观点存在差异，也能按照父代意见执行，因为孝道、尊敬是首要原则。这种以父代为核心的伦理原则，保证了传统家庭的稳定。这是传统社会低成本解决家庭矛盾的有效方式。老年人虽然体力上处于弱势，但是在以父代为中心的伦理原则中，其权力地位得到了基本保障。

在现代社会中，伦理原则和事理原则有时候不能统一。社会变迁速率增大，代际观念差异加大，老人的经验主义优势降低，年轻人基于现代科技知识形成了话语权力，同时具有经济权力。老年人的伦理道德优势降低，年轻一代的主张更大程度主导着家庭生活。

改革开放以来，农村家庭生活中普遍经历了从以伦理原则为主转变为以事理原则为主。这个过程在家庭中通过代际矛盾表现出来，父代越来越管不住子代，子代也不再听从父代。有的家庭因为这种矛盾分家。有的家庭因为子代外出务工、父代留守，伦理原则和事理原则的冲突被弱化了。但是在老漂家庭两代人共同生活的场景中，事理原则更多凸显，伦理原则弱化。这给老年人带来了诸多困扰：自己的权力地位被削弱，只能改变自己的习惯去适应子代的观念和要求。这个心理过程是痛苦的。

更为突出的一个问题是，老漂家庭的孝道搁置问题。老漂的角色具有二重性，既为子代尽责任，扮演保姆角色，但同时又是长辈，需要子代的孝敬。在这种二重角色下，大多数老人内心高度不平衡。自己作为长辈，得到的关心和尊重不够，心里自然不适。退一步，从交换逻辑讲，长辈的付出也应该得到子女足够的尊重和情感反馈。许多年轻人认为父母还年轻，还是家庭生活的支柱力量，不同程度忽视了老人的父辈角色及其情感、心理需要。许多老漂家庭的年轻一代没有正视或忽视了老漂的养老问题。

总之，老漂家庭面临着一种伦理关系的失衡。父代年事已高，还在尽责为子代付出，但子代的反馈却不足。这种失衡的代际关系，是老漂委屈情绪的深层原因。

**第四，老漂家庭政治的特征**

综合来看，老漂家庭政治是一种新型的家庭政治，因为其生活内容、生活场景的特殊性，呈现出许多新特征。

**日常性**。与传统家庭政治相比，老漂家庭政治具有更强的日常性，核心内容并不是经济权力争夺，而是指向具体生活安排、生活方式。日常性的另一个影响是，不平衡的关系具有持续性。矛盾和委屈心理会因为生活延续而再生产。在生活绵延中，家庭政治也会在琐碎中持续。

**经营性**。所谓经营性，主要指代际也存在经营关系的努力。无论是父代还是子代，因为有共同的家庭发展目标，所以都期待和睦相处。关键是子代有积极性去搞好关系，让老人更好地抚育孩子、做好家务。在面临一些矛盾时，年轻一代也通常有解决问题的主动性。调研发现，许多儿媳妇虽然会经常指出婆婆生活中的不妥之处，会给老人提出一些具体要求，但是也非常注重哄老人开心，以此改善婆媳关系。武汉的吕女士介绍了她经营婆媳关系的方法。在她看来，要经常给老人买些礼物，让老人开心。最好不直接把买好的礼物给老人，而是要带着老人一起买，这样更有效果。尽可能让老人参与到买礼物的过程中，即便是上网买，也要把图片给老人看，让老人来选择。（访谈案例编号 C050）所以说，买礼物的关键不在于结果，而在于过程，要让老人有参与感，从而增强老人的存在感和获得感，让老人体验到被尊重。善于经营家庭关系的儿女，在和老人因为某事闹得不愉快时，会给老人找台阶下，主动和老人说话。这都有利于缓解紧张关系。两代人闹矛盾后，谁先开口说话，即谁先示弱，往往反映着一种伦理关系。其实，许多老漂为了子代家庭团结，也会在选择忍耐、淡化矛盾的同时，努力自我调适，对子女高度宽容。无论是子代还是父代，其经营家庭关系的努力，都在促进着家庭团结。

**新家庭主义**。传统家庭生活具有家庭主义的内核，即家本位的伦理原则，家庭利益超越于个人利益。当下老漂家庭依然具有家庭主义特征，准确地说，是一种新家庭主义。新家庭主义是以孙辈成长为中心的家庭伦理原则。子代家庭需要父代支持，父代家庭对子代的尽责时间被延长了，表现为社会性断乳的滞后。阎云翔将这种家庭伦理概括为“下行式家庭主义”，这种家庭伦理具有以下几个特征[7]：

伦理失衡。以孙辈成长为中心的家庭生活方式，隐含着一种伦理失衡问题。即：父代在家庭生活中的利益和情感没有得到更多尊重和回应；老人养老问题被搁置；老人在生活中面临委屈心理的问题。

缓和机制。传统家庭政治在代际权威转化过程中，往往涉及家庭矛盾，亦有一些家庭通过分家的方式来弱化代际矛盾。分家是传统家庭缓解家庭政治的一种机制。老漂家庭并不是一个同居共财的家庭单元，所以无法利用分家来缓和家庭矛盾。老漂家庭发生代际矛盾后，除了可以利用上文提到的关系经营策略外，还有两种矛盾缓和机制，一种是居住空间隔离，另一种是回老家。所谓居住空间隔离，即两代人分开居住，给老人单独购买或租一套房子，离得比较近，老人有了自己独立生活的空间，就能缓和或避免许多矛盾，有利于关系改善和调节。回老家是老漂回避或缓和家庭矛盾或调适自己心理压力的有效方式。回老家又分为两种情况：一种是老漂不再返回，这往往是矛盾剧烈且没法缓和的。另一种是老漂还会再来。子代在老人回家后，还会通过说软话的方式把老人叫回来或哄回来。相比于传统家庭政治，老漂家庭政治的缓和方式多，又因为具有经营面向，所以更容易在矛盾中保持统一，促进家庭发展。

**发展主义**。新家庭主义关注老漂家庭的伦理原则，发展主义则关注老漂家庭的发展目标定位问题。发展是最大的政治。对子代发展而言，老漂们非常讲政治，愿意克服困难服务于子代家庭发展。也正因为如此，老漂们才可能在伦理失衡、心理遭遇不满时自我调适、向内用力、自我消化不满情绪，尽全力支持子女家庭。这种发展主义，是促使老漂家庭保持基本团结、稳定有序生活的最关键因素，亦是老漂家庭中新家庭政治的内核。

# 八

# 老漂眼中的带娃生活

老漂族在子女家经历的带娃生活，重要却单调。在老漂自己眼中，带娃生活中暗含着几分宿命感，也有一些怨言。访谈中，经常听老漂讲一些简练而深刻的话，或表达他们对于自身命运的理解，或表达他们对自身角色的认知，或表达他们对当下生活状态的定位，或表达他们内心的矛盾和困惑。每个老漂语录里，都隐藏着老漂独特的人生体会。

## 每个人都要走的长征路

笔者在佛山的一个小区调研时，遇到一个老人推着婴儿车在小公园里溜达。阳光不错，他把婴儿车放在太阳地，自己走远一点，到花坛边抽烟，这样烟就不会呛到孩子。我走过去与他打招呼，聊了起来。

老人来自湖北，59 岁，近十年来，一直和妻子在给女儿、儿子带孩子。帮大女儿把孩子带到小学二年级，然后给二女儿带。二女儿一共生了 2 个孩子，把第二个孩子带到 2 岁半，紧接着给小儿子带孩

子。(访谈案例编号 C043)

聊起给儿子带孩子和给女儿带孩子的区别，老人说道："给儿子带孩子，不自在，总感觉有人盯着，不放松。给女儿带孩子则轻松得多。但给儿子带孩子是义务，不带不行，毕竟是自己的孙子，没法拒绝。"

回首这些年自己的带娃经历，老人随口说："这是每个人都要走的长征路。"这句话很好地概括了老漂生活的性质，尤其契合那些子女多的老漂。

"长征路"的隐喻有四个。其一，长征路意味着带娃时间长。每个孩子都需要 2 ～ 3 年，时间叠加在一起，就很漫长。其二，连续带多个孩子。如果老人有多个子女，很可能形成无缝衔接效应。即老人在一个子女家中带孩子，下一个子女已经备孕，并让老人做好思想准备。其三，带孩子是辛苦差事。每个孩子从小带到大，一天天度过，许多是重复性工作。每个孩子的成长路径，都要经历一遍。其四，奔波感。有的老漂子女多，又在不同的城市工作，老漂就要在多个城市之间奔波，多次迁移，变换生活环境。也许一个城市刚刚适应，却要离开去另一个陌生城市。以上四个方面，都给人一种"长征感"。

之所以这段长征路"每个人都要走"，是因为给儿女带孩子，普遍被认为是老人的义务。这种义务感，不仅指向儿子，还指向女儿。面对儿子或女儿的刚需，老人负有道德义务。只要身体条件允许、时间允许，许多老人就没有拒绝能力。

老人给儿女带孩子的义务，根植于中国传统家庭伦理。老人对于子女的义务，不因子女成年而终止，不因子女结婚而终止，类似于一种无限责任。子女有求，老人必应。传统家庭伦理中，老人也有抚育孙辈的义务，但这主要针对儿子家，女儿则是“泼出的水”。在城镇化背景下，子女进城、异地成家，抚育孙辈的责任不再局限于儿子，也扩展到女儿。

家庭伦理从来不是抽象的，而是十分具体，根据家庭成员的现实需要而产生具体的伦理内容。城镇青年抚育压力日益增大，老年父母就被规定了新的责任内容。所以老人们才会说，到异地给子女带孩子，这是“每个人都要走的长征路”。越来越多的老人，都会经历这段类似于宿命的长征。

## 老人就是不花钱的保姆

许多老漂认为自己是子女家的保姆。在不同的语境中，保姆这个词所表达的内涵或情感也有差异。

> 以前是带儿子，现在是带孙女嘛，就是帮助孩子们减轻负担。我们老两口带着孙女，照顾她上学、放学，做做饭，基本等于“保姆”。[1]

老漂的工作内容类似于保姆的工作，准确地说，是住家保姆。住家保姆分为两类，一类是专门负责洗衣做饭、卫生清扫，另一类是专门负责带孩子。大部分老漂，把这两类工作都承担了，所以工作普遍比较繁重。老漂尤其是女性老漂，其日常工作就是带孩子、洗衣服、做饭、做卫生、帮忙取快递。孩子小的时候，需要更多照料，所以老漂时间比较紧张，工作内容安排得比较满，就像一个忙碌的保姆。

> 在老家，我一个人做饭一个人吃也轻松，很快就搞定了。现在过来做一大家子的饭很累，要考虑孙子爱吃什么、儿媳妇爱吃什么。不合胃口还要闹，不知道过来是养老，还是当保姆。（N9，男，77岁，丧偶）[2]

> 我就像保姆一样，啥活都干，但又不自由，不像在自己家，想做啥做啥。（访谈案例编号C022）

两个案例中老漂说的保姆角色，也有不同所指。第一位老漂强调自己像保姆一样辛苦。虽然自己在家也要做饭，但是在儿子家做饭时，要考虑孙子和儿媳妇的口味，很费神。第二位老漂强调自己在子女家受拘束，不自由。许多老漂在子女家庭中分担家务内容多，但涉及家庭事务的重大决策时，子女却很少征求老人的意见，让老人感觉自己像个外人，没有参与家庭事务的权利。这进一步加剧了老漂生活中的边缘感，令老漂感叹自己只是干家务活的保姆。有学者在北京调研时同样发现：随迁老人普遍反映在家说话不算数。接受访谈时，超过一半的老漂自嘲为“保姆”“仆人”。[3]下面这条微博更加生动地描述了老漂的保姆生活状态。

> 四妹妹到南方带孙子、带孙女去了，照顾儿子和儿媳妇的饮食起居。四妹妹每月工资，负责全家人的吃喝花销，儿子和儿媳妇从不给她一分钱。她每天既是仆人又是保姆，一天不得清闲。快到六十岁的人了，每昼夜为儿子一家人操劳。每天，她成了机器人，买菜、做饭、带孩子，要忙到半

夜才能入睡。南方的生活，睡得晚，起来得晚。每天早上，四妹妹出去买菜；上午十点，儿媳妇带着两个孩子才起床，四妹妹给他们做好饭菜，吃完早饭，是十一点；中午，儿媳妇带着孩子睡觉；下午四点，才吃中午饭，吃完饭，儿媳妇带着孙子出去玩，四妹妹在家看护孙女；晚上六点半，儿媳妇带着孙子才回来，此时四妹妹才给他们做饭，儿媳妇和孩子吃晚饭的时间是晚上八点多；吃完饭，她们给两个孩子洗澡，四妹妹开始给小孩子洗衣服、洗碗筷、擦地等；四妹妹休息的时候，已经是半夜十一点多了。此时，她会给我发微信，告诉我一些事情。四妹妹从退休起就开始为儿子家操劳，每天团团转地为儿子一家四口人忙碌着，如今，大孙子才二十个月，小孙女才四个月。过两个月，儿媳妇还要上班，儿子到很远的地方工作，那时，两个孩子都要靠她去照顾，大孙子每天哭闹，真是有劳她了。（微博用户凌 ** 发表于 2018 年 9 月 6 日）

上面这条微博是一位老人对其四妹生活的描述，用三个词概括了老漂的角色，分别是仆人、保姆和机器人。其中，“保姆”这个词主要描述了老漂的工作内容，涉及带孩子、买菜、做饭、洗碗筷、洗衣服、擦地等；“机器人”这个词主要描述了老人的工作节奏和工作强度，即日复一日的辛苦劳作；“仆人”这个词侧面反映了其家庭地位。大多数老漂虽然角色很重要，但是在子女家缺少话语权。在许多事情上，子女缺乏对老人的尊重。

老漂说自己是“不花钱的保姆”，可以从两方面理解这个表述。一方面，老漂在强调自己对子女家庭的特殊贡献。在城市，保姆的工资并不低。在广东佛山狮山地区，24 小时带孩子的住家保姆每月 8 000 元，晚上由父母自己带、只负责白天带孩子的住家保姆，每月 5 000 元。老漂们了解保姆行情，就会认为自己给儿女省了钱，让儿子、儿媳妇可以安心工作。在和保姆的类比中，老漂肯定了自我价值。另一方面，老漂在服务子女家庭的过程中，并没有得到足够的情感回应和尊重，感觉自己像保姆一样被边缘化、不被待见。在生活中，这种情况的出现或因为子女工作忙碌，或因为子女缺乏孝敬意识，缺少对老人的关心。一些子女下班后即便不忙，也躺着刷手机或看电视，很少分担家务工作。老人感觉儿女不够心疼自己，不关心自己，完全把自己当成保姆，不闻不问。甚至有的子女，对老人要求比较高，针对老人的工作十分挑剔，就仿佛一个雇主在给保姆提要求。可见，老漂将自己类比为保姆，更多表现出的是一种心理不平衡，毕竟自己并不是保姆，而是父母。

老漂群体中还流行“带薪保姆”的说法。所谓带薪保姆，特指那些有退休金的老漂。他们不仅免费为子女承担家务，还用自己的退休金补贴子女家庭生活，为子女提供经济和劳动双重支持。

> 感觉现在养老金已经变成“养小金”，像有些老人都已经没有上班，拿的养老金还要掏出来给子女养小孩。就是女方没出去上班带小孩，男方工资也才五六千，有贷款要还，男方妈妈把养老金当工资发给儿媳妇在家带孩子。（微博用

户普 ** 发表于 2023 年 6 月 28 日）

一些农村老漂虽然没有退休金，但因为儿子、儿媳妇在城市生活经济压力大，所以进城后也主动贴补儿子。家住陕西咸阳农村的金女士，在西安帮儿子带孙子八年，每个月还要自己出 1 000 元，用于买菜、给孙子买零食。按金女士自己的说法，虽然儿子、儿媳妇也给零花钱，但老人自己手上有钱，还是感觉好很多，主要是不受气！在金女士及其子女的老漂家庭中，1 000 元发挥的作用，不只是经济支持，还是关系润滑剂。也正因为如此，金女士的丈夫每个月还要在农村打零工挣钱。他和老伴分工合作，以不同的方式支持儿子一家的在城生活。（访谈案例编号 C066）

## 带孩子是一份工作

都江堰的景女士在事业单位工作，目前孩子还不到 1 岁，由婆婆帮忙照看。景女士的老公在一家软件公司工作，频繁出差，十来天才能回来一次。景女士的丈夫出差回来后，也尽可能主动带孩子，但是和景女士一样，因为带孩子时间太少，方法技能不熟练。孩子和父母感情不深，更喜欢让奶奶抱着。这就让景女士和老公有些尴尬，很想照料孩子，但是不得要领，看着孩子哭闹，不知所措，最终还是让老人抱着才行。当老人看到儿子、儿媳妇哄不好孩子的时候，自己也会有点无奈。（访谈案例编号 C023）

景女士的婆婆之前在老家给大儿子带过两个小孩，现在带的是第三个孩子。景女士的婆婆对笔者说："给儿子带小孩，是一份工作。开心也是干，不开心也是干，还不如开开心心干！"（访谈案例编号 C024）她说这句话的时候，正抱着孩子。在儿媳妇看来，婆婆之所以将带孩子理解为工作，主要有两个意思：第一，这是老人的职责所在。奶奶带孙子，天经地义，责无旁贷，必须尽职尽责。第二，这是老人自我排解负面情绪的一种方式。给儿媳妇带孩子，难免会发生矛盾。不开心的时候，也不要过于在意，只是一份工作而已。其实，还可以把这句话放在老人这些年带孩子的经历中来理解。毕竟之前已经带过 2 个孩子了，相当于同样的程序再走一遍，已经非常熟练。带孩子是近些年自己的一份稳定的正式工作，一直在做，只是没有工资而已。

景女士每天工作忙碌，早上出去、晚上回来，顾不上孩子。其实，婆婆和她一样，也在做着工作——"带孩子"，在家上班，整天忙碌，关键是没有休假。西安的姜先生认为："自己下班回来，必须带孩子，让老人休息，毕竟老人在家上了一天班了。"（访谈案例编号 C010）

西安的牛先生也认为带孩子是一份工作，只是他赋予这份工作更多内容，心态上也更加积极。在他看来，带孩子不是一份普通的工作。这是一份全职工作，各方面都要照顾好。要注意孩子的安全，这是最基本的。在此基础上，要注重孩子饮食、营养搭配；要注重孩子智力开发，让孩子接收更多信息，给她读唐诗，带她逛公园、坐公交车见世面。牛先生还认真学习了育儿畅销书《好妈妈胜过好老师》，参照其中的理念带孩子。（访谈案例编号 C001）相比西安的牛先生，来自海南、漂在广州的李女士则展现出更强的学习能力。

为了带好妞妞，要学的东西更多了。李姨每天边做家务边听节目、付费课程，包括幼儿教育、音乐讲座、听书等。“只有自己的知识面广了、眼界宽了，才能把孩子带得更好。”如今，李姨还经常研究做饭，在网上找视频教学，摸索出营养又符合妞妞口味的美食。妞妞喜欢吃汁多的饭菜，李姨经常做肉末加胡萝卜丁，搭配各种蔬菜。[4]

牛先生和李女士可谓典型的学习型老漂，个人能力强，活力充沛，其对孙辈的抚育内容，已经远远超出了“带孩子”的范畴，成为一种专门性的育儿工作，需要更多的时间精力投入。按牛先生的理念，首先要有一个正确的“工作态度”，即把带孩子当成一个“工作”，认真去做，而不能像以前那样主要关注孩子的温饱。不容否认，像牛先生和李女士这样带孩子的老漂并不多，他们在老漂群体中只占极小比例。持这种“工作态度”的老漂，更受子女的欢迎，毕竟在育儿理念方面，两代人处于一个频道，更容易交流沟通。

有些老人自我调侃，自己刚退休，还没来得及休息，就又上岗了，给儿子、儿媳妇带孩子。有的家庭是男方父母带半年孩子，女方父母再带半年。这相当于轮岗模式。那些孩子已经上小学或上初中的家庭，老漂基本完成任务，返回老家，称自己下岗了。

## 带孩子就是卡时间和磨时光

访谈中，男性老漂单独带孩子的情况并不多见。西安老漂翟先生的情况比较特殊。妻子走得早，留下 2 个女儿，当时大女儿 3 岁，小女儿 1 岁。翟先生自己把 2 个女儿拉扯大，所以比大多数男性老漂有带孩子经验。目前，翟先生在西安给小女儿带孩子，租住在一室一厅的房子里。客厅里放了一张床，翟先生睡在这里。床对面是电视机，最近坏了。看不成电视，翟先生说自己更加无聊了。（访谈案例编号 C013）

聊起带孩子的体会，翟先生用了两个词——卡时间和磨时光。

所谓卡时间，即带孩子一定要摸清孩子相关活动的大体规律，然后在适当的时间节点做适当的事。比如孩子小的时候，一定要卡好把尿的时间，此外，还要把握喂奶、午睡的规律。在翟先生看来，只要卡好时间，带孩子就很简单。

所谓磨时光，即带孩子过程中一种特殊的时间体验。翟先生说：每天有很多工作，除了卡准孩子作息规律，还要洗衣服、做饭、收拾房间，这些事一件件做完，一天的时间也就磨完了。今天的时间磨完了，明天继续磨。每天的生活具有高度的重复性。

外孙女上幼儿园后，翟先生每天早上送去、晚上接回来，白天就有大把时间让自己消磨。如果说孩子小的时候可以推婴儿车出去溜达或陪着孩子游戏，时间磨得还有些趣味，过得比较快，那么现在孩子上幼儿园了，自己一个人的时间就更加难磨了。

翟先生干完家里的活，就下楼转转，到广场上看看热闹，看别人下象棋。他只能看棋，没人和自己下。在楼下溜达，不想和人搭讪。他认为城中村人员复杂，不安全。和楼下的一个男的说过几次话，但也不知道他到底是租客还是房东。翟先生从没细问过这个男的来历，在他看来，知道也没有意义。在楼下转久了，感觉也没啥意思，就回到家里。电视坏了，只能自己摆扑克。时不时看看表，卡时间去幼儿园接外孙女。

听翟先生讲述他的老漂生活，有一种特殊的感觉，那就是单调中夹杂着几分消沉。这既和他多年一个人独自生活的经历有关，也和他男性老漂的身份有关。大部分女性老漂习惯了在家务事中消磨时光，也能在楼下和其他女性老漂聊聊家务事，时间不知不觉就磨过去了。男性老漂的时间体验有其特殊性，脱离了既有的熟人社会，在新的生活空间中没有新相识、新兴趣，日子就很难过，就涉及消磨时光的现实问题。

翟先生案例的另一个启示意义在于，老漂群体在新生活模式和环境中的时间感，是非常值得关注的话题。因为孩子成长是一个非常缓慢的过程，抚育活动具有高度的日常性和重复性，所以老漂生活就比较单调，会影响其心理状态。这一点，应该被老漂的子女所关注和理解。

## 老漂生活像坐牢

有老人用“坐牢”来形容自己的老漂生活。这绝不是说儿女限制了老人的人身自由，而是老人的一种主观感受。

从工作状态角度看，老漂不自由：每天带孩子，还要忙家务，没有休息日，连续工作。特别是孩子小、孩子妈妈又特别忙的时候，老人就几乎没有自己的时间自由，都是被安排的。来自山西、漂在北京的一位老人这样介绍自己的老漂生活：

早上6点起床做饭，饭后老伴儿送老大上学，我送老二去幼儿园，回来的路上买点菜，上午打扫屋子，午饭后洗洗刷刷再准备上晚饭食材。下午不到三点，老伴儿就要动身去接老大；儿子、儿媳妇下班晚，放学后再送他去英语、绘画等各种补习班。[5]

这位老人所描述的，是许多老漂的日常。老漂们将自己的生活状态概括为三点一线，即每天在“家 / 学校 / 菜市场”之间转悠。有老漂认为自己的生活被孙辈彻底套牢了。也有人将老漂的生活概括为一个人画圈的生活：

从早上5点多起床开始，买菜、做饭、看孩子……老人的生活似乎一直画着一个圈。没有其他娱乐，老人就早早睡觉，第二天又是一个新的圆圈。[6]

从生活空间角度看，许多老人住惯了农村宽敞的平房，喜欢宽敞的院子，所以住在楼房里感觉特别憋屈，厨房、客厅、卧室都不如老家宽敞，空间狭小，不自由。有老漂则认为自己过的“完全是关在家里面”的生活。

我觉得在这边的日子，虽然说不上不顺心吧，但是确实没有在老家的生活过得舒服啊。在这边的话，我感觉我自己越来越少走出家门了。以前在老家的时候还有个跳舞的爱好，到这边好像就完全是关在家里面了。（访谈案例编号 X013）

在老家找人盖的两层楼，前两年又重新找人搭了两间厨

> 房，家里人多，房间也多，我家是三间的（宅基）地，宽敞得很。院子大，俺俩在院子里还种点菜，想吃随时就摘了，出门也方便，门一锁说走就走了。到这边之后，我小儿子家在 16 楼，上下楼都要坐电梯，不方便。关键是房子小，走不开人，没有办法，哪有那么多钱（买大房子呢）呢？（访谈案例编号 W008）

有些子女考虑到户外空气质量不好，怕影响孩子健康，于是限制老人到户外带娃，这同样会加剧老人的压抑感，感觉自己被囚禁了。

> 60 岁的杨淑琴从赣榆来南京已有 3 年，儿子常出差，难得在家。儿媳妇总说外面空气污染重，不让她带孙子下楼玩。“小孩子总闷家里哪行呢？我就趁着她上班时偷偷带出来。”有一次，她带孙子在小区广场玩，正巧被儿媳妇撞到，儿媳妇当众责怪她：“孩子要是呼吸脏空气生病，你负责？”杨淑琴气得头晕，回家就给儿子打电话：“我来带孙子，不是坐牢的！”儿子赶紧回家“调停”，结果还得服从儿媳妇：只能带孙子在阳台上玩。至今她还后悔当时冲动，让儿子两头为难。[7]

除了空间和生活状态的不自由，还有一些老人感觉自己在履行父母责任时有一种被压迫感。“脱不了壳”，这是西安敖女士的父亲对自己生活状态的概括。他所说的“壳”，既可以指抽象的代际责任，也可以指目前的家庭结构。几年来，敖女士的父母不仅帮忙带孩子，还帮忙装修，大小事务都跟着操心。老人感到肩上担子很重。儿女已经长大，但老人还是不放心。（访谈案例编号 C048）老人身上的“壳”，对女儿来说，就是一种巨大的保护。老人说“脱不了壳”，意思是想摆脱，但无法摆脱。无法突破的结构，给人一种持续性的限制。

孩子们回家后，王燕的母亲又常常感到很失落：“他们回来后，要么看电视、玩手机、逗孩子，要么还要忙工作。我理解，他们白天累了一天，不想说话很正常，但这样的生活确实令人感到煎熬，有时候我觉得自己被判了‘有期徒刑’，不知道什么时候能‘刑满’回家。”[8]

一些老漂用“有期徒刑”或“无期徒刑”来描述自己当前的生活状态。如果是“有期徒刑”，那就是等孩子大了，才可以真正摆脱这种每天带孩子的状态。如果是“无期徒刑”，那就意味着要一直带孩子，好像没有尽头，遥遥无期。如果子女又生了二孩，那就相当于加刑了。

一位不愿透露姓名的浙江籍大哥说，他是一个地地道道的老漂，不但漂在杭州，负责接送孙子上学，而且曾漂洋过海到过美国。他说，在美国的那半年，好像是把半年生命舍给女儿了。虽说也读过点英文，但只限文字。“读、写、听、说”。“读、写”尚且不精，“听、说”全然不会，几乎就是哑巴英语，不会与人交流。（案例信息来自《杭州老漂日记》，2017 年 11 月 3 日）

案例中的老漂曾到美国给女儿带孩子。跨国老漂面临着更大的社会适应难度，特别是在语言交流方面。这位老漂说“把半年生命舍给女儿了”，将半年老漂经历描述为“舍命”，足见那半年生活的艰难程度，仿佛在异国被囚禁。

陕西合阳农村的一位老人，也用“坐牢”这个词来形容自己在儿子家的生活状态，最主要的感受就是受拘束，不像在自己家那样自在轻松。老人爱抽烟，但是儿媳妇多次强调不能抽烟。自己烟瘾犯了，也只能到楼下抽。老人喜欢看电视，但是也怕吵到孩子休息。更不习惯的是，自己和老伴早上醒得早，但是“醒了却不能起”，害怕吵醒儿子和儿媳妇。老人说，早上憋在卧室里那种感觉，就像在坐牢一样。（访谈案例编号 C063）此处老人说的“坐牢”，更多涉及的是一种精神心理状态。有些男性老漂在儿子家时，即便儿子、儿媳妇不当面指出老人抽烟等生活习惯问题，老人自己还是觉得浑身不自在。陕西咸阳金女士的丈夫说，儿子、儿媳妇虽然不说我，但自己作为老人也要自觉。正是这种自觉意识，让老人在子女家感觉放不开，有一种无形的约束。（访谈案例编号 C066）

许多农村男性老漂正是因为不习惯在城生活的不自由状态，才不愿意（甚至抵触）跟随老伴一起到儿女家生活，即便什么都不干，也待着不自在，无所适从，或多或少精神紧张。这主要是因为，老漂家庭普遍以年轻人和孩子为中心建立生活规则，对老人无形中产生束缚。相比较而言，来自城市的男性老漂，经过多年城市生活的洗礼，在生活习惯方面与儿女一致性强，所以拘束感会相对少一些。

# 九

# 老漂的群体肖像

不同类型的老漂展现出不同的特点。老漂之间相互交往，其中有两个差异比较容易识别，一个是口音差异，另一个是城乡差异。城乡差异促使一些老漂之间形成了一种隐性的心理界限。这很大程度上是城乡文化差异的心理投射。此外，单漂与双漂、男漂与女漂展现出不同的流动逻辑和生活特征。

## 城市老漂与农村老漂

城市老漂的迁移路径是从城市到城市，虽然也面临着对新生活环境的陌生感，但这种陌生感主要是地理意义上的。于农村老漂而言，他们面临的不仅仅是地理空间迁移所带来的生活环境变化，还涉及文化层面的城市生活方式适应和习得问题。于城市老漂而言，当他们熟悉了公交地铁、公园、菜市场、超市、医院等关键地理位置后，他们就相对（农村老漂）容易适应当地生活。于农村老漂而言，即便他们熟悉了这些地理位置，也还需要认知和学习城市生活方式。在这个过程中，往往要付出一些心理成本，也会遭遇许多文化冲突。这些冲突会在很多细微的地方表现出来，影响着农村老漂的在城生活。

理解老漂们所说的水土不服问题，必须区分农村老漂和城市老漂。农村老漂所说的“待不惯”，既涉及地理气候因素，也有城乡差异原因。相比较而言，乡村社会具有更强的地方性，这是地理因素和文化因素共同作用的结果。城市趋同性强一些，一个城市和另一个城市的差异更多体现在地理气候方面，城乡之间的差异则涉及深层次的生活方式。因此，城市老漂在新生活环境中的社会适应成本要低于农村老漂。

城市生活需要一套知识和规则体系。如何乘坐公交、如何在超市购物、如何排队？这些具体而琐碎的知识，嵌入许多具体的生活场景中。西安老漂牛先生以略带批判的语气说：“我很容易判断身边的老人是来自农村还是城市，比如那些买菜、办事不排队的，往往是农村的，他们不懂得排队。”（访谈案例编号 C001）牛先生似乎带着偏见，给农村老漂贴上了不遵守规则的标签。这虽然有些武断，但他所说的问题在个别农村老漂身上确实存在。这在一定程度上体现了城市和乡村两种不同的秩序规则。农村是一个熟人社会，许多情境按照远近亲疏来确立顺序，本质上遵循一套特殊主义的秩序规则，即便有时候不公平，但是因为彼此熟悉，加上时间没那么紧张，所以也很难孕育出城市社会中基于快节奏生活逻辑、陌生关系的普遍主义秩序规则。在农村，即便排了队，有熟人插队，也很容易接受。城市则不同，因为不是熟人社会，所以只能按照先来后到确立顺序。

城市老漂比农村老漂更容易适应小区生活。城市老漂之前就有小区生活经验，接受和适应物业管理方式。农村老漂普遍没有小区生活经验，所以相关生活行为给一些物业管理者带来了困扰。调研中，有位物业管理工作人员说，许多农村老漂都是原生态，很容易把农村生活习惯带到小区，按照自己的习惯和方式在小区生活。例如，个别农村老漂会在小区草坪或某个边角地块种菜。更为普遍的一个问题是，农村老漂更容易扩展自家的生活空间，如占用楼道，把楼道变成自家储物间，堆放杂物，存放蔬菜。（此类问题，在一些农村征地后建成的回迁房小区中也普遍存在。）农村老漂很容易将这种空间占用行为自我合理化。第一，在农村家门口空着的地方，普遍有自我利用的权利。第二，这些地方空着也是空着，不如有效利用。这是一种实用主义思维。即便物业检查时提出批评，要求老漂整改，也往往屡禁不止，儿女反复劝说也无济于事。其实人们都是如此，在既往生活情境中长久习得的规则和认知，很难改变，可谓根深蒂固。

在社会交往方面，城市老漂和农村老漂有时也存在一些隐性区隔。在有的小区，城市老漂之间常形成亲密关系，聚在一起；而农村老漂也倾向于同乡抱团，自成圈子。人以群分，城乡差异影响着老漂之间的社会交往。城市老漂对城市生活适应性强，有时会约着逛街、逛公园，有一些共同话题，对人际关系也保持着相对开放的态度，所以更容易熟络起来。甚至一些孩子照料负担不重的城市老漂会约着一起玩，有的还利用假期时间组织旅游。

西安老漂牛先生认为：农村老漂主要在带孩子的过程中

彼此接触；没有孩子的情况下，就各玩各的，很少说到一块。但是城市老漂不同，没有孩子，也能彼此联系，搞些活动。牛先生自己就比较活跃，有时约 7～8 个人组团旅游，大家分工合作，有的负责做计划，有的负责买票。农村老漂通常不会参与这种旅游，他们不喜欢旅游，也不爱参与小区里的公共娱乐。他们不打乒乓球，只爱捡纸箱子。（访谈案例编号 C001）

城市老漂的社交和娱乐方式，往往是既往城市生活的自然展现，将之前在家乡城市的趣味偏好和生活模式迁移到新的生活空间。其实，农村老漂也是这个逻辑，按之前在农村的趣味偏好和生活模式在城生活。农村老漂虽然也会有社交活动，但通常局限在小区内，很少组织和参与跨社区的社交活动。有的农村老漂在社交方面比较拘谨。

成都景女士的婆婆来自农村，在楼下带孩子期间很少跟人说话，不仅仅因为孙子太小只能抱着，还因为她认为现在社会太不安全、骗子多，所以她几乎没有社交，可能偶尔也和别人说几句，但是保持着高度警惕，别人要电话都不敢给。（访谈案例编号 C023）

景女士婆婆的社交特征，除了因为孩子小、照料负担重、老人缺乏社交时间和精力外，还因为她从农村来到陌生的生活环境，对陌生关系保持着高度警惕。景女士婆婆的案例并不多见，更多农村老漂之间也会因为带孩子而熟络起来，但普遍和农村老漂才有共同语言。当他们熟络起来，戒备心大大降低后，他们会相互帮忙，散步时聊天，或聚在一起聊天。有的农村老漂反映，自己不喜欢和城市老漂交流，缺少共同话题，有一种距离感。有的农村老漂说，城市老漂都有社保，经济条件好，有的还当过领导干部，所以多少有些傲气，感觉他们瞧不起农村人，和农村人保持着距离。农村老漂和城市老漂的距离感，一定程度上是城乡差异在新的生活空间的再表达。当然，农村老漂和城市老漂绝不是泾渭分明，只是他们之间有一道隐性的界限，显示着他们在既往不同生活情境中所形成的心理差异及其引起的心理距离。

在城市家庭生活方面，城市老漂和农村老漂也表现出不同的适应性。相比较而言，城市老漂已经习惯了城市生活，在家庭生活方面也更容易和子女合拍。城市生活具有较强的消费属性，是一种消费生活。许多农村老漂习惯了农村的低消费，来到城市后，即便儿女经济条件比较好，给了足够的生活费，农村老漂花钱也还是很节省，放不开手脚。一些农村老漂看见儿女买贵菜就心疼，更不理解儿女为什么经常出去吃饭，认为花钱浪费。农村老漂的传统消费观念，很容易使他们和子女产生生活矛盾。相反，城市老漂比较习惯城市的消费方式，有时候也会跟着儿女出去就餐、旅游，代际生活融合度高。

> 西安的龚先生介绍，妈妈在老家就住单元房，过着城市生活。妈妈来到西安后，不仅居住方面非常适应，和儿媳妇在日常生活方面也比较合拍，比如老人自己使用化妆品，也经常去超市买水果。婆媳关系整体上比较融洽。（访谈案例编号 C004）

许多农村老漂因为消费观念、生活方式的差异，和儿媳妇不合拍。在生活安排方面，一些农村老漂所料理的生活并不合儿子、儿媳妇的心意，年轻一代感觉花了钱，但是生活没安排好，多少有些怨言。农村老漂住惯了农村的宽敞房子，习惯了宽敞院子、出门就是路，到城市空间狭小的单元房里住不惯，感觉非常憋屈。

城市老漂和农村老漂之间的生活适应状况差异，在陕西老漂解先生和他老伴身上体现得更为明显。解先生是退休工人，有单位工作经历，他老伴一直在农村生活。当初二人在陕西汉中给儿子带孩子时有不同的体验。解先生感觉啥都习惯，但是老伴却不同。“我老伴在新生活环境中有压力，不爱出门，很压抑，只感觉家乡人亲。她还感觉自己是农村人，没有档次，不爱和别人打交道。”（访谈案例编号C018）

在养老预期方面，城市老漂和农村老漂也有差异。城市老漂大多数有社保，也有一些有房产、有存款，所以在养老方面有安全感。一些城市老漂打算跟着子女养老，就把老家的房子卖了，在子女家附近买房。这种养老预期，会提高老人在子女所在城市的扎根能力，老人努力适应着新的生活环境。许多农村老漂却不同，他们更多倾向于在农村养老，愿意种地，感觉生活在熟人社会中更自在。所以，许多农村老漂在子女家待不踏实，心沉不下来，也不会努力适应，想着把阶段性任务完成就回家。偶尔在家庭生活中感觉受了委屈，可能马上就让孩子给自己买票回家。所以相比较而言，农村老漂在城生活难以长久维系，持续性偏低。这既与城乡差异所导致的适应能力差异有关，也与其养老预期有关。

比较农村老漂和城市老漂的用意在于，关注老漂先前生活环境和习惯对其在新生活环境中适应能力的影响。既有的认知和习惯，影响着人们在新环境中的社会适应和生活经营。许多老漂家庭中的矛盾，需要从城乡差异角度来理解。当然，农村老漂内部也存在着群体差异，那些有外出务工经历的老漂，往往在社会交往和生活经营方面具备一些城市生活属性。

> 60多岁的李先生表示，他从河南来到广州至今已有20多年，儿子结婚生子后他主动过来帮忙带小孩。李先生平时在家帮儿子、儿媳妇买菜做饭、带带孙子，闲暇时就到外面散步、找人聊聊天，日子过得还算闲适。对于老漂生活，李先生表示自己年轻时就在外地打工，“漂”对他而言是一种常态，现在老了跟儿孙一起生活也十分满意，未来也会留在广州养老。[1]

当然，我们也不能过度夸大农村老漂和城市老漂的差异，因为许多城市老漂是“50后”“60后”，他们其实也是农村出身、有农村生活经历，在生活观念和生活方式上，他们和农村老漂也有相近相通的地方。

## 单漂与双漂

所谓单漂，即一位老人单独过来带孩子。所谓双漂，即老年夫妻共同流动。每个家庭到底选择单漂模式还是双漂模式，都会综合考虑子女家庭需要和经济条件，以及老人身体、工作、家庭情况等多重因素。

住房情况是一个非常现实的因素。如果子女家住房本身就很拥挤，比如只有一室一厅，年轻夫妇住卧室，老漂住客厅，这种情况下就几乎没有双漂的条件。有的家庭经济条件有限，或所在城市房价太贵（如北京、上海、广州等），绝大多数年轻人也没有经济实力买大房子，只能勉强购买五六十平方米的小房子。狭小逼仄的居住空间，不具备老人双漂的现实可能性。那些租住小房子的家庭，同样难以实现双漂。

从子代需要角度看，如果家中抚育负担重，那就更偏好于双漂。孩子上幼儿园之前，如果孩子妈妈工作非常忙碌，那么一位老人既带孩子又做饭，就非常疲惫。老人忙得团团转，很难兼顾好照顾孙辈和家务，影响抚育质量。一些生了二孩的家庭，既涉及老大的上学接送问题，也涉及老二的照料问题，抚育任务重，更偏好于两个老人都来帮忙。如果就一个孩子，且已经上学，抚育负担轻，一个老人过来帮忙就完全足够，自然也不需要双漂。

一些家庭中的单漂与双漂模式，有时也是机动灵活的。当孙辈抚育任务重时，一些老人会选择双漂，合力应对抚育任务。随着孩子长大，抚育负担变轻，就会有一位老人回老家，形成单漂格局。

从老人家庭现实情况看，如果老人有一方还未退休或家中有生意做，或身体欠佳，同样不具备双漂条件。更为普遍的一个问题是，家中尚有高龄老人需要照料，所以必须有一位老人留在家乡承担养老任务。这种情况，凸显了低龄老人“上有老、下有小”的结构性压力。对上而言，低龄老人需要照顾自己年迈的父母，完成作为子女的赡养义务。养老不仅需要时间和精力，还需要一定的经济能力支撑，所以低龄老人也存在一定的经济压力，要想办法挣钱。对下而言，低龄老人需要照顾子女的孩子，用自己的劳动支持子代发展，完成作为父母的“养小”义务。在这种“上有老、下有小”的结构性压力中，很容易形成一个老人成为老漂、另一个老人留守的局面。

相比较而言，农村老人更容易形成单漂的流动模式，除了面临照顾高龄老人的养老现实需要外，还因为大多数农村老人需要种地，攒养老钱。这种一头一个的单漂模式实现了低龄老人在子代家庭需要、自我养老需要和赡养高龄父母需要之间的权衡。还有另外一种特殊的单漂模式，即两个老人分别到不同城市给儿女带孩子。他们都是老漂，但因为子女都需要支持，所以只能拆分成单漂，形成另一种意义上的“顾两头”。

如果各方面条件允许，子代往往更偏好于双漂。其好处是老人可以实现分工协作，不用那么劳累。更为重要的是，两个老人共同生活，相互有个照顾，形成心理支持。这是双漂的现实好处。有研究指出，双漂老人比单漂老人的城市适应性更强、心理健康水平更高。[2]正所谓老来伴，老漂群体中老伴的心理支持作用特别重要。特别是一些老漂在儿女家待得不愉快，受了委屈，就更需要有一个倾诉对象提供情绪价值。有的老漂共同来到陌生环境，反而提升了二人之间的相互依赖度，增进了双方感情。

> 我跟老伴的关系一直都很好，来到北京以后开始也不认识什么人，就只能是我们两个相互说说话了，感觉关系比以前更近了些吧。[3]
>
> 刚开始的时候是我自己。老伴自己在家，这两年才过来。前几年，我担心他，他也担心我。我担心他吃不好、睡不好。他知道我身体不好，担心我太操心了。现在好了，一起过来，他帮我干点活，说说话，不那么累了，心理也轻松了。[4]

双漂的另一个影响是，增加了老漂家庭的关系复杂性，子女往往也要花心思处理家庭关系，对两位老人给予照顾。西安的姜先生介绍：自己家主要是岳母一个人照顾孩子，岳父待不惯，只是隔一段时间才来一次，待一两个礼拜。岳父来时，家里会发生许多微妙的变化。岳母一个人在时，只是单纯带孩子、买菜做饭。岳父来了，岳母就放松许多，生活半径明显增大，敢带孩子去远一点的公园。岳父来了，还分担家务，经常拖地，这样姜先生自己就不用像之前那样积极表现做家务。岳父还和自己喝点酒，关系很融洽。（访谈案例编号 C010）

该案例很好地展现了单漂和双漂状态下女性老漂的生活状态差异。同样值得注意的是，因为岳父的到来，三代家庭生活更加完整，互动内容增多。双漂模式会增强老人生活的主体性。在单漂情况下，老人沉浸在家务和抚育活动中，生活比较单调。在子女忙碌、关心不足的情况下，单漂老人更容易形成自己是保姆的角色认知。

相比于双漂，单漂状态下的老人会面临一些问题。其中最为突出的就是老年分居对夫妻关系的影响。

隔两天就给老伴开视频，现在手机方便嘛，他现在也不种地了，想他了就打电话。也没说什么，就是问吃饭了没有，吃的啥，让他看看孙子。他一个人在家里无聊，就每天打电话过来唠唠嗑。来城里以前，我们俩还经常拌嘴。我来了这里，他没有吵架的人，还不适应了。现在知道家里没有我不行了吧！有时候还怪担心他的，毕竟我们年纪都不小了，没个人在身边。这边现在也走不了，孩子没有办法。（访谈案例编号 W001）

现在哪都好，就是老头经常分开不好。都说老来伴老来伴，你看我们俩，老了老了却分开了。说出去人家可能笑话，白天他忙着干活、我带孙子也没啥感觉。年纪大了觉少，醒得早，以前醒了和我老伴聊聊天说说话就起来了，现在醒了也不能起那么早，怕给小孩弄醒了，只能干躺着。老伴不愿意过来，来了也是待几天就走。他住不惯，我也住不惯，有啥好的不好的就和老伴打视频说说，说了心里也好受些。（访谈案例编号 W006）

单漂老人普遍通过电话、微信视频方式和老伴保持联系。他们通话时，有时沟通具体事情，有时则没有明确目的和内容，只是形成在一起的氛围。有的老漂在做家务时把视频或语音开着，相当于一种自我生活的现场直播。老漂通过这种方式缓解分居状态下的孤独感，增加感情慰藉。如果之前夫妻矛盾多、感情不好，那么单漂的效果是各自有了独立生活空间。也有一些情况是，单漂所形成的分居模式发挥了“距离产生美”效应，反而增进了老年夫妻的感情。当然，也存在因为单漂分居而发生婚姻变动的案例。

> 我和赵女士相识在原来居住的小区，多多少少知道一些她的情况。她的老家是山西某县城，她有两个孩子，一儿一女，大女儿已出嫁。几年前，她跟着儿子来杭州照看孙子。她的老伴在县城工作，还没有到退休年龄。听她说过，夫妻之间感情不太牢靠，早年因丈夫有了婚外情闹过离婚，赵女士考虑儿女尚未婚嫁，就忍了下来。不料，她来杭州不久，她的留守老公“旧病复发”，又出轨了。赵女士一气之下与出轨的丈夫离婚了，丈夫几个月后就找了个比赵女士小十来岁的女人，这让赵女士又气又恨，常常像怨妇一样向老漂姐妹们倾诉。（案例信息来自《杭州老漂日记》，2018 年 3 月 27 日）

因为单漂者多为女性，所以有人将单漂女性的丈夫称为“留守老头”。这些留守男性也经常会跟儿女抱怨自己单独生活的苦楚，希望获得子女的理解关心，让老伴多回来看看自己，更为重要的是加速老伴返乡进程。

> 我爸可以没有我，但是他不能没有我妈。有一次，我妈在珠海待着陪我，他在长春上班。我妈待久一点，我爸就在群里转发公众号的文章。我点开一看，那个文章写的是一个男的他老婆去给女儿带孩子，然后男的在家里摔倒了没人管。给我逗乐了，这男的老了也太没有安全感了吧，总得老婆陪在身边。然后，我妈回长春家一看，家里锅都生蛆了。我爸

的背心裤衩脏了，他自己洗，洗不干净，都看不出来原来的颜色了，哈哈哈。（微博用户乔 ** 发表于 2023 年 5 月 23 日）

该博主描写的“锅都生蛆了”、衣服脏得“看不出来原来的颜色了”等细节，生动呈现了“留守老头”的邋遢狼狈的生活状态。笔者在陕西合阳农村调研时发现，当地人将（妻子进城给儿女看孩子）单独留守在村生活的老年男性称为“单干户”。这是一个比较形象的说法，意指老年男性没有妻子照顾，生活比较可怜，仿佛老光棍。有些单干户是因为家中有土地要耕种、有老人要照顾；有些则是不喜欢进城，感觉待在村里自由自在。（访谈案例编号 C063）

单漂老人的心理稳定性，往往不如双漂老人。考虑到老伴在老家生活没人照料，一些单漂的老年女性在儿女家往往也待不踏实，总惦记着老家的情况，包括父母的身体、老伴的生活。

老年夫妻异地分隔的情况在“老漂族”中也并不少见。自 4 年前来北京照顾怀孕儿媳开始，刘芳（化名）就与在老家江西工作的老伴儿过上了分居生活。老伴儿患有高血压，担心其身体的刘芳每日视频提醒他服药。然而，刘芳在京的日子里，老伴儿时常随意饮食，身体状态每况愈下。2019 年春节后，老伴儿因身体原因突然过世，这使刘芳的精神受到了很大的打击，常常夜里躲在自己的房间里流泪。[5]

单漂模式下，老年夫妻分居两地，给许多老漂带来了精神困扰。因此，他们有时会利用一些合适的机会，如老家的生产需要、养老需要或红白喜事赶人情，向儿女申请（请假）回家待一段时间。

单漂老人与老伴长期处于分居状态，影响了老人晚年的情感交流和陪伴。一些媒体也开始关注老漂现象引发的老年“异地恋”问题，这个话题引起了许多老漂的共鸣，因为它不仅触及老漂群体的深层心理情感需要，还让许多人去思考隐藏在父母支持背后的伦理平衡问题。太多老漂面临晚年奔波、孤独和相思，为了年轻子女，苦了老夫老妻。

## 男漂与女漂

从性别角度看，男漂和女漂也呈现出许多不同点。

单漂状态下，女性占绝大多数。一方面，抚育孩子过程中女性扮演主要角色，发挥核心作用。另一方面，“50 后”“60 后”家庭中，料理家务更多由女性负责。婆婆或母亲来伺候月子、协助照料孩子，也相对方便。因此，单漂情况下，如果是女性老漂，往往会承担更多家务和抚育任务。如果是男性老漂，工作量会少很多。从子女角度看，往往不会让老父亲或公公洗碗或做其他琐碎家务，除非老人积极主动，否则很难直接给老人提要求。传统性别分工模式影响着父辈的家务实践，影响着子代和父辈相处时的生活安排和期待。

以上所说性别分工模式也不是绝对的。个别来自城市家庭的男性老漂，在照料孩子、做家务方面非常擅长。

> 陕西裴女士的爸爸是一位非常能干的男性老漂。年轻时，裴女士的妈妈在工厂工作，非常忙碌，爸爸的工作却相对轻松，所以爸爸分担了大部分家务，也非常会照顾孩子。

后来爸爸妈妈一起来到陕西帮裴女士带孩子，爸爸成为主力，买菜、蒸馒头，把饮食和家务安排得井井有条。（访谈案例编号 C047）

裴女士家的案例，反映了“50后”“60后”城市家庭中的性别分工状况。因为夫妻都要上班，所以打破了传统的“男主外、女主内”分工模式。许多来自城市的男性老漂，在子女家庭生活中发挥着巨大作用，很有存在感和影响力。相反，这个年龄段的农村男性老漂在家务能力方面往往会弱许多，只因为农村的性别分工依然具有传统特征，即带孩子、做家务是女性的任务。

湖北的张女士是个爱说爱笑的爽快人，一看就是个能干的家庭主妇。她和老伴跟着儿子来杭州5年多了，今年也不回湖北过年了。她说，老伴不爱干家务，让他洗碗，他洗的碗油渍渍的不干净；让他打扫卫生，老伴说卫生是永远搞不完的，不用天天打扫。（案例信息来自《杭州老漂日记》，2018年1月26日）

我们老两口以前一年四季都在跟我们那几亩地打交道，到了北京也没有可以让我们种的地了，我老伴天天忙着做饭做家务什么的，我却没事可干了。我不太会做饭，照顾孙子吧，我也几十年没抱过小孩子了，怕抱孩子的姿势不对，怕伤着孩子，老伴也不让我抱，我就一天天地闲着。[6]

闲得很，没事儿干，家务活说我干得不干净，孙女上学也不用我送，闲得难受。（访谈案例编号 W007）

三个案例都表明，如果在家务方面很不擅长或子女家庭的抚育任务不重，男性老漂（特别是农村男性老漂）在子女家中的存在感就比较弱。弱存在感降低了男性老漂的价值感，进而影响其生活适应性和融入性。有的男性老漂虽然能做些简单的辅助性工作，但还是感觉无聊，大量时间不知如何度过，这样的男性老漂，往往待不住，总想着回老家。

有些办法可以解决男性老漂待不住的问题。一些来自城市的男性老漂，可能会选择一些娱乐活动——跳舞、打球，丰富自己的业余生活。来自农村的男性老漂，大多数没有这些专门性的娱乐活动偏好，他们更喜欢打工、找点事做。现在城市中对于保洁、保安的需求比较大，一些岗位放宽了年龄限制，为一些男性老漂提供了就业机会。在佛山调研时发现，当地存在许多这种类型的老漂家庭，女性老漂能单独照顾孩子、料理家务时，男性老漂就会就近找份工作，每月 3 000 多元。这比待在老家务农要好得多，大大增加了家庭收入，不仅攒了养老本钱，还能适当贴补儿女。所以，他们干得非常开心，很有获得感。西安老漂邹先生，在孙女上小学后，待得极其无聊，就自己找了一份洗碗的小时工，在企业食堂中，每天洗碗 4 个小时，收入 40 元。在他看来，做这份工作的意义，不仅仅是挣钱，还让自己有价值感。（访谈案例编号 C045）

从生活模式角度看，一些男性老漂比女性老漂面临更多的适应困境。女性老漂在老家也是以家务为主，这些工作做了许多年，尽管辛苦，但是轻车熟路。因为沉浸在家庭生活安排中，所以其存在感强，获得感也强，比较充实。那些参与家务不多的男性老漂，如果找不到可以挣钱的工作，一直空闲，就待得难受。关键是男性老漂的生活习惯（比如抽烟、喝酒等）有时也会遭到子女嫌弃。在老家时，抽烟比较自由，但是到了儿女家，考虑到孕妇、孩子的健康，子代普遍反对抽烟、厌恶烟味，所以有的男性老漂只能躲在阳台上抽烟，或在楼道里抽烟，甚至下楼到户外抽烟，极其不自在。有的男性老漂无聊时想看电视，却又怕吵到孩子。陕西合阳的一位男性老漂说，每次去儿子家，都感觉自己像走亲戚，走个形式，待几天就待不住了，浑身不自在，就想着回老家过自在的生活。（访谈案例编号 C063）漂在广州的陶先生因为抽烟的问题，和儿媳妇产生了较大的矛盾。

“儿媳妇说抽烟对孩子不好，而且她也受不了烟味，所以不让我在家里抽烟，每次抽烟我都在阳台上把窗户开着，或者直接去楼道里抽。”“每天我也没事，我不懂照顾孩子，顶多逗孩子玩玩，闷在房子里着急得很，除了看电视，就是和老伴带着孩子下楼遛弯儿。”老陶说，有天下午，老伴在厨房做饭，自己坐着看电视，习惯性地就抽了根烟。“在农村习惯了，谁抽烟还开窗啊，直到老伴闻到烟味才赶紧从厨房跑出来提醒我快把窗户打开。”老陶说，“尽管这样，儿媳妇这时已经下班回来了，进门闻到烟味，一晚上都没给我好脸色看，晚饭也没吃，抱了孩子就进屋了。”老陶一气之下，让老伴收拾了行李，连夜就要回老家。“也不是嫌孩子给我脸色看，在城里生活真不方便，憋屈得很，不像村里，大家都自由惯了。”[7]

男性老漂往往因不愿受拘束，而更倾向于拒绝子女的邀请。西安巴女士的妈妈从湖南农村老家过来帮忙照看孩子。巴女士为解决两位老人分居问题，多次劝爸爸过来生活，算是养老。但是，爸爸只是偶尔过来看看，从来不常住。巴女士的爸爸更喜欢农村老家的生活：有许多老朋友，钓鱼、打牌、喝酒，十分自在。最终，巴女士尊重了爸爸的选择，认为只要老爸快乐，就让他过自由生活。（访谈案例编号C064）

以上，笔者从城乡关系、夫妻关系和性别关系三个方面分析了老漂群体的类型及其生活表现。从城乡关系方面讲，农村老漂和城市老漂对城市生活的适应水平差异，影响着他们在城市社区生活中的相处和交往。更为重要的是，城市老漂和农村老漂在和子女相处过程中也表现出不同水平的融合性和协调性，进而影响着老漂育儿方式和代际关系状况（特别是婆媳关系）。从夫妻关系方面讲，双漂模式下丈夫和妻子分工协作、相互陪伴，有利于减少老漂的孤独感。也正因为如此，单漂模式下的老人（包括留守老家的老伴）普遍付出更高的心理成本，单漂模式中的老年夫妻情感交流减少，影响老漂群体的心理健康。从性别关系方面讲，因为“50后”“60后”在家务方面形成了明显的性别分工，所以男性老漂在抚育孙辈和家务方面参与少，存在感弱，导致男性老漂更容易返乡，进而形成一个单漂、另一个留守的分居模式。综合来看，老漂群体的类型分析有利于我们把握老漂现象的复杂性。这种复杂性，使转型期中国家庭关系和城乡关系的特征更加具象化。

# 十

# 老漂的社交与休闲

人是社会性动物。这种社会性，不单单指人生活在社会关系中，还包括人和他人建立关系的能力。于老漂而言，来到一个陌生的环境，不能只局限于家庭之中，还要建立新的社会联系。这既是一种现实需要，也是人的自我主体性的自然延伸。基于自己的需要、按自己的性格偏好和方式，建立一系列新的、服务于自己生活的社会关系，这是每个老漂都要经历的过程。

## 人以群分

人以群分，老漂们带着孩子，喜欢聚在小区中的一些有利地段，比如花园边、小广场，比如太阳地、阴凉地。带孩子的老漂聚在小区的公共空间，或者说，这些带孩子的老人聚在一起，本身就构成了一个公共空间。

人们聚在一起，自然就会搭话，这是社交本能的体现。在最初的陌生关系中，孩子会成为老漂之间的关系黏合剂，自然而然促成彼此交流。老漂之间有诸多共同话题，如带孩子、买菜做饭、对当地环境的评价。毕竟，老漂之间处于相同频道，有亲近感，许多话题也能引起共鸣。一回生，两回熟，三回约，慢慢地，交流多了起来。三五成群，一个小的交往环境就形成了。

新到小区的老漂，大多也喜欢往人多的地方凑。外向一点的老漂，可能直接和大家打招呼。内向一点的老漂，停在人群边上，保持一个不远不近、方便和别人打招呼的合适距离，等着别人和自己搭话。

孩子年龄或月份相近的老漂，更容易聚在一起。孩子成长阶段的相似性，增强了老漂之间的亲和性。老漂之间的交流，也变相地促进了孩子之间的交流互动。年轻人不希望自己父母带孩子时单独躲在一个角落，更愿意让老人扎堆，跟着大部队。老人合群，有利于孩子合群。在婴幼儿成长阶段，大人的社交风格会影响孩子的社交风格。

老漂们在小区里带孩子，聚在一起，构成了小区里的一道独特风景。年轻人白天都上班去了，老人和孩子在小区里活跃着，他们共同形成了社会学意义上的“初级群体”。初级群体的本质特征是持续、频繁地面对面日常互动，在这个过程中生产出熟人关系。

老漂带孩子时所形成的初级群体，具有以下几个特征。第一，以孩子为中心。孩子发挥了重要的黏合作用。没有带孩子这件事，大家就很难聚在一起。第二，彼此互动具有较强的规律性，遵循孩子的生活作息和需要。第三，关系总体上比较松散，不稳定性强。

此外特别需要注意的是，小区中的老漂群体存在着一种圈层结构。笔者在上文曾提到，城市老漂和农村老漂有时也存在一些隐性区隔。

> 我婆婆因为来自农村，所以平时的玩伴，也大多是农村的。小区里许多女性老漂跳广场舞，也是一堆一堆的。有的穿得比较普通，动作简单，这大部分是农村老人。有的穿得相对时尚精致，动作花样多，这大部分是城市老人。同我婆婆玩在一起的，几乎都和她经济条件差不多或差一些，很少有明显高于她自己的。她们有时约着一起逛街，买几十元的便宜衣服，开心得不得了。（访谈案例编号 C050）

老漂群体在小区中的社会交往，其实也遵循着气味相投的原理。这种气味相投，不仅与性格脾气和趣味爱好有关，还与自己和子女所处的阶层有关，严格来说，是由子女家庭所处阶层和自己所处阶层的一种综合效应所决定的。人以群分，主要表现为阶层影响下的圈层结构。当然，这种圈层结构有些时候是显性的，有些时候是隐性的，最深层次的是一种心理结构。

## 老乡见老乡

在中国流动人口的异乡生活中，老乡关系发挥着特殊作用。在大学、工厂、商业等领域，老乡关系对人际关系产生诸多影响。也就是说，每个城市的外来人口，都不是完全个体化的，他们基于多种方式构建熟人关系。王泳仪等在上海调研时发现：流动老人到上海以后，人际交往方面有其特殊性，大部分流动老年人的活动范围集中在社区，主要交往对象是流动老年人特别是老乡，与本地老年人的交往较少。[1]

老乡关系是一种特殊的地缘关系。费孝通在《乡土中国》中讲地缘关系时，更侧重于人们在一定地理空间中相互交往而熟悉。但是流动社会中的老乡关系，并非之前就熟悉或认识，而是当他们处于一个陌生环境时，地缘认同建构了身在异乡的亲近感。因为来自相同的地理空间（如一个省、市或县），彼此产生了惺惺相惜的感觉。

老漂群体的社会交往中，老乡作用同样值得关注。在楼下带孩子时，如果知道对方来自同一个省、市或更近的区域，就感觉见到亲人一般。

> 以前在家里的时候不觉得，现在听见安徽口音就觉得特别亲切，就忍不住上去问问人家是哪里的。就这样，认识了不少老乡，现在经常一块坐着说话，出去走走。（访谈案例编号 W017）

乡音是每个人身上的特殊符号。老漂群体普遍有着较强的乡音，对乡音也更加敏感。一些老漂虽然说着普通话，但乡音难改，具有较高识别度。

> 和不认识的老太太聊天，心里总会有所保留，不自然，感觉有东西挡着。但如果是老乡，那就近了一层。哪怕不认识，但也亲近。我们老家有句话：人不亲，土还亲。老乡的好处是，说话口音相同，听着舒服，风俗习惯差不多，有些话能说到一块，有些事能想到一块，有些事能深聊、能

细聊。田阿姨的老公补充说道："一见到东北老乡，一张嘴，心里仿佛就开了两扇门，不管他说啥，口音听着舒服。"（访谈案例编号 C044、C045）

> 我也不知道为什么，好像东北人自带一种吸引力，在小区里面就认识了老乡。就是很巧，大家都是东北人。老乡见老乡，肯定关系越走越近了。我们几个认识后，就经常发微信约着出去。有时候一起出去吃饭，一起去逛公园，有时也逛街。（访谈案例编号 X019）

在老乡群体交往中，东北老乡是一种特殊的存在。这可能是我国唯一一个以跨省地域为单位的老乡认同单元。或许是因为东北三省人口更多外流，散布在全国各地，需要更强的家乡认同，所以扩大了老乡认同范围，将黑龙江、吉林和辽宁三个省合为一个家乡单元，统称为东北老乡。当然，这可能也跟口音趋同，被外省人统一归为"东北口音"或"东北话"有关。外界的统称，也强化了内在认同。

以上案例都表明，相比于带孩子认识的普通关系，老乡关系的拓展性强一些，会从带孩子延伸到更为丰富的生活内容。老乡见老乡，一拉一大帮。许多老漂谈到，只要认识一个老乡，就可能搭上更多老乡关系，从而形成一个线下或线上的群。

对于大多数老漂而言，老乡不仅仅是玩伴，还是与自己家乡保持情感联结的中介。尽管彼此并不熟悉，甚至不知道底细，但同样能给予彼此家乡情感的满足。对于青年人而言，老乡关系的功能还可以拓展为更为多元的互助和资源链接（如做生意等），但是对于老漂而言，这种老乡关系就相对纯粹，功能仅仅定位于聊天交流、娱乐本身。这是由老漂群体的生活状态和生活内容所决定的。

## 有人说说话

人的社交需要，很大程度上是一种语言交流需要。有人和自己说说话，是一种朴素的社交需要。老漂带孩子的时候，和边上的老人聊聊家长里短，就是一种社交生活。

于许多老漂而言，社交活动中语言交流需要之所以强烈，还跟自己家庭中语言交流缺乏有关。孩子上幼儿园之后，老漂一个人在家时没人说话，晚上儿女下班回来后又和老漂交流少。没人说话是一种特殊的孤独状态。

> 我又听不懂上海话，平时就是跟小孙女说说话。儿子儿媳工作忙，整天早出晚归的，一回来不是上网就是玩手机，一天说不上几句话。[2]

走出家门，和其他人说说话，是许多老漂的日常需要。老漂之间的语言交流，主要有两种形式。一种是许多老漂在一起，开放性话题，你一言，我一语，东拉西扯，自由随意。另一种语言交流相对封闭，是相对熟悉的人聊聊家务事。这种语言交流，会相对私密一些，当然也不是偷偷摸摸的。聊家事的语言交流，有些也属于闲聊，有些则属于倾诉，甚至说着说着抹眼泪。这种情况，往往是老人在子女家中受了委屈，憋在心里难受，不吐不快。

西安的郝女士介绍，小区里有个婆婆，总约她散步。散步时，开始是随意聊天，说着说着，就扯到家里的事，说儿媳妇怎样向她发火，还让郝女士给她评评理。（访谈案例编号 C044）对于这位婆婆而言，这种倾诉具有很强的治愈功能。把委屈向别人说出来，是情绪疏导过程。许多老漂家庭，内部的家庭政治所产生的情绪压力，往往集中在老漂身上。老人委曲求全，习惯把不高兴憋在心里，尽可能不让儿女看出来。一旦老漂的情绪在家庭内部找不到出口，就只能求诸外界，找人说话，把不满吐出来。也正因为如此，有人说说话，对于老漂而言，具有重要的意义。之前自己熟悉的关系，都可能成为倾诉对象，在关键时刻充当自己的听众。老漂们处于类似生活情境，所以更能理解彼此，给对方以情感支持。或说些宽心安慰的话，或出出主意，或什么都不说，只是静静地听，这对心理压抑不满的老漂来说，都是莫大支持。

> 今年 61 岁的黄奶奶最近很开心，因为自己老家的邻居要来广州的儿子家小住几天。这几天，她把孙子送到学校后，就来到邻居住处，向老邻居吐了好几天苦水。“每天儿子、儿媳妇出去以后，我就成‘哑巴’了，除了买菜、接送孙子几乎不出门，左邻右舍都不认识，基本没人可以和自己唠嗑。只能买菜的时候跟卖菜的多聊几句，把每种菜的价格都问一遍，就算不买也得问一遍。”[3]

有些老漂，为了找人说话，会在逛超市的时候和相对熟悉的店员交流。2021 年大润发发布《“老漂族”逛超市报告》，介绍了一个比较有趣的现象，那就是逛超市成为许多老漂的日常生活内容。一些老漂逛超市不是为了买东西，而是和熟悉的店员聊家常、打发时间。这种现象表明，多数老漂日常生活中缺少交流对象，渴望和别人搭话来消除孤独寂寞。

老漂对倾诉的对象，有时未必很熟悉。西安的孟女士提到，自己有次在小区里捡垃圾，有个老人主动走近说，家里有些纸箱，晚上给她。到了约好的时间，孟女士到她家里去取，聊了几句，她就开始倒苦水，说儿媳妇怎样难为她，说她今天和儿媳妇吵架了，儿媳妇让她回老家，她说等第二天再走。孟女士说："也许她给我纸箱只是借口，其实是想和我说说话。"（访谈案例编号 C012）这位老漂，也许是没有熟悉的人可以倾诉，才借给纸箱的机会和人搭话，毕竟和儿媳妇拌了嘴，心里还有气，需要找人倒苦水。

于老漂而言，找人倒苦水是一种特殊情境下的语言和心理需要，有人闲聊则是一种日常性需要。在新的生活环境中，要尽可能找到一个可以进行日常交流的人。西安的郝女士介绍了自己的社交体会。刚到小区时，谁都不认识。有的人经常碰见，就搭话，开始只是问问彼此家庭情况，算是建立一个初步印象。下次遇到，就可能再聊一些。这样聊了几次，不仅了解了对方的基本信息，还在交流中感受到了对方的性格脾气——是否傲气，是否看得起自己，是否能说到一块去。可以说，这是一个相互试探、相互感知的过程。如果都有深交的想法，这种交流就会持续下去，话题也会深入，感情得到积累，慢慢就成了朋友。以后每次下楼，就可能想着，要是遇到某某某就好了。（访

谈案例编号 C044）

家乡中的熟人关系，基于地缘关系在长久中形成。老漂在新的生活环境中需要经营新的关系，这是一个以自己生活为中心的关系网络构建过程。老漂之间的交往，其实比较简单。年轻人的交往，往往伴随着很多请客吃饭、娱乐活动、互赠礼物。但老漂之间的交往是一种比较纯粹、朴素的从陌生到熟悉、再到彼此惦记关心的关系连接过程。在这个过程中，语言交流发挥着基础性作用，展现着语言在熟人关系形成中的魔力。

现有社会交往研究中，我们对于语言交流在关系建构中的作用机制的关注还远远不够。正是从这个角度看，老漂之间的社会交往需要更多深入研究。

## 浅交

老漂在新的生活环境中建立起来的社会关系，从交往频率看，并不低，有的天天见面；但是从交往亲密度看，很少达到深交的程度。老漂的社交关系，普遍具有浅交的特征。这主要涉及以下几方面原因。

第一，跟自己多年生活经历中所形成的亲戚朋友关系相比，老漂之间所建立的新的熟人关系在亲密程度、信任程度方面还有很大差距。

> 都带婴孩嘛，一起带孩子的时候大人小孩一起玩，讲一讲、玩一玩就熟悉了，小区里呀小区外呀，大家都带着小孩，可以互相帮忙招呼着照顾孩子。时间长了，常在同一个

地方歇息、锻炼，也认识了好多人，慢慢就熟了，大家会一起去聊天啊、一起去溜达啊。但是谈话都是表面上的，不是知心的。不像在家里那些朋友都是知根知底的，可以想说什么就说什么。（访谈案例编号 W001）

聊得火热的老漂，往往也替代不了自己生活中既有的亲戚朋友。这种远近亲疏的交往定位，老漂自然心中非常明确。前文强调，老乡关系的距离感会弱一些，但这仅仅是相对于普通老漂关系而言。老乡关系主要是亲切，但从亲切关系变成亲密关系，还需要较多的交往互动。

第二，老漂之间建立了新的熟人关系，其优势在于，可以就近满足自己的交往和心理需要，但这也构成了老漂社交的一种局限性，即其主要定位于现有生活情境中的相互慰藉、消磨时光。它是指向当下的，是正在进行时的熟人关系，缺乏历史根基，有的也缺少未来预期，缺少关键时刻的鼎力支持。不是别人不支持，而是自己开不了口。

怎么讲呢，在这儿认识的人也多，但是真正用人的时候还是老家的人有用。在这儿想找人帮忙找不着人。我老伴前一段时间生病，病的时候感受最深的就是，这里认识的人太不方便了。要是在家里，他住院还能找亲戚朋友替换着陪陪，家里面也有人帮忙照看。在这儿就我自己，儿子、儿媳妇要上班，不上班哪有钱。住了十多天，就我自己，家里医院两头跑。心情特别不好，焦虑啊。当时真是觉得如果在家多好，在家里的话认识的人多，医院里认识人，住院打

个电话就行，亲戚朋友还能帮你，在这谁能帮你，认识的人再多，那不是你的人脉，在这没有人脉。（访谈案例编号W012）

老漂的交往关系，具有临时性，就如同长途火车旅行，因为旅途漫长，总要有人说说话，但是这种交流，更大程度上局限于旅途过程本身，很少进行更多延伸和更长久的关系维系。

第三，老漂之间的关系缺乏长远预期。伴随着自己阶段性抚育任务的完成，或家中有事，或因家庭矛盾而中断老漂生活，老漂之间的关系也就容易断裂。预期影响着人们社会交往中的情感和利益投入，弱化着社会关系的经营性。

第四，老漂在子女家中缺少主体性，所以也缺少更多独立经营老漂关系的空间。

接孩子时，有些家长可以一起聊天，都是经常碰面，加上孩子都是一个班的，慢慢就认识了。老年大学中，也有一些学书法的朋友，也会交流。但这些，都比不上老家的朋友，有的是共事十几年的老朋友，可以约着下下棋、喝喝酒。我在（儿子）这里，主要是没有可以一起喝点酒的老朋友。（访谈案例编号X011）

案例中的老漂说自己有说话的朋友，但是没有喝酒的老朋友，主要是因为老漂之间的感情还不够深厚。可以从老人生活主体性的角度来理解这个现象。毕竟老漂主要是在小区公共空间开展社交，很少延伸到家庭空间。把自己熟悉的老漂叫到家中喝酒，对子女或自己来说，都可能不太妥当。除非老人的子女之间都比较熟悉，那可能在两个家庭的聚会上碰面、喝酒、聊天。在老家时，老人有社交主体性，可以非常自由地安排社交生活，根据自己需要独立开展社交。在子女家则不同，其目标定位是看孩子、做家务，而不是一种独立自主的生活状态。这是影响老漂社交亲密度的关键所在。

## 休闲活动

老漂的休闲活动内容比较丰富，如打牌、下棋、跳广场舞、晒太阳、散步、看电视、玩手机等。这些休闲活动内容，表现了老漂群体的生活特性。

提起休闲活动，人们更容易将其理解为文艺体育活动，以及其他专门性的趣味性活动。从老漂的视角看，休闲活动的形式非常多元，具体涉及以下几个分析角度。

第一，劳动与休息。这是理解休闲的最通用角度，认为休息就是一种非劳动状态。这比较适合工人群体。休闲涉及劳动之外的生活安排。对于很大一部分老漂而言，劳动与休息的界限是模糊的。这涉及对家务劳动性质的讨论。特别是许多女性老漂，并不认为干家务就是劳动，觉得洗衣做饭是一种日常生活状态。这是长久性别分工模式所形成的家务劳动观念。有老漂更喜欢从忙碌与清闲的角度来理解休闲生活。

“闲”不是不干活儿，而是不着急干活儿。闲，就是不着急，没有啥催你，你慢慢干。[4]

在这位老漂的观念中，忙就是不闲，不忙就是闲。在她看来，从外孙早上起床开始到出门上学这段时间，比较忙碌，节奏紧张。但只要女儿、女婿和外孙走出家门，自己就获得了一段休闲时光，可以慢悠悠、比较从容地做家务。这种慢悠悠做家务的状态，被这位老漂理解为一种休闲状态。这意味着，我们理解老漂休闲生活时，不能直接将劳动时间与休闲时间对立起来。对一些老漂而言，劳动与休闲是可以兼容的，这主要取决于劳动的节奏。

第二，无趣与有趣。人们倾向于关注休闲活动的趣味性，认为具有更多趣味性的文艺体育活动才属于休闲活动。例如，一些研究者在调研老漂群体休闲生活时，只统计文艺体育类的活动，未把晒太阳、散步、和其他老人聊天认定为休闲活动。从老人的角度看，休闲就是以一种舒服的方式度过时光。也许文艺体育活动的趣味性更强，但是问题在于，文艺体育活动需要一定的技能基础，而许多老人不愿意投入时间、精力或金钱去学习。在诸多文艺体育活动中，广场舞为许多老漂所喜欢。毕竟广场舞的开放性强，步伐动作简单，只要能跟上节奏扭动身体、挥动手臂，就能达到一定的锻炼和放松效果。一些老人则更喜欢晒太阳、散步、坐着发呆、逛公园等休闲方式。这些活动，可以是个体的，也可以三五成群。许多老人并没有把趣味性作为休闲活动的必要条件，或者更准确地说，并没有形成那种类似于文艺体育活动的趣味性偏好，而是强调轻松舒适的状态。在这种观念中，休闲被理解为一种度过闲暇时光的方式，即用一种活动将闲暇时光填充。

第三，家内与家外。在许多老漂的休闲生活中，走出家门是一个必要条件。这不仅因为在家有许多家务要做，还因为家里空间狭小，待着憋屈。有时候，家庭空间中关系紧张，老人怕吵着孩子，怕子女不高兴，谨小慎微，导致身心不适。这时候，能够走出家门，到外面透透气，就具有放松休闲的效果。

我整天让儿媳妇气得不行，哪有心情出来娱乐啊，就是出来走走、透透气。[5]

我老伴没再来，家里有地、有牲畜，走不开。现在孙女上幼儿园了，就是接她的时候我出来透透气，一般都是在家里看看电视。儿子、儿媳妇都上班，特别忙，还经常加班加点的，什么都顾不上。我在这里也待够了，想回老家。[6]

两个案例中的老漂都提到了“透透气”，这三个字非常生动地概括了老漂族在家庭生活空间中的压抑状态。也正是从这个意义上讲，老漂群体的休闲生活，未必一定要有趣味，最为重要的是走出家门，从家庭生活空间转换到公共生活空间，相当于调整了生活频道。这有利于老漂特别是心理压力大、委屈的老漂的身心健康。

老漂的休闲活动还可以大体区分为个体性休闲和群体性休闲。其中，个体性休闲属于个人单独进行，如看电视、玩手机、散步等。群体性休闲指几个人共同参加的活动，如打牌、下棋、跳舞、聚在一起聊天等。

相比于个体性休闲，老漂群体普遍更偏好于群体性休闲。群体性休闲最突出的优势不是趣味性，而是社会性。例如下棋。小区里有男性老漂在下棋，但通常看棋的人比下棋的人多好几倍。看棋的人，其思维和情感投入程度，一点不亚于下棋的人。当局者迷，但旁观者有时也不冷静，经常争得面红耳赤，吵得下棋人乱了思路。观棋，本来就是下棋的一部分。观棋和下棋构成了一个整体，凸显着下棋活动的社会属性。

在广东佛山调研期间，笔者参与式观察了5位女性老漂的打牌活动。她们分别来自广东、湖南、广西三个不同的省级行政区。那是一个上午，有的做完家务出来玩，有的在孙子上幼儿园后自己也闲下来。反正她们都有大段时间空着，就这样每天约着打牌。有的老漂身边还放着来时路上捡到的水瓶和纸盒，有的脚下放着帮儿女取的快递。她们的玩法非常简单，类似于“跑得快”。这种玩法的好处是不费脑子，比较容易学会。她们输赢没有筹码，先出完牌的人，下一把先出牌，最后出完牌的人，负责洗牌。无论是玩法，还是奖惩机制，都极为简单。对许多热衷打牌的人来说，这种玩法趣味性较低，但奇怪的是，她们却玩得十分起劲。原因在于，她们在乎的不是输赢和牌法趣味性，而是打牌过程中的聊天说笑，边打牌边说几句家里的事，吐吐苦水，有时也埋怨对方出牌慢，或者感叹自己出错了牌。可以看出，她们非常享受在一起说说笑笑的过程，纸牌只是将她们凑在一起的媒介。借打牌的机会，她们聊了很多内容，看起来十分愉快。

其实，无论是下棋，还是打牌，抑或是在晒太阳时的闲聊，我们都应该从社会交往的角度来理解这些休闲活动。在大多数老漂的生活逻辑中，利用各种机会和别人聊天说话，就是休闲的基本内容。最重要的可能不是趣味性，而是群体性。这很符合传统乡村社会中的休闲生活，即不是专门性的文体活动，而是三五成群聚在一起聊天，或更大范围内人的集合，如庙会。城市社会中的休闲，更多注重趣味性，所以更多开展专门性的文体活动。一些城市社区为了丰富老漂的精神文化生活，动员老漂参与文体活动。大多数老漂不愿意参加，不仅是因为社区融入感弱，还因为他们对于文体活动缺少兴趣。

## 捡垃圾

对许多老漂来说，捡垃圾也有休闲效果。(捡垃圾的老漂中，来自农村的占较大比例。)将老漂捡垃圾理解为休闲活动，可能许多人并不赞同，人们更倾向于将其理解为一种生计活动，毕竟捡到的垃圾可以卖钱。但是，一些老漂并不是因为缺钱花才捡垃圾，儿女也会给他们生活费。因此，并不能把老漂捡垃圾理解为一种纯生计活动，还应该考虑到这种劳动模式所包含的休闲效果。

大部分老漂都只是在小区内捡垃圾。小区内捡垃圾，也分为两种情况。一种是顺手捡。散步的时候，正好看见垃圾箱边上有纸箱、有瓶子，就捡起来拿回家。另一种是专门捡。专门捡垃圾，通常是孙辈年级高、照料家务负担不重，所以老人时间充足。有老漂会在自己所住单元楼自上而下“扫楼”，逐层在住户门口捡。这容易引起一些矛盾，因为有的住户只是把纸箱暂时放在门外，但另有他用。有的老漂主要是在小区垃圾箱翻捡，这也面临老漂之间的竞争。专门捡垃圾的老漂，往往会摸出门道，知道什么时间段更有优势。有的小区，老漂捡垃圾时会和保洁员产生竞争关系，引发矛盾。一些可回收垃圾是保洁员的“计划内收入”。西安老漂孟女士就被保洁员批评过几次，此后只能和保洁员错开时间捡垃圾。（访谈案例编号 C012）

专门捡垃圾的老漂，每月都会收入上百元。对于农村老漂而言，这确实是一笔不小的收入。也正是从这个意义上讲，捡垃圾的确算是一些老漂的生计活动。更为重要的是，在许多老漂看来，儿女每月给自己几百元，和自己通过劳动挣几百元，效果完全不一样。自己挣，代表了一种独立性。手里多些零花钱，内心喜悦。老人伸手向儿女要钱，往往要承担较高的心理成本，因此很多老人即使手头紧张，也不愿向儿女开口。一些农村老漂在儿女家看娃、做家务，没有经济来源，缺少经济自主性，所以通过捡垃圾增加收入。还需要强调的是，对于“50后”“60后”老漂来说，其金钱感知和年轻人存在差异。十几元、几十元，对于年轻人来说可能并没多大感觉，但对于“50后”“60后”老漂来说，却不是小钱。这种关于小额金钱的感知差异，经常引发两代人消费观念的冲突，进而引发家庭矛盾。

刚来无聊得很，跟这边其他人也不熟，也没人玩，天天在家闷着，就是看电视、散步、晒太阳，这样干待着，着急得很。夏天嘛，小区里垃圾桶里都是人喝的水瓶子，我想着反正闲着也是闲着，不如去捡破烂卖。我儿子不同意，因为我身体不好，说出去也不好听，他又不是养不起我。但儿子拗不过我，看我闲得难受，就同意了。儿子跟我约法三章：

太冷太热不让我去，一天最多捡四个小时，只能在小区附近捡，捡的不要带回家，只能放在地下室。我讲“好好好”。我真是闲得难受，感觉没意思，和老李（另一个捡垃圾的老人）随便走走说说话，时间也就过去了，也不为挣钱。（访谈案例编号 W010）

许多老漂把捡垃圾当作一种消磨时光的方式，顺便锻炼身体。他们虽然平时不愿意散步，不愿意参加什么娱乐活动，但是捡垃圾时非常起劲，在小区里转悠，在多个垃圾桶之间游走。如果说散步是无目的走路，那么捡垃圾就是有目的走路，积极性得到了调动，起到了一定程度的锻炼效果。有老人强调：捡垃圾时比较放松、比较自由。在家里时，自己要被儿女管，按儿女的要求做事，浑身不自在；捡垃圾却是独立自主，按自己的想法来，想怎么捡就怎么捡。

捡垃圾让一些老漂快乐，因为翻捡过程中反复经历一种即时性获得感。捡拾物品累积起来并最终卖掉变现，从而形成一种积累性获得感。

老漂捡垃圾，也经常伴随着儿女的反对或阻拦。有的年轻人，严禁父母捡垃圾，怕不卫生，影响孩子健康，有的感觉弄脏身体不体面，有的认为家中不便堆放。虽然儿女反对，但有的老漂依然倔强坚持，偷偷藏在家中角落。一些儿女工作忙，早出晚归，也难以发现。有的老漂害怕儿女嫌脏，就把纸盒叠得整整齐齐，把捡来的矿泉水瓶子一个个洗干净。西安的姚先生介绍，一个同事的妈妈喜欢捡垃圾，每次攒够了，还要求儿子开车带她去收购站卖。孝顺的儿子只能满足老人要求，有时陪母亲卖完后还要专门去洗车店做清洁，免得妻子嫌弃气味闹矛盾。结果，清洁汽车花的钱，比卖废品的钱还多。（访谈案例编号 C061）

理解一些老漂的捡垃圾行为，除了增加经济收入、锻炼身体、放松心情等因素外，还有一个角度，那就是一些老人确实“闲不住”。许多农村“50 后”“60 后”老人，没有专门的休闲概念，总说自己不会享福，就愿意干活。有农村生活经历的老年人，因为没有休闲概念，也大多不会参与专门性的文艺体育活动，所以进城后更加难耐空闲。他们就想找点事做，填补空闲，消磨时光。理解了这一点，就能理解为什么一些农村男性老漂和老伴一起进城给儿女带孩子，但因为家务干得少，空闲时间多，待不住，所以总想着回家，除非就近找一份保安、保洁等相对轻松的工作，才能安下心来。做工的好处是，不仅能赚钱增加收入，还能在工作过程中接触社会，和更多人发生工作联系，增加社会关系的丰富性。

# 十一

# 应对老漂养老之忧

老漂们忙碌地活在当下，也同时面向未来。许多老漂虽然在子女家生活了很长时间，但是并不认为那里是自己的家。关于未来生活，大多数老漂都有谋划。有的老漂（特别是城市独生子女的父母）更希望能够在子女所在城市扎根，留在子女身边养老。有的老漂渴望早点完成任务，回老家过自由轻松的生活。许多单漂的老人，更盼着回老家和老伴团聚。无论是谋求扎根，还是计划返乡，老漂们都积极和老家的亲戚朋友保持来往。应对老漂族的养老之忧，我们既要肯定老漂群体的自我养老能力，也要强调子代对老漂父母的反哺意识，同时需要社会政策统筹一老一小问题。

## 儿女的家未必是父母的家

老漂家庭中的家庭认同存在着代际差异，焦点问题是：目前的家是谁的家、自己的家庭成员有哪些？王美华调研时遇到一位老漂这样表述自己的家庭认同："我们总归是要回去的，女儿的家并不是自己的家，而且在女儿家也没在自己家自在，但是我们的家还是女儿的家。”[1] 王泳仪等在上海调研时发现：流动老年人在提及子女家的时候用“我女儿家”“我儿子家”等表述，很少用“我们家”来表述。[2] 笔者调研时，许多年轻人也表达了类似情况。他们向笔者抱怨自己的烦恼，即父母过来帮忙带孩子，并不把这里当作自己的家。父母这样想，儿女就很不舒服，感觉父母和自己有一层隔膜。

成都的焦女士说妈妈在这里没有归属感，虽然每天都在带孩子，但是总念叨家里的房子怎么样了。焦女士感叹道：“父母的家永远是儿女的家，但是儿女的家未必是父母的家。”（访谈案例编号 C021）

带着年轻人的抱怨和困惑，笔者在访谈老漂时，经常提到一个问题，那就是：“这里（指儿女的家）是您的家吗？”笔者听到了很多种回答，表现了老漂对儿女家庭认同的复杂性。概括说来，有以下几个类型的回答：

第一，这里肯定不是自己的家，自己的家在老家。这是最大多数的回答。老人们有明确的界限感，认为在孩子家里只是暂住，任务完成后，就要回到自己家里。（访谈案例编号 C038）

第二，这里肯定是自己的家，因为房子是自己买的。佛山的赵女士很肯定地回答了这个问题，认为自己出钱买房，所以这是自己的家，是儿子、儿媳妇住在自己家里。（访谈案例编号 C039）

第三，这里不是自己的家，因为女儿结婚后，就和父母不是一家了。多子女家庭的老人更容易有这种想法，认为儿子结婚后和自己是一家人，女儿结婚后就不是一家人了。也正因为如此，那些住在儿子家里的老漂，归属感会强一些。这说明，尽管在抚育责任方面，男方父母和女方父母都参与，形成双系并重趋势，但是从父居意识依然发挥隐秘作用，影响着老年人对子女的家庭认同。

第四，这里以前不是自己的家，但现在住了这么多年，算是自己家了。这主要是那些跟儿女多年生活在一起的老漂的想法，尽管开始时不认为这是自己的家，但是随着时间的推移，日久生情，加深了认同。（访谈案例编号 C012）

> 我问张先生：春节是否回湖南？他说：不回去。他和老伴只有一个女儿，女儿在哪里，哪里就是家。并说：我们把孩子从农村带到小城市，孩子把我们从小城市带入大城市。杭州很不错，不想回湖南了。（案例信息来自《杭州老漂日记》，2017 年 12 月 27 日）

案例中，张先生说“女儿在哪里，哪里就是家”，这代表了独生子女父母的心声。对于城市独生女的父母来说，随迁女儿的意愿更强烈。案例中，张先生将老人随迁的过程描述为“孩子把我们从小城市带入大城市”。他这句话有两重含义。其一，家庭经历了从农村到小城市再到大城市的两个跨越，这是历经几十年才形成的一种发展路径。其二，女儿让父母有机会来到大城市，父母内心喜悦，还有几分感激。张先生的案例还包含另外一重信息，即城市认同与家庭认同之间的关联。一些老漂如果待不惯子女所在的城市，就不利于建立对子女家庭的认同感，总想着回到老家。

牛先生从山西来到西安多年，住在女儿家里，一直也没有家庭认同。后来，他把老家的房子卖了，在女儿小区附近买了一套二手房并重新装修，入住后有了非常强烈的自己家的感觉。不仅仅因为房子是自己买的，还因为自己参与了装修，投入了心血，与房子建立了情感联系。（访谈案例编号 C001）

总的来看，房屋产权归属、子女性别、居住时间、生活体验、未来生活预期，都影响着老漂族对子女家庭的认同度。老漂族和子女共同生活期间的家庭认同意识的形成，涉及时间、情感、经济因素等综合效应，其中最主要的还是子女对老人情感需求的响应。如果子女缺乏对老漂的尊重，让老人在家庭生活中充满边缘感和被否定感，老人就更容易认为这里不是自己的家，等着完成任务离开。

此外，还需要从社会适应的角度来理解老漂族对子女家庭的认同感。许多老人所理解的家，是嵌入自己熟悉的社区中的生活单元。有的老漂即便想把儿女的家当成自己的家，但是因为对子女家所在的环境没有融入感、适应感和归属感，所以同样也会降低自己对子女家庭的认同感。

> 我觉得这个房子之外的世界离我很远，那些人我都不认识，那些地方都跟我没有什么关系。[3]

从这位老漂的表述可以看出，社区认同很大程度上影响着老漂的家庭认同。其背后原因在于，家庭具有社区属性。虽然从血缘关系角度看，老漂和子女存在强关联，但因为老人对子女家的外部环境不熟悉，所以存在着一种隔阂感。这种社区低度认同，会让老漂缺少踏实感和扎根感，自然认为儿女的家难以成为自己的家。

# 扎根养老

“50后”“60后”城市老漂普遍有退休金，在经济上没有太多后顾之忧。他们对城市生活的适应性比农村老漂强，所以有更强预期迁移到子女所在城市度过晚年。当然，于城市老漂而言，是否跟着子女养老，这个想法在和子女互动过程中会逐渐清晰化。有的老漂，虽然感觉给女儿带孩子时更轻松，但是在养老方面，还是倾向于跟着儿子。有的老人有多个子女生活在不同城市，在和多个子女互动过程中就会慢慢感知儿媳妇、女婿的脾气秉性，然后综合考虑到底跟哪个孩子一起生活最好。

回不回老家我都可以，闺女这边我可能还得给她多管几年。过几年，她顾得上我，那我们留在她身边也好；闺女顾不上我们，那我们也不给她添麻烦，就回石家庄去了。儿子他管得上我们就好，管不上了，我们自己也管得好自己。（访谈案例编号X016）

这位老漂在未来养老安排方面，显得十分被动。按她的说法，未来到底跟谁养老，主要取决于哪个孩子能顾得上自己，如果都顾不上，那就自己养老。城市老漂虽然普遍有较强预期和子女生活，但是这主要还是取决于子女的态度。实际情况是，只要两代人没有产生大矛盾，老年人还是会积极向子女靠拢。独生子女的父母更是如此。如果他们因为种种原因不能投靠子女养老，也可能选择去养老院。

什么时候需要养老？可能等女儿有工作了，稳定下来了，不需要我们操心的时候吧。我觉得在不在老家都不重要，只要有儿子在身边或者有女儿在身边就可以。养老院，我是不太愿意去，但是如果孩子们觉得我们是个负担，那我们能不去吗？（访谈案例编号 X013）

投靠子女养老的想法一旦明确，大多数城市老漂会谋划在子女所在小区附近购买住房。他们和他们的子女都偏好于“两扇门、一碗汤”的理想状态，即分开居住，彼此有独立生活空间，但又要离得近，方便相互照应。

有些老漂的子女，择业时喜欢往一个城市凑。如果这样，老漂就不用纠结到底跟哪个子女养老。广东佛山的湖北老漂严先生介绍，自己三个孩子都在佛山发展，房子都买在一个小区，自己和老伴轮班给儿女看孩子，不用奔波，只是从一栋楼搬到另一栋楼而已。（访谈案例编号 C043）成都的内蒙古老漂段女士有一儿一女，女儿起初在成都工作，儿子也选择考成都的大学。老人从内蒙古到成都帮女儿照看孩子，但一直没有在成都永久生活的打算，直到儿子大学毕业后确定在成都就业，老人才下定决心，日后留在成都养老。（访谈案例编号 C022）

相比较而言，在子女所在城市生活时，城市老漂比农村老漂有更强的扎根意愿，特别是当他们有较强预期留在子女身边养老时。

在西安生活的山西老漂牛先生，将自己这些年的老漂经历，理解为一个扎根过程。牛先生和妻子都是工厂工人。女儿 2005 年从西安某大学毕业后，留在西安工作，2008 年结婚，老公是军校毕业生，浙江绍兴人。2009 年，女儿怀孕。牛先生和老伴虽然已经退休，但因为在山西有生意项目，所以不能照看女儿。于是，女儿的婆婆从绍兴来到西安帮忙照料，但是水土不服，难以适应。孩子生下来 10 天后，牛先生和老伴就从山西老家赶到西安伺候女儿月子，女儿的婆婆则返回浙江绍兴。孩子满月后，因为居住拥挤，加之牛先生在山西还有生意项目，只能接女儿和外孙女到山西休产假。2010 年，女儿休完产假，牛先生和老伴又一同来到西安。（访谈案例编号 C001）

牛先生认为，自己只有一个女儿，所以女儿在西安工作后，自己心里就有一个目标，那就是在西安扎根。他的原话是："起步就是扎根！"回顾十多年的西安老漂经历，牛先生认为以下几个因素影响着自己在西安的生活扎根。

其一，政策因素。牛先生和老伴都在医疗和养老政策方面面临一些麻烦。在养老政策方面，每年都要认证，非常不便。好在近几年技术升级，异地认证方便了。在医疗政策方面，近两年有了异地就医备案制度，他们在西安住院也能报销，但是老年人普遍有慢性病，慢性病开药十分不便，比在山西老家麻烦得多。更为关键的是，看病时没法像在山西老家那样找熟人，有时候要费很大力气排队，心里还没有找熟人放心。从医疗和养老政策角度看，老漂受到一些限制，感觉自己是外地人，影响了老漂的心理扎根。

其二，住房因素。牛先生 2010 年刚来西安的时候，山西太原的房子空着，过了一段时间才出租。后来考虑到女儿所住婚房（婆家买的）比较小，住起来太拥挤，牛先生于是把山西太原的房子卖了，在西安全款买房并重新装修。入住这套房后，牛先生和老伴的心理起了微妙变化。之前住在女儿婆婆买的两室两厅房子里，有些拥挤，总感觉那不是自己的家。现在这套自己买的三室两厅，空间宽敞，心理上也更加踏实。此外，两位老人装修房子时倾注了许多心血，有了更多感情投入，感觉这里是自己的家，有扎下根的感觉了。

其三，社交因素。刚来到西安时，牛先生和老伴感觉很孤单，因为与老家几十年的亲戚朋友都分开了，只能在西安重新建立社交联系。除了同小区里带孩子的老人进行日常交流外，他们也认识了一些老乡。牛先生性格开朗，兴趣广泛，爱打乒乓球，结识了小区里的本地球友，还和球友共同倡导推动社区在小区增加乒乓球台。牛先生热爱旅游，几乎每年夏天都会组织多位老漂在本省或出省旅游。他们平时都在一起玩，比较合得来，更容易组织在一起。牛先生在社会交往方面表现得积极活跃，努力在新的环境中建立关系网。这种关系网不仅服务于牛先生的娱乐休闲，还有助于他看病时的互相照应，增加各方面生活的熟悉度和便利性。这也增强了牛先生对当地生活的融入感，让他更觉得自己在西安扎根了。

牛先生所讲的三个方面，对老漂扎根都产生了重要影响。只是牛先生漏掉了一个关键因素，那就是他积极处理和女儿家庭的关系，尽可能照顾女婿的情绪。家庭和谐是更为重要的因素，让老人在西安生活踏实、有家庭归属感。

理解老漂在新环境中的扎根生活，要区分扎根意愿和扎根能力。从扎根意愿角度看，家有独生子女的城市老漂扎根意愿更强烈。从扎根能力角度看，城市老漂虽然对新城市比较陌生，但是可以将先前积累的城市生活经验迁移到新城市，所以扎根能力强。老漂扎根意愿强烈，会增强其适应新生活环境的动力，进而提升其扎根能力。我们要关注城市老漂群体内部的扎根能力差异，毕竟职业、年龄、性别、身体状态等因素都会影响老漂适应新生活环境的能力。

## 返乡自养

农村老漂投靠子女的意愿会弱一些，更偏好返乡自养。这种自养预期的形成，主要源于以下原因。

第一，相比于城市老漂，农村老漂对城市生活的适应性要弱一些。毕竟，城市生活与农村生活模式存在较大差异。城市老漂习惯于在小区里散步、逛公园、旅游等一些休闲生活，对于城市的交通、商业系统也相对熟悉。但农村老漂的主要生活空间就是村落，不太习惯城市的生活模式。所以，许多农村老漂将目标单纯定位于为子女短暂帮忙，认为老漂生活只是临时的，期待尽早完成阶段性任务。农村老漂具有更强的“漂”属性。

第二，农村老漂普遍缺少在城养老的经济基础。无论是城市老漂还是农村老漂，都偏好于和子女分开居住。如前所述，许多城市老漂有经济实力在子女所在城市购房（除北上广等房价过高城市外），获得独立生活空间。农村老漂普遍没有这个经济能力，除非他们的子女经济实力雄厚。大多数城市青年家庭缺少让农村老漂父母在城养老的经济能力，因为在城期间的居住成本、生活成本、医疗成本都远远高于农村。从经济成本角度看，农村老漂返乡养老是一个相对理性的选择。在农村，老人有承包地，伴随农村机械化水平和农业社会化服务水平的提高，农业大田作物的劳动强度大大降低，许多七十多岁的农村老人还能轻松种地，满足口粮需要，获得农业经营收入，多挣零花钱。

第三，农村老漂更偏好于农村养老方式。农村老漂有长期农村生活经历，对农村生活方式更加熟悉和热爱。

我在老家，吃完饭喂喂鸡，上地薅薅草，回来随便做点饭。活是干不完的，不想干了就去打打牌，串串门，热热闹闹的。在村口呀、路边呀坐着聊聊天，有时候还给邻居家地里帮帮忙，又不累，感觉有意思。到这边吧，清闲是清闲，就是感觉没意思。小区里边也有老太太跳广场舞，我跳不惯，老胳膊老腿也跳不动。（访谈案例编号 W009）

这位老人的表述，很有画面感，生动呈现了农村老人比较悠闲的晚年生活。这种生活依托熟人社会，根植于乡村社会的生产生活方式。这种生活并不是城市老人那种专门性的晚年娱乐休闲活动，而是一种社会生活。红白喜事、赶庙会、走亲戚、相互帮忙，老年人更自在地和乡村社会融合，如鱼得水。

许多单漂的农村老人自始至终都没有留城养老的打算。女性老漂进城帮子女看孩子。男性老漂留守农村老家，种地、照顾高龄父母，等待着老伴完成任务后返乡。对于能自理、能劳动的农村老人来说，回农村养老生活成本低，生活质量却不低，还能减轻子女的经济负担。于农村老漂而言，这是最理想的养老模式。即使在生活半自理阶段，他们也能通过老伴照料、亲朋好友帮忙维持生活。

也有个别农村老漂想留在城市和儿子、儿媳妇一起生活（特别是老伴已经去世的老漂），这就要同时考虑子女家庭的经济条件和意愿。有的农村老漂虽然想留在儿子身边养老，但是儿媳妇不同意，导致老人对于未来养老安排犯难。

> 一位老人到城里带孙子7年，现在已经不想再回农村，却被儿媳妇婉拒了。她很苦恼应该怎么办，于是将这个问题与平时相处比较好的朋友商议。有的人指出这是儿媳妇做得不对，属于典型的卸磨杀驴，认为老人辛辛苦苦带了7年孩子，等孩子上了小学就要撵走是非常过分的。有的人认为，整天小心翼翼地在一块生活，还不如自己在农村老家更自由自在，大家都过得舒坦，毕竟孙子既然已经带大了，别人家的金窝银窝不如自己的草窝……老人想留在城里，基本上是三天一大吵两天一小吵，搞得一家人过得都不“安生”。儿媳妇就想让她回老家，但是她却不想回去，想天天守着儿子、孙子，现在搞得关系很僵，过得也不开心。[4]

“丢不下儿孙，回不去农村”，这是一小部分农村老漂的尴尬处境。抚育任务完成后，子代不能发挥养老功能，导致老漂养老陷入一种新的城乡割裂状态。特别是在老人不能自理、身边又无人照料的时候，应该尽孝道的子女却不在身边。对于农村老漂特别是独生子女老漂，这是非常现实的养老问题。

## 与家乡保持联系

老漂在子女家生活期间，普遍保持着和家乡的社会联系和情感联系。南方都市报民调中心的《“老漂族”生活状况调查报告》显示，“老漂族”与老家亲友联系仍较为频繁，84.91% 的老漂表示和老家亲友经常或有时联系。[5] 与家乡保持联系，是老漂生活中不可或缺的内容。与“80 后”“90 后”不同，“50 后”“60 后”普遍在家乡有长久生活经历，所以和家乡的社会性链接很强，和家乡保持联系的意愿也更强烈。

绝大多数老漂都把老家的亲戚朋友关系看得很重。几十年生活中积累起了深厚感情，老漂们与这些亲密关系保持联系，更能获得心理上的慰藉。

> 老家的亲戚不能断，经常联系，我们过年都回家，平时也打打电话，“老哥你最近怎么样”，问问好，该走动的还是得走动。（访谈案例编号 W010）
>
> 家里亲戚不能丢，平时联系得少，但是有事儿的时候像红白喜事，我和老伴要回去。这时就得让亲家过来待两天，算是顶班。（访谈案例编号 W011）

有人被自己惦记和思念，是人的一种特殊需要。于老人而言，这更是意义非凡。在年轻人自觉或不自觉“断亲”的时候，老人却在投入许多时间和情感去维系既往亲朋关系。于年轻人而言，大多离开家乡发展，更热衷于在新的生活环境中建立服务于自己发展的社会关系。于老人而言，其经营家乡社会关系的核心目标不仅是“开来”，还是“继往”。

许多老漂在家乡还有重要事务需要处理，比如家中还有高龄老人，虽然暂时有其他人在照料，但还是要经常问候关心。在西安工作的项先生，其妈妈从渭南老家过来带孙女，老家还有 80 多岁的老人需要照顾。项先生的爸爸虽然也能照顾，但是不擅长蒸馍。项先生的妈妈隔些天就要坐火车回渭南老家待一两天，蒸馍，收拾家。对于项先生的妈妈而言，她要上头顾老，下头顾小，必须两头走；不能只顾城里，不顾村里，务必和老家保持联系。（访谈案例编号 C057）

对于单漂的老人来说，老伴在老家生活，同样需要保持联络。单漂老人和家乡老伴的联系，很大程度上是相互慰藉。毕竟老漂一个人在城里，生活孤单，需要有人说说话。老伴在老家，孤单一人，同样需要有人陪伴和说话。虽然在村的老伴也有熟人可以交流，但是并不能替代老伴之间的日常情感交流互动。

那些日后有返乡养老生活预期的老人，更有和家乡保持联系的积极性。在城生活是阶段性任务，完成任务后需要返回家乡生活，所以老家的亲戚朋友“不能断”“不能丢”。

一些老漂认为，从养老角度看，老家的亲戚朋友大多数情况下比自己儿女的支持作用大。儿女工作忙，亲戚朋友却能在家务事、就医照料方面及时帮助。因此，与家乡亲朋的联络不仅是“继往”，还涉及“开来”。毕竟日后养老生活中，还要这些亲密关系支持，必须花心思去维系。家乡的亲密关系不能按下暂停键。

老漂族和家乡保持联系的方式有许多，例如电话联系、赶人情和种地。

**电话联系**。许多老漂提到，自己白天做家务时，经常和老伴开着视频，两个人闲聊。有时候即便不说话，能听见对方干活时的动静，也感觉到愉快。现代通信工具，为两地分居的老人提供了共同在场的交流情境。老漂们也经常通过电话、微信和老家的亲戚保持联系，避免生疏。

**赶人情**。老漂与老家的亲戚朋友联系，除了偶尔电话问候，还会围绕着红白喜事等重要事件展开。赶人情，是维系亲朋关系的关键机制。这比日常性的电话交流问候更有效。许多老漂遇到亲戚朋友家的重要事情，也会尽可能“请假”返乡。

> 赖先生是湖南郴州人，目前在武汉工作，母亲从湖南老家过来带孩子。母亲不是一直待在武汉，而是两头跑。来武汉一段时间，就因为老家亲戚的红白喜事而带孩子回老家，回去后待上一两个月，儿子、儿媳妇想孩子了，再回到武汉。就这样来来回回，一直到孩子上幼儿园。（访谈案例编号 C067）

在赖先生看来，母亲赶人情具有双重效果。其一，通过赶人情和家乡保持联络，维系亲戚朋友关系。其二，回老家赶人情是老人放松自我、摆脱城市单调生活的一种策略。

村里有老人去世，必须回去领活干。埋人是村里最大的事，结婚可以捎礼，但埋人必须回去，不回去别人骂，说谁谁把自己老人埋完了，就不办人事了。我回去，算是顶门户，给女儿、女婿顶门户。（访谈案例编号 C013）

省内流动的老漂，因为路程短、交通便利，所以更重视老家的人情往来。有些老漂回家赶人情，也是为子女考虑。因为子女已经离开老家（特别是独生子女家庭），如果老人再不参与老家红白喜事，就相当于断亲。虽然儿女已经定居城市，对老家社会关系的依赖度非常低，但是在农村老漂看来，日后自己在村去世，办丧事时，还需要有人帮忙。从这个角度看，老漂赶人情，也是在替子女经营社会关系，为自己日后在村里的人生告别礼做好人情准备。

**种地**。相比较而言，农村老漂与家乡联络的动力更强，这主要是因为其普遍有更强的回乡养老意愿。有的农村老漂除了利用过年过节、红白喜事机会回到家乡，还会回家种地、收割，与家乡保持着农业联系。

西安老漂翟先生，1962 年生，在西安帮女儿带孩子。2020 年时还在老家种了 11 亩[①] 麦子。现在忙了没时间回去，才不种了。（访谈案例编号 C013）1953 年出生的西安老漂孟女士，更有种麦子的积极性。

我在家里种 4 亩地，只种 1 季，机器种，不打药。地是我的，不种可惜了，租给别人，一亩地才给我 100 元。我今年种 4 亩地，收了 3 000 斤，卖了 2 000 斤，留下 1 000 斤。

① 1 亩约等于 666.67 平方米。

> 我不是为了挣钱，只是方便自己吃。买 10 斤面，1 个礼拜就吃完了。自己种的麦，有味有劲，亲家母也特别爱吃我种的麦。种麦时，孩子姥姥过来看几天（孩子）。我回去是干活，不是放假，赶上周末，儿子就得回去帮忙。1 ～ 2 天就能种好。收麦子、晒麦子，要 1 个礼拜。儿子不愿意让我种，但是他管不住我。（访谈案例编号 C012）

案例中的老人已经 70 多岁了，仍保持着极高的种麦热情。儿子嫌她年龄大，不想让她种麦，但是老人依然倔强地坚持。种麦绝不仅是因为好吃，还是保持自己独立性的一种手段。卖掉的 2 000 斤麦子，正好可以做零花钱，用于村里赶人情的花费。麦子收了磨成面，可以作为礼物送给亲家母。借着种麦、收麦的机会，还可以回家走走亲戚，算是一个短暂假期。

以上所提到的多种方式，都表现了老漂和家乡保持联系的努力。当然，也有老漂表示，在外面漂太久，老家就没那么容易回去了。父母已不在，长辈们在世的越来越少，许多同龄亲戚朋友也去当老漂了，回老家其实没多少人要看，但还是想回去看看，回去了却又待不住。（访谈案例编号 C049）或许，于一些老漂而言，他们心心念念的老家，并不是那么容易回去了。

## 还没到养老的时候

和老漂聊起养老的话题，一些老人第一反应是自己还没有进入养老状态，认为只有孙辈再大一些、不再需要老人照料或接送上学的时候，自己才能真正进入养老状态。

> 养老？养老不得等孙子大了、不需要照顾了吗？现在小孩子还离不开人呢！儿子、女儿也忙，还没到我养老享福的时候！（访谈案例编号 X007）

中国老年人所理解的“养老享福的时候”，往往要等到完成自己作为父母的责任。老人只要还有能力，子女还需要，就会一直为子女付出，发光发热。进而言之，绝大多数老漂并不把在子女家做家务、照料孙辈的状态理解为养老，或者更准确地说，因为自己人生任务尚未完成，所以还没到养老的时候。

为了准确理解养老问题，我们需要区分三种养老时间，分别是政策性养老时间、老人认知的养老时间、子女认知的养老时间。

首先是政策性养老时间，即符合国家政策要求的退休时间。退休时间之所以成为养老的开始时间，是因为领取养老金后，人进入一种无须劳动就有生活保障的状态。当然，这主要是针对公务员和企事业单位职工而言。

其次是老人认知的养老时间。从身体状态来看，随着营养和医疗水平的提高，老年人身体机能老化过程放慢。更为重要的是，中国老年人普遍将完成人生任务作为进入“养老状态”的前提。人生任务的核心内容是给子女完婚。近年来，给子女带孩子同样成为老年人的人生任务，导致老年人所认知的养老时间进一步延迟了。这正是许多老漂认为“还没到养老的时候”的原因。

最后是子女认知的（自己父母）养老时间。老漂家庭中，子女对父母衰老的认知存在分化。少部分子女能感知到父母的衰老，在生活中有意识地注意老人的身体和心理变化，并适当给予老人关心和照料。例如，第七章提到的武汉的吕女士，她敏锐感知到婆婆情绪的异常，怀疑婆婆得了抑郁症，并让丈夫带老人去医院检查，同时减轻老人的日常工作量，自己承担更多照料孩子的工作。成都的穆女士在接受访谈时也感叹，明显感觉母亲在衰老，“前几年是妈妈照顾我和孩子，现在妈妈也需要我的照顾，需要我哄她！”调研发现，能感觉到老漂衰老的子女比例并不高，更多子女其实忽视了这个问题。大多数子女的注意力集中在工作和孩子身上，缺少对父母的关心和照料。从这个角度看，多数老漂家庭中，子女所认知的父母养老时间也延迟了。

综合以上三个方面，尽管依据年龄标准测算社会老龄化水平很简单，但是如果考虑到退休延迟、老年人人生任务和子女对父母衰老的感知等因素，现实中应对老龄问题就比较复杂。“还没到养老的时候”，同样一句话在老漂认知和子女认知中，具有不同的意味。许多老漂感叹自己“还没到养老的时候”，反映了他们对于父代责任的认知和实践。老漂的子女认为父母“还没到养老的时候”，更大程度上反映了子女反哺意识的弱化甚至缺失，是子女对老漂养老问题缺乏注意力的客观结果。

在城市青年以孩子为中心的生活方式中，抚育压力、经济压力、时间压力合并在一起，导致许多子女很难意识到老漂的衰老，更难以在语言和行为上关心老漂父母。调研中，一些子女对于老漂父母养老问题的思考，更多集中于老人卧床后的照料和就医，感叹独生子女赡养四个父母的难处。

其实，如果我们把赡养仅仅理解为物质供养和卧床照料，未免狭隘了。养老还涉及对老人健康状态的日常关心，在老漂家庭中更是如此。老漂在子女家照顾孙辈的时候，正是子女孝敬老漂父母的好时机。

## 统筹一老一小

老漂族未来养老，同样离不开相关社会政策的支持。老漂族现象对社会政策发展提出了要求。面对千万人口量级的老漂群体，我国家庭政策在抚幼与养老方面尚有诸多完善的空间。

从根本上看，针对老漂族的社会政策，不应该单单关注老漂群体的福利保障本身。老漂族的养老、医疗需要，很难通过设立全国性针对老漂群体的专门性福利来解决，只能依托更加友好的流动人口社会政策来响应老漂群体的多元需求。

“当前我国与流动人口相关的政策主要是基于劳动年龄人口而制定，养老、医保等社会福利政策也是基于户籍和地方政策，地区之间难以实现统筹。”[6] 伴随着国家和各省的社会政策改革，针对流动人口的福利政策正逐步拓展到流动劳动力人口的关联家庭成员。随着异地养老认证、异地就医备案等政策的落实，十多年前学界所关注的老漂族养老医疗问题已经有了较大缓解，并将随着流动人口社会政策发展而进一步改善。

值得注意的是，南方都市报民调中心《“老漂族”生活状况调查报告》显示，依然有 44.86% 的老人表示受“异地就医报销难”的困扰。[7] 之所以在国家大力推动异地就医政策改革的背景下，依然有诸多老漂面临异地就医报销难的问题，是因为“异地就医结算涉及环节很多，就医介质、就医地医院系统、就医地系统、国家平台、参保省平台、参保地系统等，只要有一个环节有问题，就可能直接结算不成功”[8]。2022 年国务院发布的《“十四五”国家老龄事业发展和养老服务体系规划》提出：完善基本医保政策，逐步实现门诊费用跨省直接结算，扩大老年人慢性病用药报销范围，将更多慢性病用药纳入集中带量采购，降低老年人用药负担。这都有助于老漂族异地就医的便利性。

应对老漂族现象的社会政策，关键要在统筹一老一小关系上发力。当前中国人口发展面临一老一小两大问题。所谓“一老”，即老龄化。所谓“一小”，即婴幼儿抚育。老漂族现象，为我们理解一老一小关系提供了启示。老龄化背景下，老年群体并不完全是养老负担，还蕴含着抚幼资源。挖掘和利用老年劳动力资源，能够基于中国家庭的代际伦理而低成本地满足青年家庭的抚育需要。现在我国针对“一小”问题的社会政策，更多考虑增加生育奖励、建立更多托育机构，这些举措出发点是好的，也会产生一定的作用，但笔者认为其作用可能有限。真正没有生育意愿的年轻人，很少会因为几千元的生育奖励而去生育。综合来看，小额生育奖励的象征意义可能大于实际意义。

托育机构发展问题比较复杂。现在，许多地区都在制定规划，大力发展托育服务，筹办更多托育机构，目标是减轻年轻人的抚育负担。这项政策的初衷值得肯定，当然也很有必要，但是也要考虑一个情况，那就是过多地建设托育机构可能导致托育服务供给过剩问题。2019 年国家的一项监测数据显示，我国 3 岁以下婴幼儿实际入托率仅为 5.5%。为什么入托率这么低？其实主要原因并不是托育机构不够用，而是人们更偏好的抚育模式是："家人自己带孩子"。家人带孩子至少有三个优势：第一，更令人信任；第二，更多情感投入；第三，更省钱。公共托育服务和养老服务是一个逻辑：价格低了，质量没保障；质量高了，价格也会提高，超出普通家庭的经济承受能力。所以，总的来看，让老人在家带孩子，依然是首选方案。老龄社会内部，其实蕴含着巨大的支持力量。他们分散在每个家庭中，帮子女做好育儿工作。

统筹一老一小，可以大大降低社会政策的财政成本，挖掘家庭内部蕴藏的抚幼劳动力资源，同时让老年群体老有所为。虽然老漂生活是以抚幼为核心任务，但不容否认的是，老漂生活本质上也是一种养老生活，老年人和子代共同生活，子代应该趁机为老年人提供更多物质供养和精神慰藉。

统筹一老一小的核心目标定位，就是将幼有所育和老有所养首先置于家庭内部来考虑。基于中国家庭伦理和生活传统，幼有所育和老有所养本来就可以在家庭内部实现，如果刻意将二者分开，将两项功能都过度市场化，那么将大大增加家庭生活成本和社会保障成本。相反，如果使幼有所育和老有所养优先在家庭内部统筹实现，我们就有了低成本应对养老与抚育问题的空间。当然，统筹一老一小并不能完全解决所有家庭的养老和抚育问题，没有老人帮忙带孩子的家庭，或子女没时间照料失能老人的家庭，就会面临家庭之外抚育或养老服务的刚需。这正是社会政策应该集中发力的领域。

老漂的社会流动，同步反映着中国劳动力资源配置的区域不平衡性和人口生产的区域不平衡性。从劳动力资源配置角度看，老漂主要向省会城市、发达地区城市流动，因为省会城市和发达地区城市有更充沛的就业机会，吸引了更多青年群体流动并异地安家和生育。这意味着，老漂社会政策研究的关键单元是这些劳动力流入体量较大的城市或区域经济体。例如，广东省之所以连续多年成为全国第一生育大省，不只是因为其户籍人口体量大，还因为其有年轻流动人口充能，提升了区域社会的人口生育率。正是经济发达地区的工业化城镇化扩张以及由此推高的人口生育率，扩大了当地青年群体的抚幼需求和老漂群体保障需求。对这些需求的政策性回应，也影响着这些地区的城镇化质量。因此，经济发达地区的社会政策，同样要统筹考虑一老一小问题，将老漂纳入社会政策的目标群体。

此外，农村地区也要不断加强养老体系建设，为老漂族返乡养老提供兜底性保障。随着老漂抚幼任务的阶段性完成，一部分老漂扎根养老，一部分老漂返乡养老。多子女家庭的老漂，会有诸多选择和回旋余地。城市老漂因为有房产和社会保障，既可以随迁养老也可以返回家乡养老。最值得关注的是农村老漂。农村老漂因为生活习惯和经济条件的限制，更大比例会选择返乡养老，特别是在有自理能力的情况下，自我养老意愿更为强烈。家乡的承包地、熟人社会、亲朋网络，都大大增强了农村老漂的自我养老能力。[8] 伴随着城市化的推进，农村青年通过上大学、务工、经商等途径，从而实现进城安家的目标，此后父母进城带娃、老年后返乡养老，这将成为一种新常态。这凸显了完善农村养老体系的必要性。一方面，要保障老人的经济能力，完善农业社会化服务体系，为老漂返乡后经营农业提供便利，保障返乡老漂的生计能力。另一方面，要发展农村互助养老，让那些无法在城养老的农村老漂有一个兜底性养老支持和保障。

鉴于中国现代化进程中的人口流动方式，我们既要建立和完善适配于青年人口流动的社会政策和社会服务体系，也要建立和完善适配于老年人口流动的社会政策和养老服务体系，让老年人口特别是农村老年人口，进可以到城市助力子女抚育孩子并有机会留在子女家中养老，退可以返乡过质量不低的养老生活。

农村老漂返乡养老，进一步展示了中国乡村社会的海绵属性。乡村社会内部既蕴含着服务城市发展的青年劳动力和老年劳动力资源，又可以吸纳无法被城市消化的返乡青年人口和老年人口。在中国人口流动过程中，返乡是一种特殊的机制，消解着城市化的风险，分摊着城市化的成本。建立适配于农村流动人口返乡的有效机制，有利于增强现代化和城市化的稳健性。

农村老漂群体中，养老问题最突出的是那些独生子女的父母。如果他们因为种种原因不能依靠进城子女养老，那么他们返乡后的养老问题如何应对，就是一个特别现实的难题。

老漂是现代城市家庭的摆渡人，帮助城市青年家庭渡过育儿生活难关，但当摆渡人老去，谁为摆渡人摆渡呢？这是所有老漂家庭特别是独生子女老漂家庭面临的现实问题。对此亦需要更多专门研究。

# 十二

# 走出育儿生活之困

最后，我们还是要回到青年育儿生活困境这个话题。这是本书思考老漂现象的逻辑起点，也是讨论老漂现象的一个落脚点。作为社会的细胞，家庭承担和消化着社会转型的压力。透过老漂家庭，我们既可以理解城市青年生活中家庭系统、职业系统和教育系统之间的矛盾和张力，也能看到家庭团结一致应对抚育负担的策略与努力。

在以孩子为中心的生活方式中，城市青年经营的是一种育儿生活。育儿生活，塑造着青年家庭的特殊的生活面貌和时间节奏——抚育内容增多，抚育期普遍延长，时间、人力、精力和金钱投入全面提高。

城市青年家庭的育儿生活困境，与抚育精细化和教育内卷化高度相关。老漂族虽然一定程度上缓解了青年的抚育压力，但也容易引发家庭内部的伦理失衡问题。面对育儿压力和伦理失衡问题，青年群体需要在家庭生活中找到“做父母”、“做儿女”和“做自己”之间的平衡，形成一种新的家庭生活哲学。本书将其概括为中年人的新活法。

# 育儿生活之困

前几年流行一个说法，就是外卖骑手被困在系统里。其实，困在系统里的，不只有外卖骑手，还有城市青年的育儿生活。外卖骑手之所以困在系统里，根源于一种将时间与空间最大限度统一起来的算法。这种算法越优化，骑手就越紧张与疲惫；他越努力，就越紧张，深度嵌入其中，被系统卷着走。其实，城市青年的育儿生活也是如此。

在北京调研时，任女士讲了一个很有趣的观点。在她看来，人的幸福感依托于时间与空间的统一性。现在许多年轻人之所以家庭幸福感不足，是因为育儿生活中时空系统紊乱。年轻人工作太忙，没有太多时间经营家庭生活。仅有的家庭生活时间，又都被孩子抚育和教育牵着走。（访谈案例编号 C074）

抚育精细化和教育内卷化趋势，正在重塑着当代城市家庭的生活面貌。在以孩子为中心的家庭生活中，抚育目标大大提高了，不再是简单的“带孩子”，而是“育儿”。优秀的孩子不仅要身体健康、心理健康、智商高、多才多艺，还要具有学业先发优势。精细抚育需要更多的时间、金钱和人力投入，如此高的家庭抚育成本，大大增加了年轻人的生育焦虑。青年家庭中，抚育质量和生育数量往往成反比关系。

家庭教育，耗费了更多家庭资源。家庭教育的核心不再是言传身教，而是深度参与孩子的知识学习和技能培养。家长们有太多任务需要完成，甚至还要陪写作业、检查作业、整理笔记。各种兴趣班、课程辅导班不仅增加经济负担，还需要专人接送陪同。学生们成绩的分化，虽然依然和每位学生自己的努力程度相关，但是家长介入孩子学习的深度和辅导孩子学业的强度，日益成为影响孩子成绩分化的关键因素。

一些家长仿佛成了开发商，亲自设计孩子的成长目标路径，绘制蓝图，按计划施工。为了提高孩子教育开发效益，家长们持续投入。漫长的教育过程，不仅考验着家庭的经济实力，还要求有充分的人力资源保障。北京的李女士提醒我，千万不要小瞧学校周边那些挎着帆布袋、悠闲溜达的女性，她们很多都是全职陪读妈妈。这些家庭经济条件很好，所以才能买得起或租得起中小学附近的高价房，才有实力安排专人负责孩子教育。这些全职妈妈普遍有着高学历，善于规划，积极参与家委会工作，为班级排忧解难，能为孩子提供高质量陪伴。（访谈案例编号 C071）从李女士的言谈中，我隐约感受到了她对这些全职妈妈的羡慕。比上不足，比下有余，李女士自己在国企上班，虽然没有那些全职妈妈自由，但比在私营企业工作的“996”妈妈们好多了。按时上下班，这是令很多人羡慕的一种职业优势。

经济实力弱一些的城市家庭，无法实现全职陪读，但也积极参与教育竞争，不惜牺牲事业发展机会，减少工作时间投入，增加对孩子的陪伴和激励。相比较而言，那些工作或经济压力大的家庭，父母没有太多精力关注孩子教育，反而显得“不称职”了，有的陷入自责和焦虑之中。

家庭抚育精细化和教育内卷化，对家庭至少产生两方面负面影响。一方面，父母更多介入孩子成长过程，一些介入变成了干涉，影响孩子的自主性发育。家长对孩子学习的过多干预和压力传导，提高了学业竞争强度。孩子在学业竞争中积累的压力，没法在家庭生活中得到缓解，反而可能被加强。这都不利于青少年的健康成长。精细管教和教育内卷对青少年心理健康的负面影响，其实已经显现。多数人只是孤立地理解心理问题个案，很少将其归因于家庭抚育精细化和教育内卷化。

另一方面，精细抚育和教育内卷极大增加了家庭运行成本，导致家庭抚育教育功能超载。尽管老漂群体一定程度上缓解了这个问题，但是许多城市家庭依然为抚育教育所累。特别是教育问题，带来了巨大的家庭经济和人力资源损耗。城市中等收入家庭的经济增长，很大部分被抚育和教育吸纳，这进一步削弱了家庭发展能力。

复杂繁重的育儿生活，更大程度上考验着年轻人的家庭生活经营能力。十几年前，笔者在陕西关中农村调研时，一位老人跟笔者吐槽，说村里年轻人（特别是男性）结婚后当家能力很差，不会过日子，都是靠老人帮忙撑着。这位老人有很强的传统观念，认为家中必须有个当家人，才能把日子过好。当时他讲这些话，笔者并没有太多感触，直到笔者这几年调研城市老漂家庭时，想起他的观点，才深以为然。

当前许多城市青年的家庭生活，也是完全靠老漂支撑着。年轻人感叹，没有父母帮忙带孩子、做家务，家庭生活就太狼狈，甚至根本转不动。但任何事情都有两面性，老漂如果承担得太多，反而会弱化子女的责任担当。家庭生活需要经营意识，经济上要算计，关系上要调适，事务上要合作，还要有所规划。这些内容说起来简单，但实践起来却不容易，需要在生活中不断摸索，积累经验，提升能力。在许多“50后”“60后”老漂看来，现在很多年轻人就没有过日子的态度和样子，啥事都不操心，都指望老人。这是另一种意义上的啃老。

老漂所说的子女经营生活能力差，也跟子女的成长环境和经历有关。一方面，新生代受教育时间普遍延长，参与家庭生活减少，耳濡目染的学习机会变少。另一方面，城市青年家庭不像父辈那样，结婚后先跟老人生活一段时间再分家单过，而是结婚后就单过。受工作压力、时间、精力等因素的限制，年轻人经营家庭的意识也在降低。

当前一些城市青年家庭的离婚问题，表面上是由经济、感情等问题引发，其实家庭经营意识和能力不足也是非常重要的原因。年轻夫妻缺少对于家庭生活的共同经营，缺少对于关系的调适努力，就不能产生更多的磨合和情感联系，就无法形成超越纯粹爱情的家庭情感融合和认同。经营家庭生活，绝不仅限于管孩子、做家务，还需要特别关注家庭关系的调适。家庭生活的意义，只有在经营过程中才能更多获得。夫妻二人对家庭生活投入的时间、精力少，家庭整体性弱，情感认同度低，婚姻稳定性就会降低，就更难经受住经济、感情等问题的冲击。

青年夫妻家庭经营能力弱化的另一个后果是，老漂的负担变重。为了给子女分忧，老漂更加辛劳，但这往往会进一步限制子代家庭经营意识和能力的提高。

老漂支持下的城市青年育儿生活，普遍面临另一个难题，那就是如何处理老漂家庭的代际关系。老漂帮子女带孩子、做家务的过程中，两代人朝夕相处，围绕育儿、家务容易产生矛盾。

矛盾存而不发、斗而不破、委曲求全，这是老漂家庭关系的基本特征。

与传统婆媳关系不同，老漂家庭中的婆婆和儿媳妇有着更强的和睦相处的愿望，但因为生活方式、抚育教育方式差异而滋生更多生活型矛盾，这些矛盾也因为一些儿媳妇的高要求而被放大，在狭小的家庭生活空间中反复展演。儿媳妇工作压力情绪和婆婆抚育压力情绪发生叠加共振，塑造着一些老漂家庭中婆媳相处时的日常性紧张关系。

老漂家庭中的亲子关系同样值得关注。一方面，亲子团聚满足了父母和子代共同生活的精神和心理需要，许多老漂因此而快乐。另一方面，老漂家庭中也存在诸多亲子紧张关系，除了涉及引发婆媳矛盾的那些紧张因素，还面临子代试图摆脱父母干涉的中年叛逆期矛盾、母女矛盾、婆媳矛盾引发的亲子矛盾，以及原生家庭既有的亲子矛盾。

老漂家庭内部的诸多矛盾，普遍处于存而不发状态，各个成员都提高了对矛盾和意见的耐受力。老人看不惯，往往不当面说破。家庭矛盾只在一些时刻显性化，但大部分都保持在一定限度内，斗而不破。更多老漂的家庭生活策略是保持“当家而不管家、做事而不做主”的心态，自我调适。

老漂的委曲求全，源于子代家庭的发展目标。对大部分老漂家庭而言，发展是最大的家庭政治，委曲求全就是讲政治。老漂们顾全大局，谨小慎微，有时候忍气吞声，家庭生活总体稳定和顺，但其中隐藏的代际伦理失衡问题不能被忽视。

传统家庭代际伦理相对平衡，父代尽责任，子代尽孝道。虽然从物质方面看，子代反哺远远小于父代付出，但只要子代孝敬，父代就能获得一种心理平衡。当前一些老漂之所以心理失衡，是因为从子女身上感觉不到足够的孝道。一些家庭中，子女对父母关心不够，老人心理孤独。有些子女对老人要求过多过高甚至挑剔严苛。有些子女在享受老人照料的同时，却又嫌弃老人的习惯或观念。有些子女不够上进和独立，甚至表现出巨婴心态。一些习惯性依赖父母照顾的年轻人，把父母的辛勤付出视作理所应当。有的年轻人每天下班后几乎不主动参与家务劳动，却经常求全责备，挑剔老人这也没做好、那也没做好。我们要高度警惕这些年轻人变成巨婴的风险。

需要说明的是，老漂家庭中的代际伦理失衡往往处于隐性状态，很少表现为显性的家庭矛盾。老漂在自我消化和自我合理化的过程中，保护了家庭秩序，却增加了心理压力，容易产生抑郁情绪，衰老速度加快。

在传统村落社会，家庭内部的孝道问题会受到邻里乡亲评价。这无形中就会产生一种约束力，促使子代保持分寸，否则就会受到舆论谴责，正所谓唾沫星子淹死人。而老漂家庭中的孝道问题，往往不会外溢到社区公共空间。绝大多数城市社区，也并不存在农村社区那样的舆论机制。老漂们私下里相互吐槽、倒苦水，也几乎不发挥舆论约束作用。也正因为如此，老漂家庭中的代际伦理失衡问题，也主要发生在家庭内部，并未成为一个显性的社会问题，因此更容易被忽视。

## 如何做儿女

应对老漂家庭内部的伦理失衡问题，要回归家庭内部的角色和关系调适，特别是中年人要反思自己的角色扮演和责任担当。

中年人上有老、下有小，在家庭中扮演着双重角色，既是老年父母的儿女，也是幼年儿女的父母。在做父母这件事上，大多数人很认真，付出更多爱给儿女，这自然符合中国家庭伦理对父母角色的要求。但是在做儿女这件事上，大多数中年人做得还不够，甚至很不够。

老漂家庭中，中年人集中注意力照顾儿女，老漂也把心思放在儿女和孙辈身上。在这种三代结构中，唯独老漂得到的关爱最少。如何做儿女，是值得中年人认真琢磨的一件事。对于老漂家庭的中年人，更是如此。

做儿女和成为子女有着根本区别。成为子女，是被动的关系建立。做儿女，是主动的角色扮演，扮演好儿子、儿媳妇的角色，扮演好女儿、女婿的角色。

如果我们和父母分居两地，那么做好儿女就相对容易——逢年过节时团聚，多送些礼物，平时多打电话问候。如果我们和父母共同生活，那么做好儿女就有些困难。有老人抱怨，为什么自己来到儿子家带孩子，母子交流反而变少了。之前，儿子还经常给自己打电话，嘘寒问暖；现在生活在一起，关系却冷淡了。

许多老漂都有类似困扰。来之前，父母幻想着和子女的美好团聚生活；来之后，却可能开心不起来。这不是因为父母辛苦，而是因为在儿女家体会不到足够的关爱。有的儿女，是因为工作忙；有的儿女，是因为几乎没有“做儿女”的意识。

日常相处中，儿女们求全责备，老漂们委曲求全。儿女们毫无顾忌地给老漂提要求，老漂们谨小慎微地给儿女提建议。儿女们不需要太多心理成本，就可以把情绪输出给父母。父母却顾虑重重，不敢向儿女抒发不满，委屈只能憋在心里，忍气吞声，自我消化。在这种失衡的代际互动模式中，儿女好做，老人难当。

老漂家庭中的代际关系失衡，凸显了中年人践行孝道的重要性。老漂家庭的孝道问题，有其特殊性。评价老漂家庭中子女孝道水平的标准，主要不是物质方面。随着经济发展和国家养老保障水平的提高，老年人对子女物质供养的需求不再像之前那样迫切，精神心理层面的孝敬需求日益提升。

儿女对父母的孝敬，主要发生在两个场景。一个场景是老人生活不能自理时，儿女耐心细致照顾，不嫌弃。另一个场景是老人能够自理时，日常相处中对老人保持尊重，用情关爱。南方都市报民调中心《“老漂族”生活状况调查报告》显示，在问及老漂对未来生活有哪些期望时，排在第一位的是“子女的关心和理解”，占比 54.05%。[1] 子女对老漂族的理解关心，是老人精神慰藉的良药。

当我们小的时候，做儿女相对容易，因为可以无条件索取。当我们人到中年，做儿女却很不容易，因为中年人的心思主要在自己的儿女身上，顾不上父母。也许我们太忙了，也许我们在等待，等待父母再老一点，等待我们不忙了再开始做儿女。

树欲静而风不止，子欲养而亲不待。孝敬父母这件事，千万不能等。老漂家庭中，亲子团聚生活，其实正是中年人做儿女的好时机。

做好儿女，不只是多分担家务、多关心老人身体，还要特别注意和老年父母说话时的语气和态度。我们可以和陌生人保持客气，对自己父母却随口说出不中听的话，不注意语气，控制不好情绪。中年人听到子女对自己的言语冒犯，心里难过。老年人听到子女对自己的言语冒犯，难过是要加倍的。

做好儿女，要关注父母的衰老，要从衰老的角度理解父母的心理和行为变化。年龄不饶人，父母的许多认知局限和情绪问题，都源于衰老。儿女们要降低对老漂的要求，不能求全责备。

做好儿女，不是心血来潮的偶尔表现，而是日常相处中的恭敬孝顺。发乎情，止乎礼。孔子关注了亲密关系中情感的不稳定性，强调用礼约束亲密关系。儿女孝敬老人，不能凭心情。心情好的时候，把感恩挂在嘴边，心情不好的时候，把不敬写在脸上，这种心血来潮的“孝敬”，对老人往往是更大的伤害。礼，是处理关系的尺度，也是恰当的情感边界。没有尺度和边界，亲子之间也难相处。老漂家庭中，子女和老人生活在一起时，处理关系的尺度和边界意识就更加重要，要避免情绪波动对关系稳定性的破坏。

做好儿女，其实也是在给自己的儿女做榜样。孝道传承，主要发生在家庭生活场景中。当我们埋怨父母时，儿女跟我们学习埋怨父母；当我们指责父母时，儿女跟我们学习指责父母；当我们孝敬父母时，儿女跟我们学习孝敬父母。

做好儿女，从根本上看，要依靠中年人的觉悟。在上有老、下有小的家庭结构中，中年人要扮演好中坚角色，发挥中坚作用，撑起这个家，让父母少操心。中年人觉悟了，老漂们就轻松许多，家庭发展才能更有力量。

当老漂父母们感叹自己还没到养老的时候，当老漂父母们自我加压“学会做老人”的时候，中年人确实要好好想想“如何做儿女”！中年人不要等父母再老一些才去孝敬父母，不要在未来的某一刻才去开始“做儿女”，而要在当下、在父母慢慢变老的过程中做好儿女。

## 中年人的新活法

本书充分肯定了老漂支持子女的积极作用，也指出了背后的伦理失衡问题，还强调中年人要学会做儿女，注重对父母的孝敬。这样讲仿佛形成了逻辑闭环，但细想来，可能有点过于理想化。

我们不能单纯从个人意愿去思考伦理问题，不能天真地以为只要中年人增添了“做儿女”的意识，孝道问题就迎刃而解。这显然把伦理问题简单化了。伦理绝不仅仅是个人意识，更重要的是处理关系的规则。准确地说，伦理是处理关系的规则内化为个人意识后所形成的人与人之间普遍的关系状态。

当社会上出现了普遍的孝道匮乏症，我们就不能简单地开出“提高孝道意识”这个药方，而应该回到家庭系统和生活现实中治疗。许多中年人，之所以顾不上“做儿女”，是因为太多精力用于“做父母”。在中国传统家庭伦理中，做父母这件事更重要。人们说“恩往下流”“往下孝”，都是在变相强调“做父母”的道德优先性。在这样一种家庭伦理秩序中，“做儿女”有时就会让位于“做父母”。因此，我们应对家庭生活中的孝道匮乏问题，不能单纯强调中年人要提高孝道意识、学会做儿女，还需要中年人在“做父母”和“做儿女”之间找到平衡。问题是，这个平衡如何形成呢？

也许，中年人只有同时考虑“做自己”这件事时，才更容易在“做父母”和“做儿女”之间找到平衡，才可能形成一种新的家庭生活伦理。

在中国传统家庭伦理中，没有发育出太多“做自己”的空间，更多强调牺牲自己成就家庭整体利益。因为农业社会中经济积累有限，所以有限资源必须尽可能服务于娶妻生子，既解决现实的劳动力生产和养老问题，又解决家族绵延的安身立命问题。这种生活模式大大强化了父代对子代的责任，每个人只有通过抚育子代、绵延家族才能实现人生意义。父母践行无限责任，就是实现自我的最佳方式。

强调父母承担无限责任的家庭伦理，在中国城市化进程中发挥了十分积极的作用。大部分中年人，都是父母无限责任意识的受益人。

求学、结婚、买房等人生大事中，我们都离不开父母的托举。老漂族现象的形成，也是父母托举逻辑在城市生活中的表达。

问题在于，当我们在现代家庭生活中践行传统家庭伦理时，无限责任意识被社会转型压力进一步放大。父代责任内容增多，尽责期延长，进而形成了一种负担累累的抚育生活。当前，我们养育孩子过程中的人力、精力和金钱总投入高得令人惊叹。许多老漂家庭中，一对夫妻和两个老人联合起来，管一个孩子，也就是说四个大人围着一个孩子转。大多数父母处于一种有目的性的盲目性之中，按照社会上流行的套路去培养孩子，上兴趣班、补课，积极或被动地参与教育内卷。

近几年调研，笔者在不同的老漂家庭生活中深切感受到了中年人的迷茫与疲惫、青少年的高压与内卷、老年人的辛苦和委屈。之所以每一代人都过得不轻松，除了源于社会发展压力增大，还与我们的代际伦理过于厚重有关。父母无限责任意识所推动的精细抚育和教育内卷，伴随着对孩子的过度管教和干涉，增加了孩子的成长压力，也增加了父母的经济负担和思想负担，老漂父母也被卷入其中。

我们确实应该好好反思父母无限责任伦理的利与弊。我们受益于它，也受累于它。我们当前的家庭生活，需要一种经过调适的、相对平衡的有限责任伦理。有限责任伦理，依然强调父代责任，强调父代对子代的付出和支持，但这不是无限的。具体到现实家庭生活中，父母要尽可能在做自己、做父母和做子女之间找到平衡。这种平衡不是各占三分之一的绝对平衡，而是在不同时期、不同情境下的相对平衡。父母践行有限责任伦理的关键，是要在履行基本代际责任的时候

“做自己”，关注自己的需要和价值实现。当前太多家长牺牲个人工作时间，全身心陪伴和督促孩子学习，一直盯着孩子。表面上这好像提高了孩子的学习效果，实际上是在削弱孩子内在的学习积极性和自律意识。父母不计成本地跟风教育内卷，短期内也许能提高一点孩子成绩，但往往得不偿失，长远看对孩子更是弊大于利。

家长在承担基本父母责任的基础上做自己，孩子少了诸多不必要的干涉，也就有了更多空间去自我成长。当然，必须承认，现实中我们践行有限责任伦理时，还会面临许多心理障碍。受传统家庭伦理的影响，我们每个人心里好像都更偏好于无限责任伦理的模式。父母对我们负无限责任，我们成为父母的时候，继续对子女负无限责任。从长远看，这也能保持一种平衡。但如前所述，这种无限责任更大程度上适合传统农业社会：在资源有限的条件下，通过强化父代责任的方式来确保资源集中和向下流动，保障家庭绵延。当我们的家庭生活进入现代，经济发展普遍能保障人的基本生活时，人们就有了更多机会去实现和发展自己。这是经济社会发展进步的基本目的。也正是从这个意义上讲，有限责任伦理是一种解放人、发展人的伦理。

有限责任家庭伦理的形成并非易事。社会分化、社会竞争必然加剧家庭抚育和教育竞争，并进一步加重父代责任。这正是当前许多家庭面临的现实处境，也是不同年龄段的人都活得不轻松的直接原因。太多的中年人也因此承担着压力，充满了疲惫、无奈与困惑。社会发展中，普遍性群体性困惑往往并非通过个体理性就能应对，这些困惑及其背后问题的应对，往往需要一种新的哲学，使人们有机会跳出日常模式来重新审视自己的生活。有限责任家庭伦理有利于我们重新理解家庭生活、处理家庭关系。

中年人处于上有老、下有小的家庭结构中，是家庭伦理调适的最关键主体。当中年人不再过度投入时间、精力于低效的抚育教育内卷时，子女就有了更多自主性发育空间，从而有主体性地成长；中年人也就有时间、精力“做自己”提升自我，也就有时间、精力“做儿女”孝敬父母。此时，中年人的父母也被解放了，不会像现在这样被“老漂”角色所累，也开始有精力去“做自己”，过好晚年生活，同时也有更多精力去“做儿女”，照顾高龄父母。可见，中年人在代际责任伦理方面的调整，有可能带来整个家庭系统的连锁反应。这也正是寄希望于“中年人觉悟”的原因所在。

中年人要觉悟什么呢？现实地说，就是要尝试跳出无限责任伦理的生活模式，减少低效甚至无效的教育投入，分出一些时间、精力“做自己”，让自己的人生精彩起来。父母的人生精彩光芒会更大程度照亮孩子的成长之路，这比低效地“卷”孩子更有意义。当中年人从内卷孩子的过程中解放出来，也就可能在做自己、做父母和做儿女这三重人生任务间动态地获得平衡。

这样一种基于有限责任的家庭伦理，有传统家庭主义的底色，既能规避只“做自己”的个人主义风险，也能防止失衡型代际关系对彼此的绑架，让每个家庭成员在享受家庭支持的时候，也能活得轻松，在付出代际责任“做父母”“做子女”的时候有机会自我实现。也许，我们每个人都需要这种新活法。

# 注释

# 与参考文献

## 第一章

[1] 学界研究中所指老漂族，涉及广义和狭义两种界定。广义上讲，老漂族指代老年流动人口。狭义上讲，老漂族特指照顾孙辈的老年流动人口。本研究采用老漂族的狭义界定。

[2] 流动老人强调老人的流动性，具体流动原因涉及异地务工经商、养老，也包括到异地照顾孙辈。所以说，流动老人的范围比老漂族要大。老漂族仅仅是流动老人中的一种类型。随迁老人是跟随子女迁移的老人，迁移目的可以是养老和照顾孙辈（即抚幼型随迁老人），或二者兼而有之。以上分析表明，老漂族和流动老人、随迁老人相关但有区别，不能将三者混为一谈。老漂族与抚幼型随迁老人具有相同所指。

[3] 王进文：《穿梭于城乡之间的“两栖”老人：表现特征、生成逻辑与实践影响》，《兰州学刊》2022 年第 4 期。

[4] 肖琳：《城乡两栖：城镇化背景下农民家庭发展的策略性实践——基于“两栖”老人现象的讨论》，《兰州学刊》2022 年第 4 期。

[5] 李永萍：《中老年周末夫妻：城市化进程中的代际支持与家庭关系

调适——基于城郊农村的经验分析》，《社会发展研究》2020 年第 3 期。

[6] 汪永涛：《家庭视角下县域城镇化的实践路径——基于新生代农民工的多点调研》，《思想战线》2023 年第 3 期。

[7] 央视网，《浪漫的事》，2004 年 2 月 6 日，https://www.cntv.cn/program/dsnwt/20040206/101486.shtml，2024 年 12 月 1 日。

[8] 华商网，《西安草根讲述去年遗憾：年赚七八千没法娶媳妇》，2011 年 1 月 4 日，https://news.hsw.cn/system/2011/01/04/050746133_02.shtml，2024 年 12 月 1 日。

[9] 杨菊华、卢瑞鹏：《“漂老”与“老漂”：国内老年流动人口的研究进展与展望》，《西安交通大学学报（社会科学版）》2023 年第 1 期。

[10]《上海人口发展特征及趋势》（2010 年）指出：“老漂族”陆续进入，社会保障压力加大。在 897.7 万外省市来沪人口中，20 ～ 34 岁青年人有 422.03 万，占 47%。随着时间的推移，他们中的很大一部分人将在上海陆续成家立业、扎根上海，成为“新上海人”。他们的父母一是为了帮助孩子照顾第三代，二是上海医疗条件比较好，吸引他们离开家乡来到上海，成为在上海的“老漂族”，这将加重上海的养老负担。虽然全市每年完成增加 1 万张养老床位的市政府实事目标，但与每年增加 20 万左右老年人相比差距还很悬殊。因此，进一步巩固和完善养老保险制度，发展医疗卫生事业，改善为老服务设施，将是未来上海各级政府和全社会所面临的一项重大任务。

[11] 陈友华：《“老漂族”：为何流动？处境如何？怎样保障？》，《中华读书报》2022 年 4 月 13 日第 10 版。

[12] 发表于微信公众号“曲江文学社诗刊”第 15 期，2022 年 11 月 20 日。

[13] 白雪蕾等：《“老漂族”，身心漂泊的双重困境何以破解》，《光明日报》2021 年 1 月 14 日第 7 版。

[14] 孙山：《我的父母是“老漂”》，《中国青年报》2018 年 7 月 31 日第 7 版。

[15] 穆光宗：《“老漂族”的群体现状与社会适应》，《人民论坛》2021 年第 12 期。

[16] 目前学界基于案例分析的实证研究论文，普遍偏好于研究者自己收集的案例。研究者基于特定研究目的和研究假设亲自收集的案例，与课题研究需要具有更强的契合性，可以直接服务于研究者分析论证。这是一手资料的优势所在。但从另外一个角度看，研究者亲自收集的一手资料也有局限性。研究目的和研究设计对研究者资料收集的影响具有双重性，既是指引，也是限制。因此，充分借鉴既有老漂族实证研究中相关论文资料中的案例，可以为研究者提供不同视角的案例信息。实证研究者不能只重视对同行论文中观点的引用，还应该重视对同行论文中案例的引用和分析。案例资料方面的相得益彰，可以增强实证研究的研究资料积累效果。需要说明的是，无论是网络资料，还是期刊资料，其具体运用都考验着研究者的经验质感。有些研究者之所以偏爱自己亲自收集的资料，是因为怀疑网络资料和期刊资料的真实性。其实，研究者亲自收集的资料未必是真实的，道听途说的信息未必是虚假的。针对质性研究中收集的资料，除了可以依据信息来源判断其真实性水平之外，研究者自身的经验质感更能发挥辨别信息真实性的作用。经验质感既可以帮助研究者辨别网络资料和期刊资料的真实性、合逻辑性，也有利于研究者在阅读这些资料的时候自我激活。有了经验质感，案例就不只是一个

文本，就能打破一手资料、二手资料的边界，模糊直接资料与间接资料的差异，更有效地服务于研究者对该问题的理解分析。缺乏经验质感时，资料仅仅是资料，资料分析也就更加依赖技术工具。网络资料和期刊资料中，有些条目的信息内容虽然很少，可能只有一句话，但是同样可以服务于问题分析。一些信息，甚至没有发布者的具体身份信息，连年龄、性别信息都不能判断。针对这些比较简单、缺乏身份信息的网络资料，我们也可以通过话语分析来把握其学理价值。

**第二章**

[1] 儿童抚育的目标和模式，与其所处的社会生产方式有着根本联系。农业社会中的儿童抚育，定位于农业劳动者的培养。手工业社会中的儿童抚育，定位于手工业劳动者的培养。农业和手工业中的劳动者技能培养和生产劳动参与，并不会等到成年才开始。十来岁（甚至更小的年龄）的儿童就有能力在农业生产中做些辅助劳动，如割草、喂牛。欧洲工业革命前的手工业发展中，有的儿童自七八岁起就开始寄宿在别人家里开启漫长的学徒生涯，边学习边工作，通过提供简单的家务劳动、生产服务养活自己。在工业革命早期，工厂主也乐于雇用童工，大大节省生产成本。综合来看，在较长历史时期中，儿童抚育时间并不像今天这样长久，亦未像今天这样在一个充满保护性的环境中完成。具体参考：菲力浦·阿利埃斯：《儿童的世纪：旧制度下的儿童和家庭生活》，沈坚、朱晓罕译，北京大学出版社，2013。

[2] 工业社会对于劳动者知识、技能的要求越来越高，迫切需要儿童接受更长时段的学校教育，学习知识、技能，在纪律、习惯等方面完成训练。

从此，儿童抚育就有了更为丰富的内容和更高的目标要求，迫切需要家庭增加抚育投入，响应工业社会的劳动力需求。欧洲家庭变迁史研究表明，工业革命引发的家庭核心化，契合了家庭中的儿童抚育需要。工业化增强了年轻人的经济能力，不通过继承父母财产的方式就能获得生活独立性，促使青年婚姻、生育和家庭生活有了不同面貌。结婚率升高、以孩子为中心的相对稳定的生活方式逐渐兴起，推动了欧洲第一次人口转变的发生。以孩子为中心的生活方式及其背后蕴含的价值观，在美国二战后的生育高峰期同样流行，人们普遍认为"以孩子为中心的团结家庭是成功的、健全的个人生活的标志"。这一趋势在 20 世纪 60 年代美国民权运动中受到一定冲击。与此呼应的是，同时期欧洲家庭中强调个人权益和自我实现的价值观兴起并成为主导，青年（尤其是女青年）开始害怕生养子女会影响自己的职业竞争力。这种以个体为中心的生活方式，导致生育率降低，推动了欧洲第二次人口转变。现代欧洲两次人口转变中所包含的以个人为中心和以孩子为中心的价值观，在当代西方人的家庭生活中同样存在，展示着现代人家庭生活中两种价值观的矛盾性。具体参考：德克·J. 冯德卡、刘恩靖：《欧洲的第二次人口转变》，《国外社会科学》1988 年第 5 期；维舟：《东亚女性为何生育意愿持续走低》，《中国社会工作》2018 年第 29 期；（画作）布莱克蒙：《演奏》，引自徐进毅：《〈十月〉（*October*）与美国当代影像艺术的媒介问题研究》，西南大学硕士学位论文，2014，第 55 页。

[3] 以孩子为中心，还可以有另外一种解读，那就是孩子可以增强家庭的凝聚力。通常来看，家庭存在三种团结模式，分别对应着三种家庭关系。第一种，以父子关系为中心的团结模式，强调父权在三代或四代家庭团结中

发挥作用。第二种，以夫妻关系为中心的团结模式，家庭权力重心从纵向的父子轴转移到横向的夫妻轴。第三种，以亲子关系为中心的团结模式，强调孩子在夫妻关系中的维系作用。在一些家庭中，虽然夫妻关系不合，但是因为害怕离婚影响孩子成长，所以夫妻凑合着过，此时亲子关系就发挥了黏合夫妻关系的作用。

[4] 郑杨：《社会变迁中的育儿模式变化与“母职”重构——对微信育儿群的观察》，《贵州社会科学》2019 年第 7 期。

[5] 安超：《拉扯大的孩子》，社会科学文献出版社，2021，第 1 页。

[6] 汉语发展中存在着一个普遍的语义演化规律，那就是从一个具象动作逐渐转化为另一个抽象活动。

[7] 目前学界主要使用“密集化育儿”来概括年轻父母的抚育方式变化，认为“以孩子为中心，父母投入大量时间、精力和金钱的密集型育儿成为当代中国家庭教养主流”。密集化育儿的提法来自美国社会学家莎伦 · 海斯（Sharon Hays），她在《母职的文化矛盾》（*The Cultural Contradictions of Motherhood*）一书中最早提出 intensive motherhood 这一概念。此后，国外学者针对 intensive parenting 现象进行了诸多讨论。不同于国内诸多学者将 intensive 翻译为“密集”，英国伦敦大学学院教育学博士郭歆将其翻译为“精细”。

参考莎伦 · 海斯的著作内容，其实将 intensive 翻译为“精细”更符合经验事实逻辑。密集主要是因为投入多而“密”。精细则不同，主要强调抚育目标高、要求多、注意细节而产生的高投入。当前新生代父母的育儿实践，不仅表现为经济、时间和精力的投入数量的增加，还表现为高抚育目标所导致的精细要求。密集是结果，精细是原因。因此，精细更能反映育儿领域的深刻变化。具体参考：李珊珊、文军：《“密集型育儿”：当代家庭教养方式的转型实践及其反思》，《国家教育行政学院学报》2021 年第 3 期。

[8] 首先，身体健康。这侧重于婴幼儿科学养育，养育方法适配婴幼儿成长发育规律。其次，心理健康。随着儿童心理健康问题呈现低龄化趋势，越来越多的家长开始重视孩子成长发育过程中的心理健康状况，注重孩子成长过程中的安全感培养和不良情绪疏导。再次，高智商。鉴于智商对人学习能力的影响，家长日益重视婴幼儿成长阶段的智商训练，认为 0 ～ 3 岁是孩子智商发展不容错过的黄金期，因而各类早教课程受到家长青睐。又次，多才多艺。家长希望孩子通过兴趣培养和训练，具有一些特长和才艺，不仅丰富个人生活，还能增强在校学习期间的竞争力。最后，学业先发优势。一些父母在孩子上幼儿园时就开始焦虑其未来学业，因此在孩子启蒙教育过程中增加语文、数学和英语内容，积累先发优势。具体参考：郑杨：《社会变迁中的育儿模式变化与“母职”重构——对微信育儿群的观察》，《贵州社会科学》2019 年第 7 期。

[9] 金一虹：《社会转型中的中国工作母亲》，《学海》2013 年第 2 期。

[10] 陶艳兰、风笑天：《多面向的母亲：流行育儿杂志与母亲角色的社会建构》，《中南民族大学学报（人文社会科学版）》2016 年第 5 期。

[11] 郑杨：《社会变迁中的育儿模式变化与“母职”重构——对微信育儿群的观察》，《贵州社会科学》2019 年第 7 期。

[12] 费孝通：《江村经济——中国农民的生活》，商务印书馆，2001，第 49 页。

[13] 刘飞：《家庭收入管理权与中国夫妻的家务劳动分工》，《社会学

评论》2022 年第 6 期。

[14] 高修娟：《“新父亲”参与儿童照料的实践与反思——西方“新父亲”话语述评》，《青年研究》2021 年第 4 期。

[15] Johansson, T. Fatherhood in transition: paternity leave and changing masculinities. Journal of Family Communication, 2011, 11(3): 165–180. DOI:10.1080/15267431.2011.561137.

[16] 王向贤：《关于欧美构建新型父职的述评》，《晋阳学刊》2014 年第 3 期。

[17] 何绍辉：《撑起儿童照顾的“半边天”——对父职实践的社会学考察》，《中国青年研究》2020 年第 2 期。

[18] 同上。

## 第三章

[1] 林燕玲、王春光：《工作场所产假和哺乳期女职工权益保护研究》，《中国劳动关系学院学报》2021 年第 6 期。

[2] 林燕玲、王春光、牛金铭：《工作场所母乳喂养及其影响因素分析》，《中国劳动关系学院学报》2022 年第 4 期。

[3] 顾晓红：《“公共托育”期待相关各方搭把手》，《联合时报》2016 年 11 月 18 日。

[4] 财君尚：《新中国与托儿所》，广协书局，1952，第 30–34 页。

[5] 中华人民共和国国家统计局：《第三产业分行业机构、人员、总产出及增加》，1993 年 11 月 18 日，http://www.stats.gov.cn/tjsj/pcsj/scpc/dycscpc/

200308/t20030826_42500.html，2024 年 12 月 1 日。

[6] 李雨霏、马文舒、王玲艳：《1949 年以来中国 0—3 岁托育机构发展变迁论析》，《教育发展研究》2019 年第 24 期。

[7] 刘中一：《从西方社会机构托育的历史趋势看我国托育机构的未来发展》，《科学发展》2018 年第 3 期。

[8] 杨彦帆、常碧罗：《发展普惠托育服务潜力巨大》，《人民日报》2021 年 10 月 29 日第 19 版。

[9] 马晶、杨天红：《“三孩”政策下多元普惠托育服务体系发展的法治保障》，《科学发展》2022 年第 9 期。

[10] 李沛霖、王晖、丁小平、傅晓红、刘鸿雁：《对发达地区 0—3 岁儿童托育服务市场的调查与思考——以南京市为例》，《南方人口》2017 年第 2 期。

[11] 汤优、张蕊、杨静、刘侃：《北京市学龄儿童通学出行行为特征分析》，《交通工程》2017 年第 2 期。

[12] 李金岸：《通学成本与支持儿童独立上下学的通学路环境改善》，北京大学硕士学位论文，2020。

[13] 王侠、陈晓键：《西安城市小学通学出行的时空特征与制约分析》，《城市规划》2018 年第 11 期。

[14] 聂焱、风笑天：《中国城市女性的抚育实践与二孩生育决策》，《中国青年研究》2021 年第 5 期。

[15] 同上。

[16] 谭杰、马凯：《“生育时间荒”视角下青年生育意愿的影响因素

探析——基于 23884 份青年群体调查问卷的数据分析》，《湖湘论坛》2023 年第 5 期。

[17] 赵昂：《在子女家忙碌的“局外人”》，《工人日报》2018 年 3 月 20 日第 6 版。

[18] 白雪蕾等：《“老漂族”，身心漂泊的双重困境何以破解》，《光明日报》2021 年 1 月 14 日第 7 版。

## 第四章

[1] 理解这一点，需要考察外来务工群体的家庭迁移方式。农民工群体主要涉及以下四种流动模式，分别是个体流动、夫妻共同流动、核心家庭流动（即夫妻及其未婚子女）、三代家庭共同流动。改革开放以来，我国流动人口迁移方式经历了两个重要转变。第一个转变是从个体流动到夫妻共同流动。这种夫妻共同流动模式有利于保障婚姻稳定性。二人租房自己做饭，也能大大降低生活开支。一些企业招工时，也喜欢招这种夫妻工。有的企业会提供夫妻宿舍，有利于增强企业用工稳定性。夫妻共同流动虽然解决了夫妻团聚问题，但家庭生活还不完整，孩子成为留守儿童，不利于其教育发展。为了应对这个问题，许多青年夫妻就尝试实现第二个转变，即把孩子带在身边，让孩子在自己务工所在城市上幼儿园和小学。这是一个重要跨越，意味着外来务工人员不再让孩子成为留守儿童，而在务工地点经营完整的家庭生活。

[2] 对于新生代农民，以上两个转变具有不同的难度系数。相比较而言，实现第二个转变（即把孩子带在身边实现核心家庭流动）的难度更大。一方面，孩子在城市的抚育教育成本高，极大增加了家庭经济压力。刘靖研究发现，

孩子较小（特别是 6 岁以下）的流动家庭人均消费最高，儿童照料费用和房屋租金这两项就占到了总消费的 30% 以上。因为幼儿园教育并未纳入义务教育，所以流动人口家庭还要因此负担每月千余元的托育费用。另一方面，孩子抚育照料大大牵扯母亲精力，影响母亲的就业质量。这在从事低技能职业的流动女性中表现得更加明显。具体参考：刘靖：《农民工家庭迁移模式与消费支出研究——来自北京市的调查证据》，《江汉论坛》2013 年第 7 期；姜春云、谭江蓉：《家庭化迁移对流动女性就业质量的影响及其作用机制》，《人口与社会》2021 年第 5 期。

[3] 张伟佳：《京沪粤流动人口家庭迁移模式比较研究》，华东师范大学博士学位论文，2022。

[4] 王德福：《弹性城市化与接力式进城——理解中国特色城市化模式及其社会机制的一个视角》，《社会科学》2017 年第 3 期。

[5] 张建雷：《接力式进城：代际支持与农民城镇化的成本分担机制研究——基于皖东溪水镇的调查》，《南京农业大学学报（社会科学版）》2017 年第 5 期。

[6] 肖富群、陈丽霞：《家庭合作与利己养老："老漂族"生活的实证研究》，中国社会科学出版社，2021。

[7] 赵红霞：《女性老漂族城市生活困境的小组工作介入研究》，青岛大学硕士学位论文，2021。

[8]《近四成受访者自愿成为"老漂族"，照料儿孙投靠养老最盼关心》，南方都市报民调中心《"老漂族"生活状况调查报告》，https://m.mp.oeeee.com/a/BAAFRD000020211014612802.html。

[9] 赵红霞：《女性老漂族城市生活困境的小组工作介入研究》，青岛大学硕士学位论文，2021。

## 第五章

[1] 梁敏华：《城市“老漂族”的苦与乐》，《玉林日报》2022 年 9 月 30 日第 B3 版。

[2] 姚蓉：《隔代照护：“漂妈”的代际关系与城市适应——以北京市顺义区 S 社区为例》，山西大学硕士学位论文，2021，案例 S2。

## 第六章

[1] 费孝通：《生育制度》，生活·读书·新知三联书店，2014，第 108 页。

[2] 同上，第 76 页。

[3] 姚蓉：《隔代照护：“漂妈”的代际关系与城市适应——以北京市顺义区 S 社区为例》，山西大学硕士学位论文，2021。

## 第七章

[1] 姚蓉：《隔代照护：“漂妈”的代际关系与城市适应——以北京市顺义区 S 社区为例》，山西大学硕士学位论文，2021，案例 S3。

[2] 白雪蕾等：《“老漂族”，身心漂泊的双重困境何以破解》，《光明日报》2021 年 1 月 14 日第 7 版。

[3] 中国网 .《“老漂族”成为精神疾患高发人群》，2014 年 3 月 21 日，http://health.china.com.cn/2014-03/21/content_6760368.htm，2024 年 12 月 30 日。

[4] 牛荷：《“沉默”的老年抑郁》，《中国新闻周刊》2025 年 1 月 20 日。

[5] 詹丽华：《“你没忘记给孩子喝板蓝根吧？”》，《钱江晚报》2018 年 5 月 11 日第 A5 版。

[6] 吴飞：《浮生取义——对华北某县自杀现象的文化解读》，中国人民大学出版社，2009，第 42 页。

[7] 阎云翔、杨雯琦：《社会自我主义：中国式亲密关系——中国北方农村的代际亲密关系与下行式家庭主义》，《探索与争鸣》2017 年第 7 期。

## 第八章

[1] 王颖、黄迪：《“老漂族”社会适应研究——以北京市某社区为例》，《老龄科学研究》2016 年第 7 期。

[2] 徐雨竹：《社会工作介入城市老漂族的“情感空壳化”问题研究》，南昌大学硕士学位论文，2023。

[3] 王颖、黄迪：《“老漂族”社会适应研究——以北京市某社区为例》，《老龄科学研究》2016 年第 7 期。

[4] 刘春林：《广州“老漂族”的亲情与乡愁》，《广州日报》2022 年 6 月 13 日第 A6 版。

[5] 白雪蕾等：《“老漂族”，身心漂泊的双重困境何以破解》，《光明日报》2021 年 1 月 14 日第 7 版。

[6]《进一步“老漂族”退一步“空巢老人”，挣扎在大城市的父母们究竟该何去何从？》，2017 年 8 月 6 日，https://mp.weixin.qq.com/s/SMasi-L7G5-QVEjjv6T_oA，2024 年 12 月 30 日。

[7] 杨昉：《“老漂族”，他乡何时变故乡》，《新华日报》2018 年 3 月 21 日第 10 版。

[8] 赵丽、杨轶男：《那些为照顾孩子背井离乡的老人们》，《法治日报》2021 年 10 月 12 日第 4 版。

## 第九章

[1]《近四成受访者自愿成为“老漂族”，照料儿孙投靠养老最盼关心》，南方都市报民调中心《“老漂族”生活状况调查报告》，https://m.mp.oeeee.com/a/BAAFRD000020211014612802.html。

[2] 张栋、徐紫涵:《随迁生活感知、城市社会适应与随迁老人心理健康》，《城市问题》2023 年第 12 期。

[3] 王颖、黄迪：《“老漂族”社会适应研究——以北京市某社区为例》，《老龄科学研究》2016 年第 7 期。

[4] 姚蓉：《隔代照护：“漂妈”的代际关系与城市适应——以北京市顺义区 S 社区为例》，山西大学硕士学位论文，2021。

[5] 白雪蕾等:《“老漂族”，身心漂泊的双重困境何以破解》，《光明日报》2021 年 1 月 14 日第 7 版。

[6] 王颖、黄迪：《“老漂族”社会适应研究——以北京市某社区为例》，《老龄科学研究》2016 年第 7 期。

[7] 周聪：《老漂族：为儿孙漂泊在广州，老年“广漂”两年翻一倍》，《新快报》2016 年 10 月 20 日。

## 第十章

[1] 王泳仪、王伟、严非：《上海市流动老年人社会适应定性研究》，《中国社会医学杂志》2018 年第 2 期。

[2] 杨梨、徐庆庆：《社会适应的动态性与情感体验的双重性——基于上海市老漂族的质性研究》，《老龄科学研究》2018 年第 6 期。

[3] 周聪：《老漂族：为儿孙漂泊在广州，老年“广漂”两年翻一倍》，《新快报》2016 年 10 月 20 日。

[4] 李亚妮、谢崇桥：《休闲技能与休闲质量的关系——乡城流动老年女性个案研究》，《中华女子学院学报》2021 年第 2 期。

[5] 李梦娜：《随迁老人城市适应现状及影响因素研究》，济南大学硕士学位论文，2017，案例 J17。

[6] 同上，案例 J9。

## 第十一章

[1] 王美华：《家庭策略视角下合作育儿型临时主干家庭的形成机制与逻辑》，《社会建设》2023 年第 3 期。

[2] 王泳仪、王伟、严非：《上海市流动老年人社会适应定性研究》，《中国社会医学杂志》2018 年第 2 期。

[3] 51 网，《“老漂族”生活现状：调查他们的幸福晚年在哪里？》，2015 年 4 月 16 日，http://life.51grb.com/life/2015/04/16/1437827.shtml，2024 年 12 月 30 日。

[4] 张红阳、赵煌：《农村随迁老人家庭再嵌入的动力与张力》，《西

北农林科技大学学报（社会科学版）》2022 年第 3 期。

[5]《近四成受访者自愿成为“老漂族”，照料儿孙投靠养老最盼关心》，南方都市报民调中心《“老漂族”生活状况调查报告》，https://m.mp.oeeee.com/a/BAAFRD000020211014612802.html。

[6] 陈友华：《“老漂族”：为何流动？处境如何？怎样保障？》，《中华读书报》2022 年 4 月 13 日第 10 版。

[7]《近四成受访者自愿成为“老漂族”，照料儿孙投靠养老最盼关心》，南方都市报民调中心《“老漂族”生活状况调查报告》，https://m.mp.oeeee.com/a/BAAFRD000020211014612802.html。

[8] 顾杰：《如何让“老漂族”更好融入社区融入上海》，《解放日报》2022 年 8 月 13 日第 8 版。

[9] 周佩萱、陈辉：《农村老年人自养秩序：主观意愿、现实条件与实践样态》，《内蒙古社会科学》2023 年第 2 期。

**第十二章**

[1]《近四成受访者自愿成为“老漂族”，照料儿孙投靠养老最盼关心》，南方都市报民调中心《“老漂族”生活状况调查报告》，https://m.mp.oeeee.com/a/BAAFRD000020211014612802.html。

# 后　记

## 一

本书取名为《银发摆渡人》，主要是为了对老漂群体做一种意向性表达。摆渡是一项人生命题。在生命河流中，我们被他人摆渡，也为他人摆渡。在家庭内部，摆渡体现着代际关系。起初是父母为子女摆渡，后来是子女为老年父母摆渡。只不过现代家庭发展压力增大，父母为子女摆渡的时间不断延长。老漂父母到异地为子女带孩子、做家务，要付出更多成本，经历着异乡摆渡生活。

我对老漂现象的研究，源于自己的家庭生活体验。看着老漂妈妈每日辛劳，帮我们带孩子、做家务，我深感这种父辈支持模式对于青年家庭的关键作用，于是写下《我的妈妈是老漂》这篇随笔，感慨人口流动背景下老漂群体的社会价值。2017 年 9 月，当我发表这篇随笔的时候，根本没想到日后会把老漂话题写成一本书。

从写一篇随笔到完成一本书，我经历了一个跳出个人生活体验、感知更多人生活体验的研究过程。作为社会学研究者，我很容易对日常生活中的各种现象有所感慨，有些感慨可能会转化为学术灵感。但这种基于个人生活体验而形成的感性认识，往往具有片面性，容易受到个人生活环境、人生经历和认知视角的限制。因此，研究者要想把生活体验转化为学术研究，就必须走出个人生活，走入更多人的生活，去理解现象的丰富性和复杂性，获得超越于个人直接生活经验的一般经验。

也正是从这个意义上讲，我在本书写作中所发表的一些感慨，并不完全属于我个人，而是融合了许多被访者的感慨。它们由被访者发出，被我记录和综合，通过我的文字表达出来。书中的一些认识，也全非我个人创见，而是源于访谈对象的认识。

家庭生活具有二重性。一方面，家庭生活具有隐私性，轻易不会向外人敞开。另一方面，家庭生活具有共鸣性。在取得访谈对象基本信任的前提下，相关话题一旦引起共鸣，访谈就很容易转化为深度交流。诸多访谈对象把家庭生活中的事件和感受向我娓娓道来，可谓不吐不快，这才让我有机会实现从“走近老漂”到“走进老漂家庭”的研究目标升级。

## 二

将老漂族理解为一种时代现象，并不是因为老漂群体数量大，而是因为老漂族现象反映着中国城市化和人口流动背景下的家庭策略和家庭关系。

我们可以统计某个时间节点的老漂人口总量，但这个数量仅涉及“正在进行时”的老漂。现实中有很多老漂已经完成带孩子的任务并返回家乡，未来可能还有更多成为老漂的人。在异地就业、异地安家的背景下，父母到外地帮子女带孩子，这是大概率事件。从这个意义上讲，我们可以将老漂现象理解为一种人生状态，它意味着人们有可能在异乡度过一段晚年生活。

老漂现象的形成，源于城市职业系统、教育系统和家庭系统之间某些环节的失调。大多数青年没法独立协调好家庭系统、职业系统和教育系统之间的关系，这是形成生育抚育焦虑的主要原因。老漂族的存在，有效解决了多个系统之间的协调难题，响应了产假、上下班时间、上学放学时间等生活系统之间的时间紧张问题。

老漂现象背后隐藏着一种家庭体制。异地就业、安家并生育的青年，尽可能请求双方父母帮忙带孩子。这凸显了中国父辈责任伦理对社会人口生产的关键作用。抚育成本在家庭内部消化，大大降低了婴幼儿抚育的社会成本。

老漂现象表现了一种家庭机制。在社会发展进程中，家庭一直是一个能动因素。家庭通过调整自身的组织方式来应对各种发展需要。老漂家庭中，老人需付出更高的流动成本和适应成本来分担子女的抚育压力。中国家庭结构具有较强弹性，即改变结构应对压力、优化功能的性质。这种家庭弹性，既源于厚重的父辈责任伦理，亦得益于已经建立的一套适配于青年劳动力流动的老年人口流动政策体系。

老漂现象反映了中国老龄化背景下养老与养小的逻辑关联。为了应对老龄化，迫切需要提高生育率。同等经济条件下，家中有老漂帮忙带孩子的年轻夫妻，其生育意愿会高一些。如此说来，老龄社会内部，其实蕴含着应对老龄化问题的巨大人力资源。老漂帮助子代应对抚育压力，这种家庭内部的亲情表达与责任担当，具有极其重要的宏观社会效应，那就是促进了人口增长。在应对老龄化的功劳簿上，应该有老漂的名字。

## 三

老漂帮子女带孩子，同时引起了家庭关系的诸多变化。我在书中重点分析了老漂家庭中婆媳关系、亲子关系的难题。家家有本难念的经，老漂家庭的育儿经、生活经更加难念。育儿观念、生活习惯等方面的差异，容易引发两代人的关系紧张。

人们在家庭生活中都会面临个体性和整合性之间的张力。一方面，人有自己的认知和偏好；另一方面，家庭成员为了共同目标需要合作，在差异性基础上有所妥协和让步，达成基本的一致性。受家庭整合性的影响，尽管有的家庭成员感到不满和委屈，但是依然要努力调适，维系家庭育儿生活秩序。在这个过程中，委曲求全的那个人，往往会有持续性心理压力，容易产生心身症状。

就我调研的情况来看，老漂家庭中普遍是老人委曲求全。有的子女也表达了委屈的情绪。其实，两代人的委屈心理源于不同的关系期待。老漂父母希望子女基于孝道伦理，在言语和行为上对自己多些尊重；年轻子女则希望老漂父母增加边界意识。两代人的不同期待，既凸显了老漂家庭不同程度存在的隐性伦理失衡问题，也表明了年轻一代在依赖老年父母的同时不愿被干涉。

家庭是中国人的修道场。老漂家庭给了两代人更多的自我调适和成长契机。老漂家庭在经历关系紧张甚至矛盾冲突后，普遍会在顾全大局的过程中有所成长。老漂们在改变，尽可能少说话、多做事、不做主。年轻人为了让老漂甘心留下来，也会表达一些关心，增加些理解，不同程度降低要求和预期。柴米油盐是关系磨合的催化剂。为了共同的家庭目标，两代人彼此凑合，有的在磕磕绊绊中加深了感情。

本书并未专门分析老漂家庭中青年夫妻的矛盾。因为调研主题集中于老漂现象，所以限制了年轻夫妻关系话题的展开。更为重要的是，老漂分担育儿任务后，不仅减轻了年轻女性的抚育压力，也很大程度上解放了年轻男性，进而缓和了夫妻关系。夫妻矛盾不那么突出，但是代际矛盾可能凸显。特别是在婆婆带孩子的老漂家庭，如果丈夫参与度低，那么妻子要直面婆婆，婆媳关系更容易紧张。所以有女性认为：如果老公多担当，多参与带孩子，不仅有利于夫妻关系和谐，还会改善婆媳关系。

调研发现，老漂家庭中男性的育儿生活参与度，整体上影响着家庭和谐程度。自己妈妈过来带孩子时，男性育儿参与度会有所降低。岳母过来带孩子时，男性育儿参与度可能反而高一些。因工作忙碌而低度参与育儿的男性，相对容易得到妻子的理解。而工作不忙碌但较少参与育儿的男性，普遍面临妻子的埋怨。

老漂家庭的代际分工育儿生活中，隐含着不同的性别分工理念。老年女性依然认同男主外、女主内的传统分工模式，接受男性在育儿活动中的低度参与。年轻女性则更期待丈夫提高育儿参与度。每个家庭中男性感受到的妻子期待或要求强度不同，男性工作忙碌程度有差异，男性自身角色意识参差不齐，这三方面共同导致男性育儿参与度和角色扮演状态的分化。新生代父母中的性别分工模式正在影响着夫妻关系的稳定性。有的年轻夫妻正在激烈斗争。有的年轻夫妻虽然没有发生大的冲突，但也是暗流涌动。

## 四

理解老漂家庭的关系，不能忽视育儿负担问题。城市家庭的育儿生活，正在变得日趋精细化和内卷化，这是育儿理念变化、教育竞争和市场渗透共同作用的结果。

即便有老漂帮忙，许多年轻夫妻依然显得力不从心，甚至有些狼狈。有的家庭，四个大人围着一个孩子转。城市家庭的育儿生活变得如此高能耗，不仅增加了家庭的经济负担、人力负担和精神负担，还影响人们的生育积极性。当养育负担过于沉重时，就会不同程度消解人们的生育抚育意义感和价值感。

当前许多地区都在尝试通过生育奖励或补贴的方式来调动人们的生育积极性。这些政策手段的实际效益还有待观察。相比于经济激励，更为重要的举措是系统性应对抚育教育内卷、高能耗等问题。为抚育教育进一步减负，需要调适家校关系、治理义务教育阶段学生校外学科类培训、优化学区布局和学位分配机制等。此外，父母自身的角色意识调整也非常必要。中国家庭伦理中父代对子代的责任伦理一直比较厚重，厚重的父代伦理有助于转型期子代家庭的发展，但是当父代伦理过于厚重时，就容易导致代际关系失调。人们更注重“做父母”，强调对子代的时间、精力和物质资源投入，因此很可能弱化或忽视自己“做儿女”的责任，对父母的反馈不足。在这方面，老漂家庭表现得比较突出。老漂忙于照顾孙辈，可能顾不上孝敬自己的高龄父母。中年人忙于孩子的抚育教育，可能顾不上孝敬自己的老漂父母。

我们需要一种新的家庭伦理，那就是父母践行有限责任伦理，在做父母和做儿女之间找到平衡。中年人若想达成这种平衡，关键是分出一部分精力“做自己”。网上流传的一句话“卷孩子不如卷自己”，具有一定的合理性。当父母表现得积极向上、做更好的自己时，就会给子女树立榜样。每一代在兼顾对上赡养和对下抚养的责任伦理时坚持做自己，这样每一代人都有机会活得精彩。当然，做自己的前提是履行基本家庭责任。做自己和自我中心主义有着严格界限。

我所说的“做父母”、“做儿女”和“做自己”三种角色扮演的基本平衡关系，也具有一定的理想化色彩。这种新活法得以流行的前提是，社会上越来越多的中年人深受内卷孩子之苦而开始自我反思和觉醒。普遍的人生困惑，是培育新家庭伦理的温床。

## 五

从感叹老漂群体的社会贡献，到提出一种新的家庭生活伦理，我完成了一次惊险的家庭研究跳跃。这些思考，是我近几年做老漂研究的一个总结。回望整个研究过程，有太多的人需要专门致谢。

感谢中国人民大学出版社的任晓霞编辑。我们相识多年。我博士论文出版时，她就是策划编辑。她见证了我近年来家庭研究的进展。老漂研究过程中，她经常询问研究进度，激励我加快速度。几次面谈中，她分享自己的家庭生活体会，给了我很多灵感。作为首位读者，她反馈的阅读感想，给了我很多修改启示。同时也感谢本书责任编辑一丝不苟的编校工作。

感谢项俊。大学毕业后，我们一直保持着联络，经常在网上讨论一些社会话题。我曾经给他买过一些社会学理论的著作，学营销专业的他，竟然啃得津津有味。在他身上，我看到了社会学大众化的必要性和可能性。我们偶尔见面畅聊。有一次，我们吃完夜宵讨论老漂话题，一直谈到凌晨 3 点。

感谢左昭。调研中的许多访谈，都是他帮忙专门联络安排的。他把自己的同学、亲戚、同事、朋友等介绍给我。因为关系都比较直接、有较高信任度，所以这些访谈都比较深入。

感谢吕德文、杨华、周娟、汪永涛对课题研究提出的建设性意见。他们都有老漂家庭生活的体验和理论思考，这些都已融汇到书稿中。

感谢周政华对我研究的关注，他还专门邀请我到腾讯研究院做了一个有关“老漂时代”的主题演讲，其间窦淼磊和邓丽颖都提供了专业帮助。

感谢周佩萱、赵祖远、储庆宜、王彤、张月琼、吴娜、熊嘉桦 7 位学生，他们以不同方式参与了课题研究。

感谢我的家庭。家人不仅为我提供了全方位的生活支持，还给了我置身事内思考老漂现象的机会，使经营老漂生活和研究老漂生活两件事同时进行。许多研究灵感，就是在家庭生活中直接产生的。

特别感谢那些接受我访谈的热心老漂和年轻人。许多访谈情景历历在目。感谢他们向我无私地分享自己的家庭生活。基于深度访谈法的学术研究，是一种知识共创。只不过，大部分访谈对象在接受访谈时，并未意识到他们正在参与这场知识共创的过程，更不会意识到自己会成为书中的案例，成为新时代家庭生活的一张张彩色底片。透过这些彩色底片，我看到了不同人生剧情中的一个共同主题，那就是生儿育女。

围绕生儿育女这项人生事业，人类社会形成了多样化的家庭模式。当代中国老漂家庭模式在应对城市育儿生活方面发挥了关键作用，但老漂群体的养老问题还存在诸多隐忧。如何更好地赡养父母，是我们每个中年人都需要认真思考的人生必答题。对于中年人而言，孝敬老人这件事，不是将来时，而是正在进行时。在老漂家庭，更是如此。

**图书在版编目（CIP）数据**

银发摆渡人 / 陈辉著 . -- 北京 : 中国人民大学出版社，2025. 6. -- ISBN 978-7-300-34027-2

Ⅰ. C924.25

中国国家版本馆 CIP 数据核字第 202540EN13 号

**银发摆渡人**
陈　辉　著
Yinfa Baiduren

| | | | |
|---|---|---|---|
| **出版发行** | 中国人民大学出版社 | | |
| **社　　址** | 北京中关村大街 31 号 | **邮政编码** | 100080 |
| **电　　话** | 010–62511242（总编室） | | 010–62511770（质管部） |
| | 010–82501766（邮购部） | | 010–62514148（门市部） |
| | 010–62511173（发行公司） | | 010–62515275（盗版举报） |
| **网　　址** | http://www.crup.com.cn | | |
| **经　　销** | 新华书店 | | |
| **印　　刷** | 天津中印联印务有限公司 | | |
| **开　　本** | 890 mm × 1240 mm　1/32 | **版　　次** | 2025 年 6 月第 1 版 |
| **印　　张** | 9.5　插页 1 | **印　　次** | 2025 年 10 月第 2 次印刷 |
| **字　　数** | 197 000 | **定　　价** | 69.00 元 |